JACOB BURCKHARDT

Das Zeitalter
Friedrichs des Großen

Jacob Burckhardt, 1853,
Ölbild vermutlich von Hermine von Reck (1833–1906).
Reproduktion mit freundlicher Genehmigung des Oeri-Archivs
in Basel, photographiert von Tom Bisig, Basel.

JACOB BURCKHARDT

Das Zeitalter
Friedrichs des Großen

Aus dem Nachlaß
unter Mitwirkung
von Bernd Klesmann
und Philipp Müller

erstmals ediert
und bearbeitet
von Ernst Ziegler

Mit einem Essay
von Hans Pleschinski

C.H.Beck

Inhalt

Bogen 1, Seite 1 des Manuskripts, Staatsarchiv Basel.

JACOB BURCKHARDT

Vorlesungen über die Zeit Friedrichs des Großen

[HOCHANSEHNLICHE VERSAMMLUNG]

Introitus (Einleitung)

[BOGEN I]

1. VORLESUNG,

2. NOVEMBER 1852

QBFFQS[I]

Unsere erste Aufgabe ist, die Grenzen des Gegenstands festzulegen: Friedrich II., geboren 1712, gestorben 1786, und «seine
Zeit», die im weitesten Sinn das 18. Jahrhundert wäre – wovon
keine Rede sein kann. Auch seine Regierungszeit von 1740 bis
1786 wäre viel zu viel für einen Kurs, der noch enger gefasst
werden muss. Ja, man darf fragen, ob man die betreffenden
Jahrzehnte überhaupt nach ihm benennen kann, wie etwa jene
nach Louis XIV, nach der Französischen Revolution etc. Aus
zwei Gründen kommt es zu solchen Titeln, entweder wegen
grosser politischer Übermacht und Veränderungen oder wegen
grosser Wirkungen auf dem geistigen Gebiet, wie zum Beispiel
das mediceische Zeitalter oder das der Reformation, oder es
trifft sogar beides zusammen. In diesem Sinn gibt es kein Zeitalter Friedrichs II. Er hat Europa weder politisch noch geistig
umgestaltet. Aber er ist die grösste Erscheinung und darf deshalb namengebend sein. Er ist nicht der Schöpfer, aber der
grösste Sohn seiner Zeit (1740–1786), auch wenn er nur einen
Sechstel oder Achtel des Kurses einnimmt.

Des Nähern ist meine Willkür der Benennung anzuführen;
allein *ich* konnte kein Programm geben. Den eigentlichen Inhalt

der Vorträge bilden die drei letzten Dezennien vor der Revolution (1763–1786) und zwar als Überblick über die europäischen Zustände.[2] Zwar fällt so der glänzende Kriegsruhm Friedrichs hinweg, weil weder Mollwitz und Hohenfriedberg noch Prag, Rossbach, Leuthen und die Niederlagen von Kolin, Hochkirch, Kunersdorf etc.[3] sowie das Missliche der Kriegsgeschichte behandelt werden; auch der allzu ungeheure Stoff mit dem ganzen Kolonialkrieg usw. wird nicht behandelt werden. Ein europäischer Überblick über ein so grosses Gebiet (1741–1786) wäre gar zu fragmentarisch ausgefallen. Stattdessen werden wir sehen, dass die Zeit vom Hubertusburger Frieden (1763) an eine bestimmte geschichtliche Gruppe mit besonderer Physiognomie bildet.

Für Friedrich ist es im Ganzen die Zeit des politischen Genusses; er spielt «le rôle glorieux d'arbitre de la déstinée et de la balance de l'Europe»[4] – was er vor dem Siebenjährigen Krieg noch nicht konnte. Für Europa im Ganzen war es die Zeit der merkwürdigsten Bewegung und der *Neuerung*. In Staat, Kirche, Bildung machte sich ein plötzlicher Widerwille gegen das aus dem Mittelalter Ererbte bemerkbar, ein Hass gegen das Geschichtliche und stattdessen ein Zutrauen zu einer idealen, absoluten Verbesserung und ein buntes Drängen nach einer vollkommenen Zukunft.

Wir sehen zwei Haupttriebe: den des Staates, welcher sich seiner letzten Schranken – spezielle Rechte und katholische Kirche – entledigt, um eine absolute Allmacht zu erreichen «für Humanität» oder aus Herrschgier (Joseph II.) und jenen der öffentlichen Meinung, welcher konsequent auf die *Menschenrechte* lossteuert (Jean-Jaques Rousseau). Allein die Betrachtung dieser Doppelrichtung würde das europäische Leben jener Zeit lange nicht erschöpfen; es bliebe einseitig. Es bleibt eine grosse Menge wichtiger äusserer Tatsachen übrig, Kriege, Unterhandlungen etc., und viele geistige Kräfte wirken daneben und werden wenig oder gar nicht von der Neuerung als solcher berührt. Die Musik steht zum Beispiel in ruhiger Hochblüte. Dies alles wäre auch der Betrachtung wert. Je kleiner der Rah-

men dieses Kurses gesteckt wird, desto schwerer ist es, seinen
Umriss zu ziehen. Soll streng methodisch vorgegangen werden? Das ist unmöglich; ich muss vor- und nachgeben. Das Politische (der sich selbst reformierende Staat) und das Kulturgeschichtliche (die Revolution der Geister als Basis der neuern
Zeit) sind unmöglich zu trennen.

Ich gehe wie folgt vor: *Friedrich II.* ist nach dem Siebenjährigen Kriege (1756–1763) Hersteller seines Landes. Preussen
gerierte sich in Deutschland als protestantische Grossmacht, in
Europa als «arbitre» (Schiedsrichter, Vermittler). Es sind auch
die Schattenseiten (die Akzise etc.) zu behandeln sowie Friedrichs Persönlichkeit und Sanssouci, sodann *Österreich* unter Maria
Theresia (1717–1780) und dem ungeduldigen Kaiser Joseph II.
bis 1780 mit den langsamen Reformen – abgesehen von den
Jesuiten. Es folgt dann ein Blick auf das übrige *Deutschland*, besonders auf Kurbayern und die geistlichen Staaten, auf den
Kontrast des Reformierens mit dem alten verrotteten Zustand
und auf die Gärung in der Literatur, den Sturm und Drang.
Wir wenden uns dann *Russland* zu und den Scheinreformen unter Katharina II., deren Persönlichkeit sowie den Bedingungen
und Prämissen ihrer Herrschaft und dem Familienmord. Zwischen diesen dreien sind das hilflose *Polen* und die Notwendigkeit seines Unterganges zu schildern; die Neuerer, als Feinde des
Geschichtlichen, sind auch Eroberer; die erste Teilung Polens
1772. Dieser Staat der Ohnmacht ist trotz seines Volkes verloren zwischen den Staaten der Macht. Es folgen die *Türken* und
ihr Kontrast zur Zeit, der grosse Türkenkrieg und ihre Rettung,
die späteren Pläne *Katharinas* sowie ein Blick auf die damaligen *Griechen* (Orlow) und schliesslich als Beschluss der Veränderungen im Osten und Norden *Dänemark* unter Struensee sowie
die *schwedische* Königsrevolution gegen die Aristokratie durch
Gustav III.

Als Gegenbild, besonders zu Preussen, werden wir *Frankreich* in den letzten Zeiten Louis XV betrachten. Die Reform ist
im Staat nicht vorhanden, dafür die Revolution in den Gemütern und in der Literatur. Wir werden den Staat unter Louis XV

und Louis XVI sowie die Sitten der grossen Welt, die weissen und die schwarzen, behandeln, sodann die Bewegung der Geister (Mirabeau), der von seinen Nachfolgern überholte Voltaire, seinen Deismus, seinen Hass gegen die Kirche und seinen Respekt vor Krone und Adel, seine Korrespondenz mit Friedrich dem Grossen, weiter

[BOGEN 2]

den politischen Idealismus, die Nachwirkungen Montesquieus, den Atheismus, Holbach, Grimm, das Système de la nature, den Hohn gegen Voltaire, die Kritik gegen alles, Diderot als die leibhaftige Aufklärung – wobei das «Volk» ganz ausserhalb steht –, dann die allgemeine (poetische) Negation des ganzen bisherigen Daseins durch Jean-Jaques Rousseau und den Naturzustand, schliesslich die Ohnmacht der Gegenwehr, die Zensur etc. und als Ergänzung den Aberglauben, Mesmer und Cagliostro.

Demgegenüber ist der wahre Machtbestand der *katholischen Kirche* und als allgemeiner Satz das ökonomische Zurückstehen der katholischen Länder an der Erstarrung und politischen Passivität *Italiens* zunächst nachzuweisen: Venedig, Piemont, Neapel, der Kirchenstaat. Es folgen die Schilderung des *Papsttums*, die letzten Päpste bis auf Clemens XIII., sodann der Klerus und das Mönchstum überhaupt, die Jesuiten und ihr Machtbesitz, die katholischen Gemüter, der Jansenismus.

Es schliesst sich an der Übergang auf die Reform im Süden, ihr heftiger, gereizter Charakter, *Portugal* unter Pombal, *Spanien* unter Karl III. und Aranda, *Neapel* unter Tanucci und Ferdinand und ihr gemeinschaftlicher Kampf gegen die Jesuiten, Clemens XIV. und die Aufhebung der Jesuiten (nach Saint-Priest).[5]

Als stärksten Repräsentanten dieser ganzen Zeit betrachten wir Joseph II. und seine politische Unruhe, sodann den Bayrischen Erbfolgekrieg von 1778/79; wir werfen einen Blick auf *Belgien* und *Ungarn*, den Fürstenbund Friedrichs des Grossen und seine kirchlichen Reformen und schildern den Besuch Pius VI.

in Wien, den Auswuchs des Illuminatismus und seinen Sturz und schliesslich die Emser Punktationen von 1786.[6]

England und *Nordamerika* sind nur flüchtig zu berühren, ihre wesentliche Wirkung auf Europa und das teilnehmende Frankreich, der Jubel der Revolutionäre. Es kommt zu einer Vermischung aller dem alten Staat feindlichen Standpunkte. Wir werfen dann noch einen letzten Blick auf Friedrich den Grossen und seine spätere Stellung zur Aufklärung.

Der letzte Ausdruck des damaligen Zeitgeistes findet sich in der Kunst und Poesie; der Klassizismus als möglichste Negation des Bisherigen (Gluck?). In diesem grossen allgemeinen Drängen auf etwas Neues, Unerhörtes sucht sich der heimatlos werdende, seiner bisherigen Schranken und Stützen beraubte Mensch eine neue Heimat ausserhalb Staat, Kirche und bürgerlichem Leben, in der voraussetzungslosen Schönheit: *Goethe* und *Mozart*.

Man könnte sich für die Bewältigung dieses bunten Stoffes wohl manchen andern, bessern Gedankengang ersinnen. Ich muss bitten, mit dem vorliegenden vorlieb zu nehmen. Das Detail ist vielleicht nur auf diese Weise ohne Ermüdung unterzubringen. Der leitende Gedanke wird sich oft verbergen und oft wieder erwähnt werden müssen: Die Tendenzen jener Zeit waren grosse geschichtliche Notwendigkeiten, die drei Jahrzehnte eine notwendige Zwischenstufe zwischen der frühern Zeit und der jetzigen: Früher gab es Staaten mit grossem, gebundenem Grundbesitz der Adligen und des Klerus, darüber das göttliche Recht der Obrigkeit, oft sultanisch gemissbraucht und doch im Staube angebetet, mit mässiger Industrie, Kriegsmacht und Staatsschulden sowie einer Gebundenheit der Geister durch Staat, Kirche und Familienleben. Jetzt haben wir, abgesehen von dem stark veränderten Staatensystem, meist Freiheit und Zersplitterung des Grundbesitzes und Beweglichkeit alles Besitzes. Die Adelsvorrechte sind verschwunden, die Majorate zersprengt und der Klerus wird besoldet. Auch das göttliche Recht ist aus den Gemütern verschwunden und durch Gewalt und grosse nationale Notwendigkeiten ersetzt. Die Industrie ist die eigentliche Herrin Europas. Die wichtigsten Fragen sind nicht mehr Dynastien und Eroberungen, sondern Zölle und Staatsschulden. In den Gemütern herrscht schrankenlose Beliebigkeit, auf deren Schwanken die katholische Mission ihre neuen Hoffnungen baut. Alles scheint allen möglich – und die ganze Geschichte gehütet von zwei Millionen Soldaten. Das ganze Dasein steckt voll dunkler Rätsel und Widersprüche. Schon die geschichtlichen Konsequenzen, z. B. der neuen Verbindungsmittel (Eisenbahnen, Telegraphen etc.) sind allein unabsehbar und jeder Prophezeiung unzugänglich. Und dies alles ist unwiderruflich, nichts wegzudenken, alles notwendig, und wir sind davon umfangen. Auch jene Jahrzehnte haben ihren Teil hierzu beigetragen; diese Erwägung gibt uns die nötige Unparteilichkeit.

Preussen, Österreich und Friedrich II.

Es ist hier keine Entstehungsgeschichte der preussischen Macht zu geben. *Kurbrandenburg* wurde durch Erbschaften, wohlausgebeutete Anwartschaften und bedeutende Persönlichkeiten der Fürsten gehoben. Es erbt im 17. Jahrhundert den Vetter im säkularisierten Ordensland Preussen sowie die Stücke des Jülich-Kleve-Berg und erzwingt sich das ausgestorbene Pommern. Aber alles wäre nutzlos gewesen ohne den Grossen Kurfürsten Friedrich Wilhelm (1620–1688), welcher dem Staat den bleibenden kriegerischen Ton gab und Norddeutschland gegen Schweden und Polen sicherte. Friedrich I. (1657–1713) nahm 1701 die Königskrone, einstweilen aus Prätention, aber bald wurde sie wertvoll. Friedrich Wilhelm I. (1688–1740) sorgte für innere Kräftigung und ging mit Härte gegen Land und Haus vor.

Daneben gab es nun noch ein *Deutschland* mit einem Kaisertum im Haus Österreich und circa 300 andere grosse und kleine Souveränitäten, von denen zwei, Hannover und Sachsen, auswärts Könige waren, andere, wie Hessen, Holstein, Oldenburg, einzelne Prinzen auf und an den Thronen des Nordens hatten. Dies zeigt die Zerrissenheit der deutschen Politik mit dem alten Einfluss Frankreichs. Österreich war aber zu Schutz und Vertretung des ganzen Deutschen Reiches nicht mehr fähig mit seiner falschen Stellung seit dem Dreissigjährigen Krieg. Sein alter Feind Frankreich war seit dem Spanischen Erbfolgekrieg (1701–1713/14) mit ihm im Kampf um den halben Süden. Österreich und Frankreich sind die zwei europäischen Grossmächte.

Die Pragmatische Sanktion und der allgemeine Bund gegen

Maria Theresia; schmutzige französische Intervention (Karl VII.):
Da kam 1740 Friedrich und raubte Schlesien.7 Nach furchtbarem
Kampf musste Österreich ihm u. a. Schlesien preisgeben. Dies
bedingt seine ganze spätere Laufbahn. Die Friedensjahre von
1745 bis 1756 werden von ihm glänzend benützt; alles wird neu
organisiert.

Der zweideutige Anfang des *Siebenjährigen Krieges* (Friedrich kam zuvor) und die Grossartigkeit des Kampfes: Gegen
Ende fällt England von Friedrich ab und Russland ihm zu.8 Es
ist ein unvergleichliches Schauspiel, eine Übungsschule; ein
unermesslicher politisch–militärischer Kredit Friedrichs, obwohl
er nur das behielt, was er schon hatte. Frankreich allerdings
hatte grosse Kolonialverluste, weil es den Seekrieg vernachlässigt hatte und in Deutschland elend operierte. Was wäre geschehen, wenn Friedrich unterlegen wäre? Ostpreussen wäre an Russland, Pommern ganz an Schweden, einiges am linken Rheinufer
an Frankreich, aber Schlesien wieder an Österreich gekommen.

Friedrich war jetzt 51 Jahre alt und physisch erschüttert;
seine Lage war verzweifelt: Er hatte 180 000 Mann verloren
und 16 grosse Schlachten geschlagen sowie sonstige ungeheure
Verluste hinnehmen müssen. 33 000 Menschen waren durch die
Russen umgekommen. Freilich hatten auch Russland 120 000,
Österreich 140 000, Frankreich 200 000, die Engländer und
Verbündeten 160 000 Mann verloren. Preussen hatte 125 Millionen Reichstaler für die blosse Kriegführung ausgegeben; aber
Österreich hatte auch 100 Millionen Taler Schulden; Frankreich und Schweden waren dem Bankrott nahe. England hatte
mit Geld gewirkt. Nur in Preussen aber hatte das Land direkt,
und zwar schrecklich, gelitten, ausserdem in Kursachsen.

Friedrich war schon vor dem Kriege «der erste Diener
seines Staates», ein Muster für ganz Europa!9 In seiner Instruktion an das Generaldirektorium von 1778 schrieb er: Unser
Interesse ist mit dem des Volkes dasselbe.10 Sein Hof war mit
222 000 Talern bestückt; die späteren Gesamtstaatseinnahmen
betrugen 18 bis 20 Millionen, wovon 13 Millionen auf die Armee kamen. Seine Justizreform brachte die Gleichheit vor dem

Gesetz. Die Kontrolle der Verwaltung, durchgeführt mit einer gewissen Rastlosigkeit, zeitigte eine glückliche Wahl und Bildung der Beamten. Er hatte das Wohl aller im Auge und strebte nach einem untadelhaften, raschen lebendigen Staatsorganismus. Doch war Friedrich kein Nivelleur; jede Provinz wurde besonders behandelt – freilich mit Verkennung der Machtgrenzen. Das Gewerbswesen behandelte er wie eine Armee und arbeitete mit Monopolen und Prämien. Er diktierte bestimmte Industrien, besonders Seidenraupenzucht (Maulbeerbäume in Pommern etc.), Porzellanfabrikation, Baumwolle und Zucker. Sein politisches Ansehen half dem preussischen Handel mächtig. Er wollte durch blosse Einfuhr von Rohstoffen und lauter Ausfuhr von Fabrikaten das Land mit Gewalt reich machen.

Nach dem Siebenjährigen Kriege sagt er selbst: «Um sich einen Begriff von der allgemeinen Zerrüttung zu machen, in die das Land gestürzt war, um sich die Trostlosigkeit und Entmutigung der Untertanen vorzustellen, muß man sich völlig verheerte Landstriche vergegenwärtigen, wo sich kaum die Spuren der früheren Wohnstätten entdecken ließen, Städte, die von Grund aus zerstört, andere, die zur Hälfte in Flammen aufgegangen waren, 13 000 Häuser, die bis auf die letzte Spur vertilgt waren, nirgends bestellte Äcker, kein Korn zur Ernährung der Einwohner; 60 000 Pferde fehlten den Landleuten zur Feldarbeit, und im ganzen Lande hatte sich die Bevölkerung um 500 000 Seelen gegenüber dem Jahre 1756 vermindert, was bei 4½ Millionen Seelen viel bedeutet.»[11] – Dazu kam die Auflösung der sittlichen Bande, und dabei war das Land ohnehin nicht reich.

Friedrich, der «rocher von bronze», brauchte niemanden zu fragen; sein einziges Gesetz war ein inneres.[12] Seine Selbständigkeit hebt sich ab von andern Orten, wo Minister und Mätressen herrschen. Sein Zweck, Preussen zu einer Grossmacht zu machen, war nicht zu erreichen ohne bittere Entbehrung der Einzelnen. Preussen war ein Notstaat, wesentlich ein militärischer Staat (mit Spiessruten), und der König war der erste Soldat.[13] Kein einzelner Mensch ist im Stande, das ganze ökonomische Dasein eines Volkes genau zu würdigen und zu leiten.

Zu Friedrichs Missgriffen gehören die Unterstützung des Adels, besonders des verarmenden; an ihn wurden Millionen verschenkt und verliehen vermittelst eines landschaftlichen Kreditsystems. Friedrich wollte Offiziere, die der Adel, welcher zugleich Grundbesitzer war, liefern musste. Zugleich wurde gar zu harter Druck auf die Bürger ausgeübt. Der einseitig aufgefasste Staatszweck zeigt sich auch in den Ritterakademien und adeligen Kadettenkorps. Die Schule in kleinen Städten und Dörfern war eine Versorgung für Unteroffiziere. Das preussische Volk galt als Soldatenpflanzschule.

Der König fungierte als Oberkontrolleur, gehütet von einem Beamtenstaat. Die Regalisierung von Salz, Kaffee und Tabak wurde sehr drückend gehandhabt. Hier wirkte Helvétius mit seinen vier Traitans, welcher jeder 15 000 Taler Besoldung hatte (wenige Minister hatten 5000), nebst einer Armee von 1500 oder mehr Franzosen.[14] Um dem Schmuggel abzuhelfen, zwang der König jede Familie, pro Kopf zwei Scheffel Salz zu kaufen – sie mochten es essen oder nicht! Es war eine Zollinquisition ausserhalb der übrigen Verwaltung, mit Spezialgerichten, Visitationen, Kaffeeriecherei (auf Kaffeerösten ohne Kaffeebrennscheine standen drei Jahre Festung)[15] – ein gewaltsamer Zustand! Im ganzen wurde Preussen vom König verkannt und wie eine belagerte Festung regiert.

Und nun dazu noch Friedrichs Naivitäten über die deutsche Barbarei:[16] Er hörte den geistigen Atemzug des Volkes nicht. In religiösen Dingen diktierte er die Toleranz, subjektiv und dennoch wohltätig. In den Bildungsinteressen respektierte er aus konservativer Gesinnung die bisherigen Studien und Universitäten. Seine Sehnsucht wäre aber die Verbreitung der französischen Philosophie gewesen, das Vorbild die französierte Akademie von Berlin und sein französischer Umgang. Er wollte Leute, die zum Staat in keiner Beziehung standen und denen er keinen Einfluss auf den Staat zu gestatten brauchte. Die ärmliche Dotierung der deutschen Wissenschaft wie der deutschen

Beamten zeigt sich darin, dass das, was für Kunst, Theater etc.
geschah, bloss mässiger Hofluxus war. In den Provinzen war
von irgendeiner Verschönerung des Lebens keine Rede. Er tut,
als ob es kein Privatleben gäbe. Dabei kämpfte er gegen alle
Intoleranz und religiöse, auch protestantische Kontroverse:
«Jeder kann nach seiner Fasson selig werden.»[17] In Schlesien
genossen die Jesuiten den Schutz des Königs von Preussen.

[BOGEN 4]

So
hoch Friedrichs Idee von der politischen Bestimmung seiner
Nation war, so gering war seine Meinung von den Menschen
im Detail. Und dies war der Schlüssel zu seiner Behandlung der
geistigen Interessen: Die grosse Mehrzahl ist zu ewiger Befangenheit verdammt, auch wenn man ihnen alle Aufklärung
brächte. In seiner Korrespondenz mit Voltaire kann man sich
leicht einen Begriff von der Religiosität Friedrichs machen.
Alles ist mechanisch, das Beamtentum eine Maschine und der
König Maschinendirektor. Seine ungeheure Persönlichkeit wurde
dennoch vergöttert. Er hatte Preussen zu einer protestantischen
Weltmacht erhoben. Was brauchte es aber, um es in dieser Stellung zu behaupten?[18]

Friedrichs Verhältnis zu Deutschland

Von einer künftigen geistigen Hegemonie ahnte Friedrich nichts,
ihm genügte die politische. Gegen das Deutsche Reich, das gegen ihn hatte mithalten müssen, hegte er tiefste Verachtung –
ausgenommen das letzte Jahr seines Lebens (1786 und der
Fürstenbund).[19] Er hatte aber keine Eroberungspläne mehr
und konnte nicht ahnen, wie bald das Reich Erbmasse sein
würde. Allein es kam zu allerlei Einmischungen seinerseits,
besonders in geistliche Wahlen. Friedrich war u. a. «Direktor
des westfälischen Kreises».[20] Sein ehemaliges Einverständnis

mit Frankreich, auf das er auch 1756 wieder hoffte, war vergebens, weil nachher Österreich die Franzosen und Russen an sich
zog. Es wirkte nicht auf Friedrich, dass auch im Reich überall
grosse Sympathien für ihn vorhanden waren (Goethe: Dichtung
und Wahrheit).[21] Er war zufrieden, wenn er Österreichs Ver-
grösserung durch Bayern (1778–1786) verhinderte.

In seinem Verhältnis zu Europa, eine Frucht langer Defen-
sivstellung, werden wir ihn bei Anlass Polens genugsam kennen
lernen. Er verschmähte allen blossen Schein. Seine Gesandten
waren schlecht dotiert; aber dafür hatte er ein Heer und einen
Schatz und einen persönlichen Ruhm ohne Gleichen. Wahrscheinlich war wenig theoretisches System in ihm. Seine historischen Schriften sind ohne Schönheit, aber klar und enthalten
möglichst wenig Allgemeines, Spekulatives: Histoire de mon
temps, Histoire de la guerre de sept ans, Mémoires de 1763
jusqu'à 1775 – de ce qui s'est passé de plus considérable depuis
1774 jusqu'à 1778, Mémoires sur la guerre de 1778. Die Ab-
fassung und der Zweck seiner Schriften können nicht weiter
behandelt werden, hingewiesen sei aber auf die Unechtheit der
«Matinées royales de Frédéric II roi de Prusse».[22]

Schlussfrage

Die Eroberung Schlesiens ist vielleicht ewig fatal, ihre Folgen
sind der Kampf und Dualismus Deutschlands, während Russland
ehrgeizig und gross wird; gegen dessen Übermacht kämpfte
Friedrich zu spät an. Preussen und Österreich sind vereinigt, als
Garanten Polens und des Nordens, und dann gegenüber der
Revolution!

Die tausend Anekdoten und seine Originalität machen die Wahl schwer. Der alternde König ist wieder «le philosophe de Sanssouci», wo er wohnt, abgesehen von den periodischen Rundreisen und den Besuchen in Berlin, etwa zu einer Sitzung der Akademie oder zu einem Diner mit der Königin, die in Schönhausen residiert. Sanssouci wurde von ihm entworfen; es ist sein Geschmack. Nach Kriegsende 1763 begann er mit dem Bau des neuen Palais. Erstaunlich sind Friedrichs Zeiteinteilung und seine regelmässige Lebensweise; statt der heitern Soupers gibt es jetzt Konversation, und die Bewirtung wird auf das Diner verlegt (Friedrich als Esser). Friedrich hatte ein Bedürfnis nach anregendem Umgang, wohingegen bei andern Fürsten damals meist nur Furcht vor der Langeweile herrschte. Seine Familie zählte kaum, und der Neffe und Thronfolger (Friedrich Wilhelm II.) kam wenig in Betracht. Der ehemalige Kreis von Rheinsberg und Sanssouci hatte sich sehr gelichtet, teils durch Tod, teils durch Abreise. Es blieben die Feldherren Seydlitz, Lentulus, Prinz Heinrich (dessen Charakter), Zieten und von den Franzosen der Marquis *d'Argens* als der Vertrauteste.[23] In der Literatur ist er ein blosser Beiläufer; er war hypochondrisch und reiste bald nach dem Frieden von 1763 in die Provence. Nach dem «Mandement» von 1766 kehrte er nach Berlin zurück und 1769, nach vielem Verdruss, wieder heim; er starb 1771 in Toulon. Friedrich schrieb an Voltaire: «Man hat mir gesagt, dass d'Argens gestorben sei; ich bin deshalb sehr betrübt. Er war ein sehr nützlicher Gottloser für die gute Sache – trotz seiner Geschwätzigkeit».[24]

Auf kurze Zeit weilt auch *d'Alembert* in Berlin, lässt sich aber nicht fesseln, weder als Präsident der Akademie noch als Erzieher des russischen Thronfolgers. Zwischen ihm und dem König gibt es eine achtungsvolle Korrespondenz; er erhielt auch Unterstützung und ist 1783 gestorben. *Algarotti* war und blieb weg und starb in Pisa schon 1764. Dafür kam *Lord Marschall George Keith* 1764 aus Schottland zurück; seine Wohnung lag unweit von Sanssouci. Er übte eine versöhnende Tätigkeit aus und starb tief in den Achtzigern 1778. Friedrich war oft wunderlich; d'Argens sagte von ihm: «Die Gesellschaft der Grossen ist wie die Sünde: am Anfang scheint sie sehr angenehm zu sein; aber sobald das erste Vergnügen vorbei ist, stört sie euere Ruhe.»

Friedrichs Verhältnis zu Voltaire

Voltaire weilte von 1750 bis 1753 in Sanssouci. Friedrich war französischer Dichter und glaubte, nur von Voltaire lernen zu können. Was uns jetzt an Friedrichs Gedichten interessiert, ist nicht die konventionelle französische Hülle, sondern der historische Inhalt, das Bild seiner Stimmungen und seines Gemütes, besonders aber die Episteln. Voltaire sagte: «Blanchir le linge sâle du Roi du Prusse.»[25] Aber weder solche Anzüglichkeiten noch der Streit mit Maupertuis hätten ihn gestürzt, vielmehr die Schmutzgeschichten: Herrschsucht, Intrigen, Diamantenspekulation, Aufkauf sächsischer Steuerscheine. Friedrich hasste besonders die Denis.[26] Von 1753 bis 1757 gibt es eine Lücke in der Korrespondenz. Da (z. B. am 13. November 1757) kommen Abmahnungen gegen den Selbstmord. Dann lässt Voltaire 1760 die Werke des Philosophen von Sanssouci drucken, und 1761 folgt der höhnische Brief an Choiseul.[27] Friedrich kannte und taxierte ihn ruhig.

Die bleibende Stimmung kommt in einem Brief Friedrichs vom 18. Juli 1759 zum Ausdruck: «Ich weiß wohl, daß ich Sie so lange anbetete, wie ich Sie nicht für einen Quälgeist und Bösewicht hielt; Sie aber haben mir so viele üble Streiche aller Art gespielt... Sprechen wir nicht mehr davon; aus christlichem Herzen habe ich Ihnen alles vergeben. Alles in allem haben Sie mir mehr Freude als Kummer bereitet. Ich erfreue mich mehr an Ihren Werken, als daß ich die Kratzer spüre. Wenn Sie keinerlei Fehler hätten, würden Sie die menschliche Gattung allzu schlecht dastehen lassen, und das Universum hätte guten Grund, auf Ihre Qualitäten eifersüchtig und neidisch zu sein.»[28]

Nach dem Kriege geht die Korrespondenz lebhaft fort bis gegen das Ende Voltaires. Doch kam es später zu Divergenzen wegen der Art de la guerre, ebenso wegen der letzten schief gewordenen Position Friedrichs zur Philosophie. Was war diese seine bisherige Philosophie gewesen? Jedenfalls kein System im deutschen Sinne; er war Geschäftsmann. Es war die damalige Aufklärung, allerdings mit Bezugnahme auf die Systeme seit Cartesius; es war der sich durch die Physik rechtfertigende Materialismus. Die Hauptrichtung ging gegen die «Infame»: écrasez l'infame.[29] Die Frage war Christentum oder Superstition? Bei Voltaire war entschieden ersteres; es ist der Hass gegen alle Wahrheiten, die sich nicht mit Händen tasten lassen. Aber beide sind Deisten; beide wollen bloss die Aufklärung auserlesener Geister. Friedrichs Ansicht von der Befangenheit der Massen; Voltaire spricht von diesen vollends nur per chien, canaille etc. Über die Griechen schrieb Voltaire: «Mein Flehen ging nicht so weit, Sie zu beschwören, die attische Demokratie wiedereinzuführen; ich liebe die Pöbelherrschaft keineswegs.» Dafür regiert bei beiden «seine heilige Majestät der Zufall, die göttliche Majestät das Schicksal». Über die Unsterblichkeit sind beide hinaus, und ihr Gott ist am Ende auch nicht weit her. Dieser Deismus ist zuletzt so dünn wie eine Spinnwebe. Voltaire schrieb: «Bald wird man sich damit begnügen müssen, Gott um seiner selbst willen zu lieben, ohne Zagen und ohne Hoffen, ganz so wie man eine mathematische Wahrheit liebt; doch solcherlei Liebe ist nicht die leidenschaftlichste: kühlen Herzens liebt man die Wahrheit.»[30] Es geht durch diese ganze Existenz Friedrichs ein Hauch von Kälte. Die grössten Zeitgenossen (Gleim gehört nicht zu diesen) begegneten ihm mit Abneigung:

Goethe, Wieland, dazu das Stillschweigen der übrigen.[31] Es rächte sich, dass Friedrich jede geistige Beziehung zu seiner Nation geflissentlich abgelehnt hatte. Dazu kam sodann das Wegfallen der Familienbeziehungen, und so entsteht als Gesamteindruck: Isolierung.

Österreich und Maria Theresia

Ihre Lande waren das Jetzige ohne Salzburg und Venedig, aber mit Mailand, Mantua, Belgien (ausgenommen Lüttich) und den Vorderösterreichischen Landen; die Toscana kam 1765 gleich an Leopold. Wir blicken auf die schlesischen Kriege und den österreichischen Erbfolgekrieg. Es gab sogar ein Heiratsprojekt mit Friedrich dem Grossen. Maria Theresia war die Letzte vom Haus Habsburg, wie Elisabeth I. die letzte Tudor. Hier gab es allerdings keine geistreiche philosophische Umgebung; aber eine glückliche Ehe mit Franz Stephan und sechzehn Kindern, wovon zehn die Eltern überlebten, darunter Joseph II., Leopold, Marie Antoinette, Maria Karolina; dadurch Rettung der Dynastie.

Maria Theresia war von majestätischer Schönheit, für die sie wenig sorgte, und von grosser Heiterkeit bis in ihr Alter, dank Abwesenheit nagender Sorgen und schrecklicher Erinnerungen, ein glückliches Naturell. Ihre raue Gewöhnung erlaubte keine Putzsucht. Früher liebte sie Jagd, Spiel und Theater; aber schon ab 1755 widmete sie sich bloss noch der Regierung und Erziehung der Kinder. Sie sah dieselben täglich drei- bis viermal; sie war «zärtlich und streng».

Der Gemahl Franz Stephan, Herzog von Lothringen, wurde dann durch die Präliminarien von 1735 und dem Wiener Frieden von 1738 Grossherzog von Toscana, während Stanislas Leszczynski Lothringen bekam, und seit 1745 war er Kaiser. Äusserlich majestätisch, war er mild und leutselig und führte eine glückliche Ehe. Die Oberhofmeisterin Gräfin Fuchs glich kleine Unebenheiten aus.[32] Er war mässig, ein grosser Jäger, seine

Liebhaberei die Mechanik. In den Erblanden ist er ganz ohne
Einfluss; Maria Theresia lässt ihm bloss die Reichssachen, d. h.
da und dort eine Belehnung und die Bestellung des elenden
Reichshofrates. Daneben aber sorgt er für das Privatvermögen,
die Domänen etc. Die Toscana trägt jährlich eine Million
Gulden ein. Er besitzt einen persönlichen Schatz von zwanzig
Millionen Gulden – mit eigentümlicher Verrechnung mit der
Gemahlin. Als guter Geschäftsmann treibt er Bankgeschäfte;
«auf allen Plätzen von Europa kann man Wechsel von ihm zie-
hen», selbst auf Lieferungen.[33] Ob Friedrich II. bei Anlass von
1756 hierüber die Wahrheit sagte? Franz Stephan starb 1765;
Maria Theresia trug seitdem Witwentracht.

[BOGEN 6]

Später hielt sie es
mit dem heranwachsenden Kaiser Joseph ebenso. Seine Ungeduld entlud sich einstweilen auf die Reichssachen, und er reiste
herum und besah sich seine Lande, bis er mit Kaunitz zusammen mächtig genug war, die Teilnahme am Untergang Polens
zu erzwingen. Später noch legte Maria Theresia hinter seinem
Rücken den Bayrischen Erbfolgekrieg (1778–1779) bei.

So lange als möglich regierte sie selbst. Um sechs Uhr fing
sie an, Gesuche und Berichte zu lesen; alle Petitionen wurden
angenommen. Mit Diners etc. verlor sie wenig Zeit. Audienzen
waren schwieriger; aber «man kann sein ganzes Herz ausschüt-
ten».[34] Jeder Minister hatte seinen Vortragstag. Die Bagatellen
wurden gleich entschieden, Wichtigeres «nach reiflicher Ueber-
legung in ihrem Cabinet».[35] Maria Theresia zeichnete sich aus
durch allzugrosse Herzensgüte (z. B. die Schmerzensgelder bei
Ministerwechseln) und grosse Benifizenz. Später schaffte Joseph gewaltig Ordnung.

In der auswärtigen Politik wirkte Graf (seit 1764 Fürst)
Kaunitz. Persönlich war er sonderbar, putzsüchtig, weichlich,
vergnügungssüchtig und schwer zugänglich, aber höchst ver-
schwiegen – ebenso seine Subalternen (nicht wie zur Zeit Uhle-

felds). Maria Theresia hatte grosses Zutrauen in Kaunitz. Er radebrechte das Deutsche und trotzte der Etikette in weissen Strümpfen und Muff zur spanischen Tracht. Wahrscheinlich spielte er das Original, um nicht der Etikette zu vieles opfern zu müssen. Er war unvergleichlich für die damalige Politik, aber doch im Ganzen der böse Genius dieser Regierung; der Siebenjährige Krieg misslang eben doch. Unter Joseph war Kaunitz eine Haupttriebfeder, weniger für die Neuerungen im Innern als für die äussern Projekte.

In den Finanzen und im Interieur war Graf Haugwitz tätig. Karl VI. (1711–1740) war trotz seiner Spekulationen ein schlechter Wirt im Grossen gewesen. Durch seine Hofverschleuderung soll er nur 20 000 Gulden im Schatz hinterlassen haben. Dann kam der Krieg von 1740 bis 1748, und zwischen 1748 und 1756 hiess es: «Man hat die Einkünfte vermehrt, die Ausgaben verringert; man bezahlt Schulden ab und macht keine neuen (d. h. ausgenommen der Siebenjährige Krieg); man hat die Armee verstärkt und besoldet sie; alle andern Besoldungen zahlt man aus, und geht damit um, einen Schatz auf künftige Fälle zu sammeln.»[36] Haugwitz hatte 75 000 Gulden Einkommen. Er war gefürchtet und vom Adel gehasst. Er ist es, der Österreich zu amalgamieren und die Administrationen der verschiedenen Provinzen zu vereinigen begann. Er führt das grosse Direktorium, eine Nachahmung des preussischen Direktoriums.

Überall kam es noch zu Verhandlungen mit den Ständen; aber diese waren viel nachgiebiger als früher. Einzelne Adlige zahlten bis auf 40 Prozent Steuern ihres Gütereinkommens; auch der Klerus zahlte mit. Die Domänen der Kaiserin waren gering; die Bergwerke trugen zwei Millionen Gulden ein. Die Zölle wurden streng beigetrieben und trugen drei Millionen Gulden ein; wegen der Konterbande aber nicht mehr als früher. Ungarn war frei von den meisten indirekten Steuern auf Getränke, Fleisch, Salz, Tabak. Wie Friedrich der Grosse, so begünstigte man auch hier die Lotterie, die doch keine 200 000 Gulden eintrug. In summa: man steigerte die Gesamteinnahmen auf 40 Millionen Gulden. Die Niederlande trugen vier Millionen ein, kosteten aber ebensoviel, waren aber als Darleiher wertvoll. Mailand etc., wo der treffliche Firmian stand, deckte kaum die Kosten. Triest blühte vor allem wegen des Freihafens; man lebte mit einem Drittel dessen, was man in dem verödeten Venedig brauchte. (Triest ist jetzt die teuerste Stadt des Reiches.)

Die Armee umfasste 200 000 Mann in Friedenszeiten mit den Generalen Daun (gestorben 1766), Lascy und Laudon und mit zum Teil preussischem Exerzitium. Überhaupt war der Einfluss des preussischen Vorbildes gross. Fürst Joseph von Liechtenstein wandte aus seinem eigenen Vermögen Millionen an die Artillerie. Die Armee kostete im Ganzen 14 Millionen Gulden. Maria Theresia empfand Schmerz beim Anblick jedes Schlesiers.

Geistliche Sachen

Maria Theresia war sehr gut katholisch, hörte täglich die Messe, schonte aber den Klerus nicht. Dieser zahlte mit päpstlicher Bewilligung (ja ohne dieselbe) einen Zehnten von zwei Millionen; ja man wagte schon von Säkularisation und Besoldung zu sprechen.

Friedrich II. räsoniert 1767: Österreich und Frankreich sind so verschuldet, dass sie dem Reiz einer Aufhebung der reichen Abteien und Klöster nicht widerstehen werden. Damit hört der Fanatismus im Volke auf, und die Bischöfe werden de petits garçons, mit welchen dann die Fürsten machen, was ihnen beliebt. Schon Maria Theresia schränkt das Noviziat der Bettelorden ein. Mit päpstlicher Bulle werden viele Feste abgeschafft, dennoch aber gefeiert. Überhaupt gab es bei dergleichen Unzufriedenheit. Daneben dauern in den deutschen Landen noch die Religionskommissionen fort. Die Protestanten werden nach Zwangsverkauf nach Siebenbürgen zur sächsischen Nation verpflanzt.

Im Zusammenhang mit der Jesuitenaufhebung schrieb Clemens XIII. 1768 an Maria Theresia, sie sei sein einziger Trost.

Maria Theresia antwortete, die Aufhebung sei eine Sache des Staates und nicht der Religion. Es mochte ihr aber doch bange sein im Hinblick auf Joseph II. Dieser besuchte bald das Konklave.

Wegen Polen schrieb Maria Theresia an Kaunitz; die betreffende Stelle lautet bei Ramshorn: «Als alle meine Länder angefochten wurden, und gar nit mehr wußte, wo ruhig hingehen sollte, steiffete ich mich auf mein gutes Recht und den Beystand Gottes. Aber in dieser Sach, wo nit allein das offenbare Recht himmelschreyent wider Uns, sondern auch alle Billigkeit und die gesunde Vernunft wider Uns ist, mueß bekhennen, daß zeitlebens nit so beängstigt mich befunten und mich sehen zu lassen schäme. Bedenkh der Fürst, waß wir aller Welt für ein Exempel geben, wenn wir um ein ellendes stück von Pohlen oder von der Moldau und Walachey unser ehr und reputation in die schanz schlagen. Ich merkh woll, daß ich allein bin und nit mehr en vigueur, darum lasse ich die Sachen, jedoch nit ohne meinen größten Gram, ihren Weg gehen.»[37]

Russland, Katharina II. und Potemkin

Die Reformen Friedrichs des Grossen und Maria Theresias bewegten sich auf einem Boden alter Kultur, der ein Mittelalter gehabt und dessen Lebensformen mitproduziert hatte. Anders in *Russland* seit Peter dem Grossen (1672–1725), das durch keine mittelalterlichen Berechtigungen gehemmt war. Ein mächtiger Wille zwingt die Barbarei zur Verwendung ihrer materiellen Kräfte, zum Streben nach politisch-kommerziellem Primat über Europa womöglich. Die Barbarei beugt sich und lässt sich das Joch gefallen; aber es entsteht eine grosse Heuchelei: die erzwungene Aussenseite und das Innere, das man nicht erzwingen kann. Hier ist die scheinbar schrankenlose und deshalb zur Kaprize geneigte Regierung lauter Reform und Neuerung; aber das reicht nur so weit sie sieht. Eine wortlose allgemeine Verschwörung vereitelt es wieder. Daher jene Masse von Anfängen ohne Fortsetzung, von Gesetzen und Reglements ohne Gehorsam. (Die jetzige Regierung ist die vernünftigste, weil langsamste und russischeste.) Dazu noch ein besonderer Kontrast: die Herrschaft von Weibern, Generalen und Günstlingen macht lange Unterbrechungen und Ungleichheiten.

Ein solcher Rückschritt war 1741 die Usurpation Elisabeths. Das Kind Iwan VI. wurde als Idiot im Kerker erzogen. Elisabeth war eine Säuferin und Hure, voll Putzsucht und Trägheit. In ihrem Nachlass fanden sich 15 000 Kleider und viel Tausend Paar Schuhe. Ihre Politik war im Grunde elend. Durch die Teilnahme am Siebenjährigen Krieg wollte sie Russland dem Westen etwas in Erinnerung bringen. Damals kamen 80 000 Menschen nach Sibirien, darunter auch Münnich und Ostermann. Sie hegte einen persönlichen Hass auf Friedrich. Ihr Neffe, Peter III. von Holstein, wurde mit Hilfe Friedrichs mit Sophia Augusta von Anhalt-Zerbst (Katharina II.) 1745 vermählt.

Elisabeths Tod im Januar 1762 bringt Peter III. auf den Thron, der gleich mit Friedrich Frieden schloss und die Eroberungen zurückgab – aus persönlicher Bewunderung; dies wurde aber noch nicht exekutiert. Seine Uniformen, Orden und der Zimmerschmuck waren preussisch, seine Moralität gering. Er war gutmütig, aber unfähig, ein kleinlicher deutscher Despot, der das Soldatenspiel liebte und die holsteinische Garde bevorzugte. Er beleidigte den Klerus, hob die «geheime Kanzlei» (für Aufspürung von Majestätsverbrechen und sich einmischend in die ganze Justiz) auf und führte eine Kopfsteuer auf die Bauern ein.

Schon lange, noch unter Elisabeth, kam es zu einer Verschwörung gegen Peter. Katharina hatte schon früher mit Bestuschew gegen ihren Gemahl kabaliert. Die fremden Gesandten halfen, weil alle Mächte sich vor Peters Dänenkrieg fürchteten. Katharina aber fürchtet Verstossung und Kloster und kommt Peter zuvor.

Nach Peters kirchlicher Konstitution vom 1. Juli 1762 treten Weltgeistliche und Klöster alle Güter an die Krone ab und erhalten eine Besoldung von 5000 bis 8000 Franken. Die Metropoliten, Erzbischöfe und Bischöfe besassen 910 000 männliche Leibeigene und hatten eine Einnahme von 15 bis 20 Millionen Franken!

Da kam Peters Sturz. Dabei halfen die fünf Orlows, die Daschkow, Rasumowski (Regimentschef), Panin (Hofmeister Pauls), Glebow, Woronzow etc. Warnungen, selbst Friedrichs, nützen nichts; Peter lässt sich nicht raten und bleibt in Oranienbaum. Katharina wird am 9. Juli 1762 von Peterhof nach Petersburg geführt. Der Erzbischof von Nowgorod ruft sie in der Kirche zur Regentin für Paul aus; draussen riefen die Orlows sie zur Kaiserin aus. – Katharinas Manifest; alles war betrunken.

Peter lässt sich alle Strassen und Sympathien abschneiden, irrt trotz Münnichs Zureden von Schloss zu Schloss, nach Oranienbaum zurück, schreibt feige an Katharina. Ismailow zwingt ihn zur Abdikationsunterschrift und zur Reise nach Peterhof. Hierher kam auch Katharina; dann ging es im Triumph nach Petersburg. Peter III. wurde am 17. Juli zu Ropscha bei Peterhof durch Alexej Orlow und Gehilfen (beide Barjatinskij, Teplow, Engelhardt) vergiftet und erdrosselt. Das sittliche Urteil hierüber – die «Notwendigkeit» – ersparen wir uns. Unverschämt war nur Katharinas nachherige Scheintrauer. Die Folgen für sie waren die Mitherrschaft der Helfer; sie kam in eine furchtbare Lage – und vor allem brauchte sie Geld!

Im Januar 1763 kam die Aufhebung der Kirchengüter, «um dem Klerus die Last der Verwaltung abzunehmen». Er wurde von den 20 Millionen auf eine Jahresbesoldung von 150 000 Franken, nach den Normen Peters III., herabgesetzt. Die Synode war schon seit Peter dem Grossen, der sie errichtete, eine blosse kirchliche Verwaltungsmaschine. Hierher gehören die Fortdauer und das seitherige Wachsen der Raskolniken-Starowerzen, die jetzt 13 Millionen ausmachten.[38] Seitdem nahmen Bettel und Almosen zu. Die ungeheuren Klöster von Kiew, Troïzko etc. erhielten bloss einen armseligen Notpfennig; das Noviziat wurde in Alter und Zahl höchst beschränkt. Der Raub ging an die Günstlinge mit ihren Palästen und Millionen, vor allem an Gregor Orlow mit seinen 100 000 Rubelmandaten.[39]

Nun lebte noch der Grossfürst Iwan VI. in der Schlüsselburg; Peter III. besuchte ihn im April 1762. Nachher schlug ihn die heilige Synode der Katharina zum Gemahl vor! 1764 wagte der Offizier Wassili Mirowitsch einen Befreiungsversuch, nach welchem der gefangene Iwan getötet wurde. Die Mörder erhielten eine Belohnung; die Familien liess man in den Norden entwischen.

Eine uneheliche Tochter der Zarin Elisabeth, die Fürstin Tarakanova, wurde 1771 zu Livorno durch Alexej Orlow ausgehoben; sie starb im Kerker zu Schlüsselburg. (Wahrscheinlich durch Karl Radziwill, den die Russen aus Polen verjagt hatten, untergeschoben.)[40]

Da hob «Peter III.» 1773 sein Haupt wieder empor. Dieser
Peter war ein entlaufener Kosak, Pugatschew mit Namen. Er
hatte am Siebenjährigen Krieg und am Türkenkrieg teilgenom-
men und war ohne Abschied in ein polnisches Kloster geflohen.
Er rechnet auf die raskolnikischen und auch sonst meuterischen
Kosaken und verspricht Aufhebung der Leibeigenschaft. Während des eineinhalbjährigen Kampfes in Südrussland sterben
100 000 Menschen. Endlich wurde Pugatschew verraten und
am 21. Januar 1775 in Moskau enthauptet.

Paul war der Sohn von Sergej Soltikow und wurde von
Katharina verachtet und als Sohn gehasst. Er nimmt jetzt jene
klägliche Richtung an, die er dann als Kaiser zeigte. Katharina,
die im Ganzen acht Prinzessinnen zur Schau nach Petersburg
kommen liess (drei von Darmstadt, zwei von Baden, drei von
Koburg, und drei von Württemberg kamen wenigstens bis Berlin), gab ihm Wilhelmine von Hessen-Darmstadt zur Frau, die
aber 1776 auf geheimnisvolle Weise starb. Dann ward er mit
Sophie von Württemberg (Maria Fedorowna) vermählt. In der
Folge wollte Katharina nur von seinen Kindern wissen und verachtete ihn selbst – schon weil er ihr Nachfolger war! Sie liess
ihn aber wenigstens reisen.

Katharina, geboren 1729 (eigentlich 1727), war bei der Usurpation 33, respektive 35 Jahre alt. Sie war nicht gross, aber majestätisch, doch nicht wie Maria Theresia; von rohem Ausdruck im
untern Teil ihres Gesichts; die bedeutenden grauen Augen waren
falsch, «und eine gewisse Falte an der Nasenwurzel gaben ihr
einen etwas düstern Ausdruck». Die Maler mussten dies weg-
lassen; darum sind alle Porträts geschmeichelt.[41] Ihre Tugend
bestand in der Tätigkeit, trotz höchst ausschweifenden Lebens.
Sie lernte trefflich russisch, erschrak vor nichts und suchte ihrem
Lande und ihrer Zeit alle nutzbaren, ihrem Glanze dienlichen
Seiten abzugewinnen. Als Mann wäre sie mit ihrem praktischen
Blick ein trefflicher erster Minister, ein tüchtiger Reformer gewesen. Aber sie musste gleich mit aller Verworfenheit abrech-
nen. Was sie Gutes, Gescheites tut, wird wieder aufgezehrt
durch die Schwergewichte: die direkte Verschwendung an die

Günstlinge (50 Millionen an Potemkin) sowie deren Präpotenz und Clique, wodurch alle Ämter mit feilen Despoten besetzt wurden, die alle Justiz verkauften, und allgemeine Plünderung. Katharina wusste es und musste die Augen schliessen. Bei einem gewissen russischen Nationalstolz ist sie doch völlig gewissenlos.

[BOGEN 8]

Woher nun «la grande»? Sie wusste alles zu blenden, und man sah ihr auch die grössten Schnitzer nach, wie z. B. die erbärmlichen Resultate der beiden Türkenkriege, wobei sie die Griechen schämlich preisgegeben hat, und die Inschrift auf dem Tor von Cherson «hier geht der Weg nach Konstantinopel».⁴²
Man sah ihr auch die Teilung Polens nach. Sie hatte die Aufklärung in Pacht genommen: ihr wahres Bedürfnis nach französischer Bildung, nach einem neutralen geistigen Boden, ihre Glanzsucht auch hier. Die Korrespondenz mit Voltaire ist gehaltlos, aber sehr anständig, guter Stil. Ihre Verbindung mit den Kreisen in Paris durch Diderot, den Menschenrechtler, und den Rapporteur Grimm, die in Petersburg herrlich beschenkt und bewirtet wurden. Die gleichen Leute, die für Amerika schwärmten, schwärmten auch für sie; der ältere Ségur beschreibt alles sehr ergötzlich in seinen Memoiren. Später war sie über die Französische Revolution erbittert. Sodann war sie persönlich liebenswürdig und geistreich und ihre nächste Umgebung ihr sehr persönlich ergeben. Sie hatte nichts Kleinliches, was mehr als Verbrechen entfremdet. So fand sie Lober ohne Ende.

Ihre sogenannten Reformen waren teils innerlich wertlos, teils durch Aufgeben vereitelt, teils durch Paul aufgehoben. Am berühmtesten sind ihre Rüstungen zu einem Gesetzbuch. Ihre (französische) Instruktion dazu beginnt mit den Worten: «la Russie est une puissance européenne» (während Disraeli heute England für eine asiatische Macht ausgibt);⁴³ die Instruktion ist noch in der Akademie vorhanden. Montesquieus Ideen von den Pflichten der Fürsten, «sie lebe für ihr Volk» etc., ist aufrichtig gemeint. Sie machte sogar einen Versuch mit einer Assemblée législative, und 1767 hielt sie den «Reichstag aller Völker» ab: Babel in Moskau! Die Boten wurden gut bewirtet und kaiserlich besoldet; sie waren unverletzlich und wurden bald wieder heimgeschickt. Sie gab dann selber Gesetze: Neueinteilung Russlands und Verkleinerung der Gouvernements, wovon Justiz und Finanzen etc. überdies getrennt wurden (Trennung der Gewalten). Einstweilen war aber alles unnütz, solange verworfene Menschen auch die nunmehr geteilten Stellen bekamen. Beabsichtigte Hebung des Bürgerstandes, wohltätige Anstalten, Normalschulen, Militärschulen, Handelsbemühungen, Aufhebung der Monopole etc.: alles bezeugt ihre Neigung für das Grosse und Praktische – wie viel aber wirklich ins Leben trat? Um die Leidenschaft des Städtegründens (die Alignements, der Pfahl)[44] wurde meist schlechtes Volk mit Prämien oder Zwang zusammengetrieben – um sich bald wieder im Elend zu verlaufen; so geschehen in hunderten von Städten.

Besonders Potemkin hing diesem falschen Glanz an. In der Reihenfolge ihrer Günstlinge herrschte Potemkin noch, als das Liebesverhältnis mit Katharina vorbei war; die folgenden Günstlinge waren seine Kreaturen. Die Anekdoten sollen seine Originalität beweisen und seine Faulheit verdecken. Es war aber viel absichtliche Bizarrerie, wie in Suworow (dessen wahre Grösse als Feldherr). Katharina aber war überzeugt, dass er Ruhm und Grösse schaffe. Er war auch als Gardeoffizier in ihre Nähe gelangt und behielt seine Macht von 1774 bis 1791. Seine Rechnung, niemand wagt es zu klagen, ging auf. Die spätern Günstlinge – gegen Potemkin empört – wollen öfter Katharina die Augen öffnen; aber sie pflegte es Potemkin wieder zu sagen. Das zeigt ihre gänzliche Verblendung, denn Potemkin versprach nur, um nie zu halten und machte nur Schulden, um nie zu bezahlen. Er hielt Besoldungen, Pensionen etc. gerne für sich zurück.

Potemkins Haupttat ist die Unterwerfung der Krim 1783. In Folge des orlowschen Türkenkrieges kam es zur Verführung und Pensionierung des Khans und zu einem schrecklichen

Blutbad an 30 000 Menschen. Das heutige Resultat können wir
bei Schlosser nachlesen: «Ein noch in den achtziger Jahren
zahlreiches, freies, reiches, in Seidenstoffe gekleidetes, ansehn-
liches Volk ist ganz zusammengeschwunden und zu einem hun-
gernden Bettelvolke herabgesunken, seine ehemals glänzenden
und prächtigen Zeltstädte sind zu Zigeunerlagern geworden,
und seine von Stein gebauten Ortschaften, Häuser und Paläste
sind in Trümmer zerfallen.» Potemkin hiess fortan «der Tau-
rier», wie schon Dolgorukij (1722–1782) «Krimskij» hiess.

Cherson war als Hauptstadt der neuen Akquisition schlecht
gewählt und ist jetzt von Odessa verdunkelt. Grosse Schiffe
kommen nicht so weit den Dniepr hinauf. Es ist das blosse
Schattenbild einer Stadt. Der Plan Katharinas mit Konstantin
war die Erneuerung der Pläne von 1770, die Herstellung eines
neuen Griechischen Reiches. Katharina muss nun nach dem
südlichen Russland reisen, um sich huldigen zu lassen. Eine
Einladung ging auch an Joseph II. Im Januar 1787 erfolgte die
Abreise; Potemkin zog mit Katharina voraus, Cobenzl als lus-
tige Person, Fitz-Herbert, Ségur und der Prince de Ligne, in
summa 3000 Köpfe reisten bis Kiew Tag und Nacht, an bren-
nenden Holzstössen vorbei zum Winterhof in Kiew. Dann ging
es auf fünfzig Galeeren den Dniepr, den «Borysthène», hinab;
jede Galeere hatte ihr Orchester. An vorgeblichen Dörfern,
Bauern und Herden vorbei wurde Kanew erreicht, wo es zur
Zusammenkunft mit Stanislas Poniatowski kam, der mit seiner
Bettelei kalt empfangen wurde. In Kaidak erschien auf Abrede
Joseph II., mit dem Katharina ein Bankett hielt; er hätte ihr
gerne den neuen Türkenkrieg ausgeredet. In seinen Gesprächen mit Ségur scheint er verraten zu haben, dass er den
falschen Pomp durchschaute und wusste, dass diese Dinge
Hunderttausende von Menschen kosteten. In der Krim selber
fingen die Täuschungen erst recht an: in Cherson die
Magazine voll «Waren», zusammengetriebene Menschen, die
hernach Hungers starben, die wandernden Herden, die Deko-
rationsdörfer, der Hafen von Sebastopol mit der maskierten
Flotte.

Die Folge war der zweite türkische Krieg, wo sich Potemkins Unfähigkeit und Suworows Trefflichkeit offenbarte. Katharina blieb aber verblendet bis zu Potemkins Tod 1791. Hier wären näher zu schildern die Bedrohung durch den schwedischen König Gustav III., der Friede zu Jassy 1792 und die plötzliche Wendung gegen Polen sowie dessen zweite und dritte Teilung.

Die letzten Jahre Katharinas waren verbittert durch die Französische Revolution, und sie war sinnlich ekelhaft. Nach ihrem Tod (Pauls Reaktionen) 1796 schlug ihr Sohn Paul I. einen Weg ein, welcher dem seiner Mutter gerade entgegengesetzt war; er soll den Tod seiner Mutter mit Teilnahmslosigkeit aufgenommen haben.[45]

Der Untergang Polens

Indem wir die spätere Zeit Katharinas und die Zeit Potemkins auf eine andere Partie versparen, ist hier vom Untergang Polens zu reden. Die drei grossen Staaten, kriegsmächtig und innerlich geschlossen, tun sich zusammen, um ihr Mittelland durch Interventionen tot zu ängstigen und stückweise zu teilen. Der natürliche Trieb der grossen Staaten ist, die schwachen Nachbarn zu unterwerfen: ihre magnetische Kraft. Deshalb sind ihre Fürsten und Minister noch keine Teufel. Soll aber diese «Notwendigkeit» alles entschuldigen? Nein, so wenig als das Nachgeben gegen alle Gelüste im Privatleben. Die Nachwelt urteilt sehr streng; sie nimmt Partei für die unterdrückten Völker und leitet alles Unglück davon ab. Doch macht sie einen Unterschied: Die Unterwerfung roher, halbbarbarischer Völker (so Gallien durch die Römer etc.) wird entschuldigt; selbst die Grausamkeiten werden nicht so hoch taxiert. Die Unterwerfung verkommener alter Kulturvölker (so Ägypten, Kleinasien durch die Römer) ist schon schlimmer. Die Unterwerfung gleichstehender ist beim Lichte besehen immer ein Bruderkrieg (Vorwände und Gründe, streitige Erbfolgen etc.). Die Unterwerfung (wieder) aufblühender Völker (ein Anfang hiezu Palmerston gegen Griechenland): volle Infamie.[46]

Der Fall mit Polen ist ein gemischter: die Erfüllung eines Gelüstens. Polens grosse Sünde war, dass es seinen Räubern die Sache zu leicht machte, dass der Reiz zu gross war. Auch der Kleinste kann sich Respekt verschaffen. Polen unterliess dies schon lange; es zeigte zu rücksichtslos seine Schwäche.

In den übrigen europäischen Grossstaaten war neben und über Adel und Klerus der allmächtige Staat aufgekommen mit Zentralisation, stehendem Heer, staatsökonomischen Kunststücken, Zwangsindustrie etc. Polen dagegen, wo der Bürgerstand, sonst der Stützpunkt der Industrie etc., nur schwach war, behielt seine lose alte Staatsform und schwächte sie noch. So besonders seit dem Aussterben der Jagellonen und Wasa-Jagellonen. Polen wurde eine Anomalie. Es wäre mit Ungarn kaum anders gewesen, ohne das Gute und Böse, welches von seinen habsburgerischen Königen ausging, die seine Protestanten verfolgten und dabei das Land vor den Türken retteten. In Polen gab es eine Adelsaristokratie mit hohem, mittlerem und niederem Adel (letzterer zählte eineinhalb Millionen Köpfe, eigentlich arme Freibauern) über einem geringen Bürgerstande, vielen Juden und einer leibeigenen Bauermasse. Polen reichte von der Ostsee, vom nördlichen Litauen, fast bis ans Schwarze Meer.

Seit Johann Kasimir (1648–1668) kam es zu einem merklichen Sinken in Polen: unglückliche Kriege, Abfall der Kosaken, Auswanderung nach Schlesien, Verschwinden ganzer Dörfer, oben französische Moden, unten Branntwein. Dazu kam der religiöse Hader zwischen Jesuiten und Dissidenten, die längst nicht mehr amtsfähig waren, und dann endlich die Wahlmonarchie. Der letzte Scheinglanz leuchtete unter Johann Sobieski (1674–1696). Er starb aus Familienkummer; seine Frau lebte in fortwährendem Zerwürfnis mit seinem Sohn Jakob.

Unter August II., dem Starken (1670–1733), kam auf einmal die Ohnmacht Polens an den Tag. 1704 brachte Karl XII. von Schweden seinen Kandidaten Stanislas Leszczynski auf den Thron. Sächsische, russische und schwedische Armeen lagen im Lande, und jede Macht hatte ihre Adelspartei. Auch wenn die fremden Armeen wieder abziehen, so sind dies doch immer Vorboten künftigen Untergangs. Europa sah die Nation in ihrer Blösse. (Deutschland hatte auch sein französisches Bayern, aber auch Grossmächte.) In Polen kam es zu einer totalen Erschöpfung. Nach Augusts II. Tode 1733 wird Stanislas Leszczynski durch russisch-österreichische Intervention von neuem beseitigt, zu Gunsten Augusts III. (1733–1763). Die Reichstage wurden immer durch Vetos abgebrochen; der König war ohne Exekutivgewalt; die Kronbeamten und Grossen waren trotzig; daneben gab es einzelne treffliche Patrioten.

Die Konföderationen

Die Partei Czartoryski betreibt für den Todesfall Augusts III. die Wahl eines Polen, und zwar ihres Verwandten Stanislas Poniatowski (seine Bildung, Reisen und Liederlichkeit). Von 1755 bis 1757 war er in Petersburg – als Günstling der Grossfürstin Katharina. Poniatowski war der einzige, den sie später mit Willen demütigte, als er, von ihr befördert, doch selbständig sein wollte. «Sie war nachgiebig in der Liebe, aber unversöhnlich in der Politik, weil der Stolz ihre stärkste Leidenschaft war, und die Liebhaberin in ihr stets von der Kaiserin beherrscht wurde.»[47]

1762 und 1764 kam es zu Verträgen zwischen Preussen und Russland; im «Defensivtraktat» von 1764 wird das freie Wahlrecht von Polen ohne Erblichkeit des Thrones gesichert und die bisherige Verfassung geschützt. Polen soll und muss schwach bleiben. Noch vor Augusts Tode lagen russische Heere in Polen. Nach stürmischen Reichstagen und Konföderationen kam im September 1764 endlich der Wahlreichstag. Der von Österreich, Frankreich und Spanien vorgeschlagene Kurfürst von Sachsen war schon a priori beseitigt worden (Katharinas Brief an ihn). Stanislas wurde gewählt – als das Geschöpf Katharinas. Repnins Trotz zeigte sich in seinen Einmischungen. Stanislas war human, angenehm, des Aufschwunges fähig, aber ohne allen Nachhalt. Er gefiel sich in seinem theatralischen Aufputz bei der Krönung. Seine geheime Werbung um eine Erzherzogin hatte Katharina erbittert. Repnin hetzte weiter; aber ohnedies war alles unzufrieden, weil man einmal gehorchen sollte.

Verschiedene Parteien klagen in Petersburg. Daraus gingen unter anderem die schrecklichen Szenen auf dem Reichstag von

1766 hervor, wo Stanislas schon ermordet werden sollte. Er hatte auf die Aufhebung des Vetos, die Erhöhung der Steuern und des Heeres gehofft. Preussen (Friedrich der Grosse!) und Russland (Katharina die Grosse!) erzwingen durch Drohungen Beibehaltung des Vetos. Besonders behielt man sich die Sache der Dissidenten zu beliebiger Benützung vor. Jetzt hielten sie ihre Konföderationen ab unter russisch-preussischem, protestantisch-griechischem Schutz. Zugleich kamen neue russische Truppen. Endlich hatte es Repnin dahin gebracht, dass er allen Unzufriednen versprechen konnte, «die Rechte der polnischen Republik sollten fortan kräftigst geschützt und gegen alle Angriffe der königlichen Partei verteidigt werden». Ja, er liess sogar die Entthronung des Stanislas hoffen.

1767 vereinigte Repnin alle Konföderationen unter russischen Kanonen in eine einzige grosse zu Radom.[48] Im Oktober wurde zu Warschau Reichstag gehalten. Die Bischöfe von Warschau und Kiew sowie mehrere Grosse wurden ins Innere von Russland, zum Teil nach Sibirien deportiert. Eine Jammerdeputation sprach beim König vor, der mit Farbtöpfen beschäftigt war.[49] Die Dissidenten erhielten nun wirklich Gleichberechtigung, und Europa jubelte über diesen Fortschritt der Toleranz! Aber das Volk verabscheute die Dissidenten. Durch die eifrigen, ungeduldigen Patrioten kam es zur Gegenkonföderation von Bar in Podolien. Repnin zwingt Stanislas, Katharina um Intervention zu bitten. Es kommt zu einem schrecklichen Krieg: die Russen brennen viele Städte nieder; in der Ukraine töten die Kosaken 50 000 Menschen; zugleich herrschen Räuberbanden und Pest. Schliesslich nehmen die Russen Bar und Krakau ein.

[BOGEN 10]

Indessen sass Österreich still, geheim lüstern, wendet es sich ganz von den Konföderierten ab. Frankreich kann nichts direkt tun, weil russische Truppen die Konföderierten bis Balta verfolgt hatten, arbeitet aber bei Sultan Mustafa III. in Konstantinopel.

Mit dem grossen russisch-türkischen Krieg (1768–1774) konnte Polen wieder aufatmen, und so ging es mit schwankenden Erfolgen bis 1770. Da erklärt die grosse Konföderation Stanislas für abgesetzt, während ihn in Warschau die Russen «schützten» (die drei Boten im Schloss). In Polen waren französische Offiziere, als Agent Dumouriez (sein Plan und seine Disziplin). Mit Choiseuls Sturz im Dezember 1770 hörte die Unterstützung Polens durch Frankreich auf.

Im September 1770 trafen sich Friedrich, Joseph und Kaunitz in Neustadt in Mähren; Friedrich schlug die Teilung vor. Herzberg hatte ihm gesagt, man müsse die Österreicher von der Beute ausschliessen. Friedrich erwiderte: «Sie werden auch die Schande teilen.» Im Lauf von 1771 war die Konföderation überhaupt sehr im Verlust, auf die obere Weichsel beschränkt. Zu spät suchte sie durch das Attentat vom 3. November 1771 Stanislas in ihre Hände zu bringen. Der russisch-türkische Friede stand bevor, und bereits im Frühling 1772 kamen auch österreichische Truppen nach Polen, einstweilen nach Wieliczka, dann auch preussische. Während sich die Konföderierten verliefen, erschienen jene Manifeste vom 26. September 1772, «daß die drei verbundene Mächte, zu Verhütung fernern Blutvergießens und Herstellung des Friedens in Polen, sich einverstanden hätten, gewisse unzweifelbare Rechte auf einige polnische Provinzen geltend zu machen; daher sie einen Reichstag begehren, der über neue Gränzen sich mit ihnen vergleichen möge». (Die rechtlichen Deduktionen bei Johannes von Müller.)[50]

Friedrichs Räsonnements sind so schlecht wie die der Französischen Revolution und Napoleons: das Haus Brandenburg habe «nur den Besitz, nicht aber das Recht verkauft» (zu Glogau gehörte einst Posen, die Netze). Russland gab gar keine Gründe an, sondern nahm einfach ein Stück. Österreich brachte eine ähnliche Deduktion vor wie Friedrich, dass schon vor alten Zeiten Galizien und Lodomerien Vasallen Ungarns gewesen seien. Aber Maria Theresia hatte sich wenigstens gewehrt! Russland nahm das meiste von Litauen, auch Minsk, Witebsk; Österreich das südöstliche Galizien, Rotrussland, Teile von

Podolien und den Palatinaten von Sandomir und Krakau; Preussen das alte Westpreussen, die Bistümer Ermland und Kulm, Marienburg, den Netzedistrikt. Summa: von mehr als sieben Millionen Seelen blieben vier Millionen oder mehr. Von «Notwendigkeit» konnte am ehesten Friedrich sprechen. Sein Benehmen ist aber sehr abstossend. Ehe die Grenzscheidung, wodurch Preussen zu einigen Wiederabtretungen vermocht wurde, zu Stande kam, wurden aus solchen Gegenden die Herden weggeführt, die Waldungen umgehauen, die Vorräte geleert, selbst die nötigsten Werkzeuge mitgenommen, die Auflagen voraus erhoben. – Gott wollte damals die Moralität der Grossen zeigen.[51] Friedrich war der eigentliche Treiber, mehr als Katharina und Kaunitz.

Das politische Resultat

Alle polnischen Parteien protesierten, auch der König; alles sträubt sich, das Fait accompli anzuerkennen. Der sogenannte ausserordentliche Reichstag von 1773 muss die Teilung unterschreiben; viele tun es nicht. Das alte Veto wird wieder hergestellt; der Rat des Königs ist vom Reichstag zu ernennen; kein fremder König. Alles geschah unter Beirat und Garantie des russischen Gesandten Stackelberg![52] Die Dissidenten wurden, da man sie jetzt nicht mehr brauchte, von neuem eingeschränkt. Es kam zu schrecklichen Finanzräubereien; das Jesuitenvermögen wurde z.B. grossenteils an Intriganten verteilt. Doch brachte man allgemach wieder Ordnung in die Finanzen, etwa durch billigere Verteilung und starke Erhöhung der Steuern, durch Tätigkeit, Kredit, Fabriken. Der Oginskijsche Kanal verbindet Pripet und Niemen.[53] Überhaupt waren die 15 Jahre von 1773 bis 1788 der Anfang einer politischen Wiedergeburt. Sogar den Bauern kam dies zugute; es gab Beispiele wohldenkender Magnaten. Unter dem niederen Klerus regte sich stark die Aufklärung. Während Preussen und Russland höhnisch die Dissidenten fallen liessen, wurde die polnische Nation selber tole-

ranter: Hebung der Universitäten Krakau und Wilna, Schriftsteller, Zeitungen. Stanislas selber suchte für Künste und Wissenschaften das geistreiche Zentrum zu sein. Starke Einwirkung
der französischen Ideen; politische und ökonomische Spekula-
tion. Schon früher hatte die Partei der Konföderation von Bar
Jean-Jacques Rousseau um ein konstitutionelles Gutachten ge-
beten.[54] Auf den Reichstagen schämte man sich, das Veto zu
brauchen, gerade weil man wieder das Recht dazu hatte. Man
musste sich wohl der Übermacht des russischen Gesandten in
manchen Dingen fügen.

Die zweite und dritte Teilung Polens gehören schon in die
Zeiten der Französischen Revolution. Es ist ein jammervolles
Schauspiel: Polen hat sich gebessert und will noch grössere
entscheidende Fortschritte: Veto und Konföderationen werden
abgeschafft, Erblichkeit des Thrones im Hause Sachsen, Nähe-
rung des Adels und Bürgerstandes. Dies alles diente zur Anbah-
nung einer ruhigen Entwicklung. Aber Preussen hetzte und
versprach Russland allerhand. Alle alten Wunden und Partei-
ungen wachen wieder auf und am Ende hilft Preussen wieder
teilen. Die Besserung in Polen war zu spät gekommen.

Das Türkenreich

Es gibt in der Geschichte hie und da ganz ausgehöhlte Existenzen, die sich doch lange halten und neben welchen viel jüngere Völker, Staaten, Einrichtungen rasch aufblühen, vergehen, sich umgestalten. Jene sind seit Jahrhunderten morsch und faul; eine kleine Bewegung scheint hinreichend, sie zu zerstören. Längst ist zu Grab geläutet und das Erbe geteilt, aber sie leben noch – so besonders der neuere Orient, das Türkenreich: Beweglichkeit des frühern Islams, das alte Kalifat in früher Zersetzung, unaufhörliche neue Antriebe von jugendlichen Völkern erfrischen den Islam (Seldschuken, Almoraviden). Wo sich bequeme, genusssüchtige Sultanate etc. gebildet haben, kommt wieder irgendein frisches, kriegerisches fanatisches Volk, das dann bald demselben Luxus anheimfällt. Durch die Mongolen kam es zur Stillstehung des islamitischen Lebenstriebes und zur Kulturverwüstung Asiens sowie zu einer Änderung im Charakter. Die Osmanen waren anfänglich Soldtruppen eines von den Mongolen erdrückten seldschukischen Sultans. Von einer kleinen Herrschaft in Phrygien aus unterwarfen sie seit circa 1300 Kleinasien; dann zogen sie von Mazedonien und Griechenland nach 1500 nach Syrien, Mesopotamien und Ägypten und übernahmen die Schutzherrschaft über Nordafrika. Der Glanzpunkt wurde unter Süleyman I. (1520–1566) erreicht; dann fängt der Verfall an: Erblichkeit der Lehen (Timar)[55] und des Janitscharenstandes, Haremsleben der Sultane, welche nicht mehr mit zu Felde ziehen müssen. Sie sind «Narren oder Tyrannen» (der Sultanismus und der Prinzenkäfig). Aus dem Kerker kam man auf den Thron. Da entschädigte man sich durch Ausschweifung und Tyrannei. Die Sultane waren unwissend, die Grosswesire bisweilen tüchtig, wie z. B. zur Zeit des Siebenjährigen Krieges Ragip Pascha. Aber mächtiger war doch immer der Kislar Aga.[56] Es war keine Stetigkeit der Regierung möglich, stetig waren nur Zeremoniell und Etikette (Rokokopomp der Aufzüge, Audienzen, der Serail mit seinen Gärten etc.). Dies half nicht gegen schreckliche Thronwechsel. Sultane wurden durch Aufstände der Janitscharen ermordet.[57] Mohammed IV. führte seine Kriege für Ludwig XIV. hauptsächlich um sie zu beschäftigen und zu dezimieren. 1730 wurde Achmed III. durch einen Janitscharenaufruhr entthront. Auch er hatte die Goldleidenschaft; das Prinzip war, die Paschas rauben zu lassen, um sie dann zu beerben. Seine Kristallgefässe waren voll Goldmünzen. Unter Mahmud I. eroberte ein tüchtiger Wesir, Sigen, das durch Eugen verlorene wieder; 1739 wurde der Belgrader Friede geschlossen. Aber dies war der letzte osmanische Ruhm. Russland hatte Pläne auf die Nordküste des Pontus und die Krim.

Die innere Verwaltung

Die Paschas waren eigentlich Kriegsbefehlshaber, hatten aber auch Gewalt über Verwaltung, Leben und Tod, Justiz, Polizei, Finanzen: grösste Macht und oft plötzlicher Sturz waren nahe beieinander. Im 18. Jahrhundert war es alle drei Jahre zu Wechseln gekommen. Die Paschareisen gingen mit grossem Kriegsgefolge vonstatten. Die Stellen waren meist teuer gekauft. Diese allgemeine Käuflichkeit ist scheinbar der schlechteste Staatsorganismus. Überhaupt war der Stellenhandel im Serail weit verbreitet, auch unter den griechischen Bischöfen und Patriarchen und ebenso alle Kadistellen und Hospodarstellen. Ausser den Paschas gab es auch fürstliche Grosse Beys, die bisweilen grosse erbliche Besitzungen retteten.[58]

Diese Unsicherheit allen Besitzes, dieser Druck musste schon jeden ökonomischen Fortschritt hemmen. Dazu kommen noch der Fatalismus, der nichts gegen die Pest tut, und die übermässige Beschäftigung mit dem Gedanken, dass das Diesseits nur eine Wanderschaft sei. Die stolze Seelenruhe und Gravität des wahren Osmanen; was fällt, wird nicht repariert; majestätisch schlurft man derweil in den Pantoffeln über den Schutt. Es ist der reinste Gegensatz gegen die geistige Arbeit und die hastige Industrie des Okzidents. Die Türken sind verloren, auch in der Kriegsverfassung: wie dem Westen widerstehen? Die Janitscharen und Spahis sind ohne Disziplin, meuterisch, ohne Manöver; nur der erste Anlauf taugt was. Ausserdem gab es das im Kriegsfall von den Paschas in den Provinzen aufgebotene oder auf Beute hin erworbene Gesindel (Baschi-Bozuks), das die eignen Lande plündert, schlechte Festungen und eine elende Marine. Erst Selim III. (1789–1807) schuf das neue Heer. Alle europäischen Instruktoren, wie z. B. der Graf de Bonneval (Ahmet Pascha), helfen nur auf kurze Zeit und nur etwa für die Artillerie – nicht zuletzt wegen Hofintrigen gegen sie und Vorurteilen gegen alles Okzidentale. Und doch gab es noch Erfolge im Kriege, da und dort glückliche Schlachten gegen österreichische und russische Generale, tapfere Verteidigung von Festungen, Nationalstolz und Fanatismus. Doch was hilft dergleichen? Die Türken müssen einmal verloren sein. Alle ihre Provinzen waren ja im Abfall begriffen. Nordafrika (Marokko, Tunis, Algier und Tripoli) stellte zwar noch ein paar Schiffe zum Krieg von 1768; aber sonst fragte es nicht mehr viel nach der Pforte. In Ägypten waren die Mameluken ein fast unabhängiger Staat mit grossen Beys, und in Syrien herrschten oft räuberische Araber und Kurden (Mesopotamien). Die Paschas waren in permanentem Verrat; in Kleinasien (Anatolien) selbst erhoben sich überall Paschas und Derebeys, so Tschapan-Oglu etc. Auf ihren Schlössern am Eingang der Täler, über Schluchten, trotzten sie allen Fermans. Höchstens da und dort stirbt einer nach Tische oder wird erdolcht gefunden «avec le fetwa du Mufti cloué sur sa poitrine», so in den Gegenden, wo die Christen-Rayas im Ganzen in der Minderheit waren.[59]

Und nun gar die europäische Türkei, wo die Osmanen nur

einen Zehntel der Bevölkerung ausmachten, wobei die Moldau
und die Walachei auszunehmen sind. Unter ihnen lebten Slaven
und Gräcoslaven von griechisch-christlichem Glauben von der
alten Zeit her, da die Slaven das Byzantinische Reich ungefragt
kolonialisiert hatten (Bosnien, Serbien, Bulgarien, auch Thessa-
lien, Hellas und den Peloponnes, Mazedonien). Hier herrschten Religions- und Nationalhass (der Raub der Christenknaben
hatte aber doch schon im 17. Jahrhundert aufgehört) sowie
Rechtlosigkeit und Knechtschaft der griechischen Kirche – und
dabei die Zähigkeit und Frische dieser Slawen, die alles haben,
was die Osmanen entbehren: Familienleben, hoher Wert des
Eltern- und Geschwisterverhältnisses, der Älteste im Dorf als
Richter, ungebeugte Nationalität, selbst wo der Adel, wie z. B.
in Bosnien, den Islam angenommen hat. Wird der Pascha zu
scheusslich, so flieht man in die Berge oder auf das Meer, als
Pirat, oder wandert stammweise nach Österreich aus. Wie sollen diese Völker sich noch lange halten lassen? Man braucht sie
bloss aufzurufen, oder es erhebt sich ein türkischer Usurpator,
wie Ali Pascha von Janina über Epirus, der

[BOGEN 12]

Jahrzehnte lang im
Einverständnis mit ausländischen Mächten der Pforte trotzt, als
Sultan auf eigene Faust.

Man sagt wohl, die Osmanen seien das edelste Volk des
modernen Orientes. Aber sie müssen verloren sein: jetzt wegen
ihrer teilweisen Nachgiebigkeit gegen die europäische Kultur,
im vorigen Jahrhundert wegen ihres Widerstrebens. Sie waren
den Schülern Montesquieus ein Gräuel ohne Gleichen. Diese
kalte Gleichgültigkeit gegen alles, was damals Fortschritt hiess!
Sie hatten noch kein okzidentales Finanz- und Schuldenwesen.
Der Divan kaufte noch keine Pariser etc. Literaten. Kein Mensch
hätte ihnen um 1763 mehr zehn Jahre garantiert (die damaligen
Pamphlete). Man hätte sich aber nur an den Krieg von 1738
besinnen dürfen – zu geschweigen von der Nachgiebigkeit der

österreichischen Generale, welche wegen Karls VI. Hinfällig-
keit so handeln mussten.[60] Aber Münnich hatte mit 60 000 Mann
Verlust Otschakow erobert, bei Stawutschane gesiegt, Choczim
genommen und im Frieden behielt man nur Asow, nicht einmal
die freie Schifffahrt auf dem Asowschen Meer. *Frankreich* steckte
sich hinter die Türken und arbeitete für sie; andere Male auch
England. Überhaupt herrschte die zärtlichste Liebe der europäischen Gleichgewichtspolitik zu Gunsten der Türken; sie
sind unantastbar erklärt, besonders durch ihren frühern Haupt-
feind *Österreich*, seitdem Russland noch drohender ist. Dazu
kam noch die grosse Planlosigkeit der folgenden russischen
Angriffskriege; sie sind das Werk der Günstlinge Katharinas,
der Brüder Orlow und Potemkins. Katharina liess sie auf unver-
zeihliche Weise schalten und walten, statt der besten Generale.

Der osmanisch-russische oder orlowsche Krieg von 1768
bis 1774 schloss sich an die damalige Intervention in Polen an.
Nebst anderen führte der tüchtige Rumjanzow (seine Diebere)
die Russen an. Die Phantasterei und Eitelkeit des Gregor und
Alexej Orlow dehnten die Sache dahin aus, dass überall die
Griechen aufgerufen wurden, denen Alexej mit der Ostseeflotte
zustossen sollte. England liess es geschehen; aber Orlow gab die
Griechen preis. Seine Russen, nebst Mainottenkorps, richteten
nichts aus.[61] Im Divan beriet man über gänzliche Vertilgung
der Griechen. Zu nutzlosem Pomp kam es bei der Verbrennung
der Türkenflotte bei Tschesme 1770. Orlow wagte dann doch
nicht durch die Dardanellen zu fahren. Ohne gute englische
Admirale (Elphinstone) hätte die russische Flotte schlechte Geschäfte gemacht. Es half auch nicht, dass der Mameluke Ali Bei
Syrien nahm; er wurde 1773 getötet. Bei den Friedenstraktaten
kam es zu geheimen Einwirkungen Österreichs und selbst
Friedrichs, der öffentlich mit Katharina hielt. Sultan Abdül-
hamit kam mit ganz geringen Abtretungen und mit der Unab-
hängigkeitserklärung der Krim und ihrer Tataren davon.

Die Pforte konnte über die Pläne nicht im Zweifel sein.
England und Preussen hatten sich enger zusammengeschlos-
sen; ersteres verspricht, Schweden zu waffnen. Der russische

Gesandte sollte die Türkei aufwiegeln; damit war auch Joseph II. einverstanden. Der Sultan aber merkte es, und da warfen die Türken den Bulgakow 1787 in die Sieben Türme.[62] Es folgte Katharinas feierliche Erklärung über «Treulosigkeit». Österreich stellt 200 000 Mann vom Adriatischen Meer bis zum Dnjestr. Die Russen kämpften unter Rumjanzow und Suworow, und darüber stand Potemkin (Diebereien der Generale). Wiederum wurden die Griechen aufgefordert – und preisgegeben. Potemkin nimmt 1788 die Festung Otschakow ein (der Georgsorden, Illumination der Heerstrasse, das Osterei).[63] Wiederum wurden die Moldau und Walachei, auch Bessarabien besetzt; das türkische Heer wurde vernichtet. Der österreichische Feldmarschall Laudon nahm 1789 Belgrad ein, Potemkin Jassy. Auch der Friede zu Werelä vom August 1790 mit Gustav III. war den russischen Waffen günstig. Im Dezember 1790 nimmt Suworow Ismail ein; aber Englands Flotte und Preussens Heere stehen an der österreichischen und russischen Grenze. Die Aufregung Polens durch Preussen! Potemkin weilte vergebens nochmals glänzend in Petersburg (der Moment im Taurischen Palais).[64] Bald darauf stirbt er 1791. Katharina begnügt sich im Frieden von Jassy (9. Januar 1792) mit der Strecke von Otschakow bis zum Dnjestr. Das wahre politische Resultat war die zweite und dritte Teilung Polens.

Der Norden

Der Charakter der Zeit Friedrichs des Grossen ist Kampf und Auflehnung gegen das geschichtlich Gewordene. Die Revolution ist oben in vollem Gang und bricht in Eroberungskriegen, Einverleibungen, Aufhebungen ständischer Rechte und Missbräuchen ganz handgreiflich aus. Unten, in den Beherrschten, ist die Revolution geistig vorhanden und harrt des Ausbruchs bei engster Komplizität. Es ist der identische Geist und politische Idealismus, der aus subjektivem Meinen heraus eine neue Welt schaffen will und dazu die alte zertrümmert. Freilich den grössten «historisch gewordenen» Missbrauch, das türkische Reich, konnte man nicht zernichten. Wohl aber musste Polen fallen durch die drei grossen Militärstaaten (bezeichnend, dass Österreich nur aus Not mithielt). Gleichzeitig kam es zu Staatsveränderungen im germanischen Norden; hier allerdings nicht Eroberungen, sondern Versuche, dem Staat seine letzten aristokratischen Kräfte zu nehmen, zu Gunsten des aufgeklärten Absolutismus. In Dänemark misslang es, in Schweden gelang es für eine gewisse Zeit. Hier kann ich nur kurz andeuten, dass es blosse Wellenschläge am Ufer sind; wir müssen uns möglichst auf dem hohen Meer halten.

Dänemark

Hier war die Hauptrevolution schon hundert Jahre vorher passiert. 1660 war Dänemark aus einem Wahlreich zu einem

Erbreich und dann durch das Königsgesetz zu einem absoluten Staat gemacht worden, wodurch es wenigstens dem Schicksal Polens entging: neue Besteuerung, stehendes Heer, der Reichsrat nur beratend. Jetzt, von 1770 bis 1772, lag die Macht in den Händen Struensees über Christian VII. bis zum Alter Ego. Seiner romantischen Geschichten wegen ist er überschätzt, als Aufklärer zu berühmt. Seine Tat bestand darin, dass er dem bereits seiner politischen Privilegien beraubten Adel auch den Ersatz nahm, der demselben geblieben war, nämlich die Stellen (die höhern hatten die Adligen selbst, die niedern ihre Diener inne). Auch sonst nivellierte er, hob Monopole und Zünfte auf, und bei Verletzung so vieler, hob er noch die Zensur auf – während ihn die Geistlichen als Voltairianer und wegen Milderung der Kirchenzucht hassten. Mehrere Komplotte zusammen stürzten ihn und die Königin Karoline Mathilde. Sein Benehmen ist nicht der Rede wert.

Schweden

Hier ist die Aristokratie noch wirklich Herrin des Landes, als Reichstag und Reichsrat. Es gab gefährliche Parteiung: Mützen (russisch) und Hüte (französisch), während das Königtum beinahe wie in Polen herabgedrückt war. Adolf Friedrich starb 1771, und Gustav III. machte nun selber mit Hilfe der Garden und mit lauter Sympathie des Volkes eine Revolution, die viel dem 2. Dezember gleicht.[65] Der von Geschütz umgebene Reichstag muss seine Verfassung annehmen, z. B. sich nur auf königliche Berufung hin zu versammeln; es ist fast völliger Absolutismus: Besteurung, alle Anstellungen, die auswärtige Politik, alles königlich, selbst der Defensivkrieg, der Reichsrat nur beratend. So regierte Gustav, bis der zu stark gespannte Bogen brach. Auf einem Maskenball am 16. März 1792 erschoss Hauptmann Ankarström den König; er starb am 29. März 1792. Er wurde das Opfer seiner Neuerungen. Sein Charakter gilt als Typus jener Zeit. Er war teilweise ein gewaltsamer Neuerer trotz

Joseph II.; auch rastlose Humanität, Verbesserungen etc., aber
Ungeduld, die nichts zu Ende brachte. Ungleichheit herrschte
im Despotismus: der Branntwein zuerst verboten, dann nur
königlich gebrannt, dann wieder freigegeben. Teilweise war er
aber auch Phantast und Verschwender und brauchte grosse
Summen für seine grossartigen Feste (das Turnier von Eck-
holmsund) und Theatersucht (seine theatralische Volkstracht),
seine häufigen Reisen und die französierende Akademie. Dabei
war er noch ein Wasa und tollkühn wie Karl XII; das zeigt sein
russischer Krieg, wie er seine Flotte aus der Bucht von Wiborg
hinausführt und dann noch 1790 die russische Flotte vor Suens-
kasund glänzend schlägt. Seine letzten politischen Gedanken
waren ein Hilfskrieg für Ludwig XVI. In keinem Zeitgenossen
ist despotische Aufklärung und mittelalterliche Ritterlichkeit
merkwürdiger gemischt. Unglücklicher Reflex hievon findet
sich in dem Schicksal seines Sohnes Gustav IV.[66]

Das Deutsche Reich

Bis jetzt haben wir lauter grössere, geschlossne Monarchien
betrachtet, wie sie sich die Neuerungen wohl oder übel aneig-
neten. Unsere Wanderung nach Westen führt uns ins *Deutsche
Reich*, ausser Preussen und Österreich: vierthalbhundert Souveränitäten, von Grossstaaten wie Bayern bis zum einzelnen
Dorf, das mehrern Zweigen einer armen Adelsfamilie gehört;
Kurfürsten, Herzoge, Fürsten, Grafen, Ritter, Erzbischöfe,
Bischöfe, Äbte, Ordensgebiete, Reichsstädte und Flecken. Der
Kaiser bezog 13 000 Gulden. Als Reich war das alles vollkommen ohnmächtig: Nullität des Regensburger Reichtages und
des Wetzlarer Reichskammer-Gerichtes (Sinekuren, Formali-
täten). Der Hubertusburger Friede wurde ohne das Reich geschlossen. Die Einheit war nur eine Einheit der Zivilisation,
Sprache und Literatur – und auch das nicht genau: Die Schweiz
nahm Teil an der Literatur, und in Dänemark versuchte Struensee das Deutsche zur Geschäftssprache zu machen. Dies gelang

zwar nicht, aber schon vorher war Kopenhagen doch ein Punkt
deutscher Literatur wie Zürich (Klopstocks langer Aufenthalt
in Kopenhagen und seine Pension). Andererseits waren schon
zu viele deutschredende Länder verloren, wie hilflos das Reich
agierte, zeigte Lunéville.[67]

Die *Fürsten* waren sehr verschieden, teils gänzliche Versumpfung und Nachahmung der Versailler Wirtschaft seit Louis XIV,
teils Neuerer, oft mild aufgeklärt, die meisten in französischem
Sold, oft despotisch, bisweilen auch beides verschmolzen.

Sachsen war seit 1763 von Polen befreit und erholte sich unter Friedrich August dem Gerechten, der fast sechzig Jahre lang
regierte. Er hatte aber nicht die Kraft, Übelstände zu beseitigen
und etwa hundert Blutsauger an seinem Hofe abzudanken.

In *Bayern* kam es unter dem Letzten der jüngeren Haupt-
linie des Hauses Wittelsbach, Maximilian Joseph, zu einigen
Versuchen von Reformen, d. h. zur Schärfung der Kabinetts-
regierung und besonders der Kriminaljustiz, da Bayern von
Bettlern, Gaunern und Verbrechern wimmelte. Ein neuer,
entsetzlich harter Kriminalcodex vermehrte aber nur die Hinrichtungen und Henker. Man erzwang auch die Fabrikation
im Lande (Wollspinnerei, Maulbeerbaumzucht auf der rauhen
Hochebene) und erhöhte die Zölle und zeigte guten Willen für
die Bauern; aber der Kurfürst wollte doch seine Jagd nicht ein-
schränken und verschwendete an Pensionen, was sonst erspart
wurde. In ganz Bayern waren 900 Jesuiten tätig; Hof, Schulen
und selbst das Schauspiel waren in ihrer Gewalt.

Im Jahre 1777 starb Max Joseph, weil sein Arzt kein Mittel
gegen die Kindsblattern kannte, und es folgte Karl Theodor
von der Pfalz, dessen Nachgiebigkeit gegen Joseph II. den Bayrischen Erbfolgekrieg herbeiführte. Er war einer der grössten
Bonvivants, der je in der Welt gewesen: unendliches Wohlleben, auch Kunstsinn, Jagden, Liebschaften, dazu Verfolgung
der Protestanten, besonders der Reformierten. Die Pfalz selber
war bisher besonders durch den Adel ziemlich ausgesogen worden.

Weltberüchtigt wurde *Württemberg* unter Karl Alexander

(1733–1737); die Geschichte mit seinem Minister Jud Süss lassen wir auf sich beruhen.[68]

[BOGEN 14]

Unter Karl Eugen kam es zu Tyrannei aller Art, zum Wetteifer von Fürst und Ständen zur Plage des Landes und einer furchtbaren Schuldenlast von 16 Millionen. 1770 war der Kredit zu Ende, und es kam zu einer Reichsvermittlung zwischen Fürst und Landständen. Seitdem gerierte sich Karl als despotischer Aufklärer; er ist der Gründer der Karlsschule.

In *Hessen-Kassel* sass der Landgraf Friedrich II., der schon im Siebenjährigen Kriege den Engländern Truppen verkauft hatte. Im Amerikanische Kriege von 1776 bis 1781 verkaufte er dann 17 000 Hessen. (Das Land hatte nur 400 000 Seelen.) «Klug war es allerdings, daß man die stille Klage und das verborgene Weinen im Lande durch lautes Zeitungsgeschrei von Kunst und Wissenschaft ersticken ließ.» (Schillers «Kabale und Liebe».)[69]

Zu erwähnen wäre noch Karl Friedrich von *Baden-Durlach*, geboren 1728, der schon 1738 sukzedierte, aber erst 1746 mündig wurde; 1771 erbte er Baden-Baden. 1803 wurde er Kurfürst, 1806 Grossherzog; er starb 1811.

Die geistlichen Fürsten

«Unterm Krummstab ist gut wohnen» ist cum grano salis zu verstehen.[70] Dies hing im Ganzen daran, dass der Staat von den Domänen lebte und dass die Höfe weniger à la Louis XIV verschwendeten. Sonst befanden sich nur die Residenzen selber besser, weil man da aus der erzbischöflichen etc. Küche lebte (leben und leben lassen). Eigentlich dienten diese Territorien zu einer Adelsversorgung im Grossen. Die Domkapitel ergänzten sich selbst durch Kooptation meist nach Familienrücksichten;

nur zwei bis drei Stellen hatte der Fürst zu vergeben. Ausserdem liessen sich die Domherrn die besten Pfarren geben und versahen sie durch Vikare; eine Anzahl der besten Lehen gehörte ihnen. Kein Wunder, dass man eifrig den Eintritt begehrte. Die Vorstufe waren die Domizellaren, oft noch Knaben, und dies alles gehörte dem «stiftsfähigen» Adel, d. h. dem von sechzehn, mindestens acht Ahnen. Von geistlichen Verpflichtungen blieb nur ein Monat Chordienst, wozu man musste lateinisch lesen können. Nur scheinbar herrschte hier die Kirche; eigentlich war es der Adel. Einzelne Familien besassen sogar feste Anwartschaften. Diese Stifte waren ein grosses Minorat (Jüngstenrecht) des deutschen Adels, wie die geistlichen Ritterorden, und zum Teil seit viel hundert Jahren ad hoc vom Adel beschenkt, eine Art von Einkauf, ein gemeinsames Standesvermögen.

Rom war mit dieser Einrichtung nicht besonders zufrieden; zu gross waren die fürstliche Selbständigkeit und die Lust zum Schisma (deutscher Katholizismus), die z. B. die deutschen Erzbischöfe 1786 zu den Emser Punktationen führten. Gegenwärtig ist die vom Staat besoldete Kirche, ihrer Güter beraubt, fast ohne Adel und Ahnenprobe, mit Bischöfen, die von Landpfarren herauf gedient haben und ungleich päpstlicher sind. Damals erschienen manche Bischöfe nur bei wenigen Anlässen als Geistliche, und die Residenz war bei vielen nicht mehr in der Kathedralstadt. Jetzt dagegen sind sie jeden Sonntag im Chor. Zudem ist die gänzliche Unfähigkeit jetzt von den Kanonikaten ausgeschlossen. Viele Bischöfe sind nicht mehr selber Fürsten und daher in ungehemmter Opposition mit dem weltlichen Fürstentum. Die damaligen geistlichen Fürsten waren zum Teil in onkelmässigem Schlendrian verkommen. Alles wurde durch Nepotismus und Protektion gemacht, und Bigotterie war weit verbreitet. Zum Teil gab es tüchtige Verwalter und sogar halbe Aufklärer, welche sich von den letzten Konsequenzen nicht immer Rechenschaft gaben, z. B. bei Klosterreduktionen, und die bei der Jesuitenaufhebung vergassen, dass ihre eigene Herrschaft eben auch ein geistliches Stift war. Doch muss sich auch in mehrern diese Idee geregt haben: keine grosse Zukunft mehr.

Da und dort läutete es sogar von Säkularisationsgedanken – besonders vom josephinischen Kabinett aus beabsichtigt (der Plan mit Maximilian Franz von Köln-Münster).[71] Um so leichter fielen dann die Stifte, als der Sturm kam, in den Revolutionsverträgen als Entschädigungsmasse. Kein fürstliches Kabinett fühlte sich mehr innerlich gebunden, sie zu respektieren als *geistliche* Fürsten.

Einer der tüchtigsten, fromm, aufgeklärt und als Verwalter gewissenhaft, war Franz Ludwig von Erthal, Bischof von Bamberg und Würzburg. Schon schwankender und in der Verwaltung nicht besonders war sein Bruder Friedrich Karl Joseph, Kurfürst von Mainz. Bei Clemens Wenzeslaus von Sachsen, Kurfürst von Trier, herrschten Gutmütigkeit, Vergnügungssucht und Baulust. (Überhaupt baute das vorige Jahrhundert noch für die lachenden Erben.) Zu erwähnen sind noch der berüchtigte Firmian zu Salzburg und der Colloredo-Wallsee.

Im Ganzen herrschte doch das bequeme Gehenlassen vor. Ebenso in den fürstlichen Abteien und besonders bei den Benediktinern – mit wenigen Ausnahmen, wie etwa St. Blasien unter Abt Gerbert, der mit der Kongregaton von S. Maur wetteiferte und mit seinen Mitteln ungeheuer viel wirkte.[72] Mönche waren meist «Hofherren», die Klöster Absteigequartiere des Adels. Die meisten geistlichen Fürsten waren beliebt und im Ganzen nicht drückend; es war nur eine schreiende Disharmonie zwischen den gefrässigen militärischen Notstaaten und diesen scheinbar bloss geniessenden Existenzen. Wie ungleich schlimmer waren die ganz kleinen weltlichen Staaten, Freiherren, Reichsstädte mit ihrer dürftigen Prunksucht und ihrem Hofwesen, ihrer barbarischen Patrimonialjustiz, ihren Grenzschikanen etc.!

Gärung gab es in ganz Deutschland unter verschiednen Formen; besonders gegen den Adel, der sein einziges Heil, die Majoratseinrichtung und den Rücktritt der jüngern Söhne in den Bürgerstand versäumt hatte und nun alle Offiziersstellen und Amtsstuben mit den dürftigen Seinigen überschwemmte, damit aber zugleich von den Regierungen abhängig war. Gegen die Fürsten, selbst gegen die schlechten, war die Stimmung bis zur Revolution viel besser. Besonders diejenigen, welche aufgeklärte Aussenseiten in der Art Josephs II. angenommen, wurden als Landesväter fetiert und in Anspruch genommen. Politisiert wurde schon ungleich mehr als von 1700 bis 1750. Der Siebenjährige Krieg hatte die Geister aufgeweckt. Es konnte ein *Schlözer* aufstehen, dessen Briefwechsel und Staatsanzeigen der Schrecken manches kleinen Tyrannen wurde, und den selbst bedeutende Fürsten respektierten.

Deutschlands Geisterfrühling

Ich muss eine Entschuldigung anbringen wegen des veränderten Planes: Zu dem Thema deutsches Geistesleben muss heraufgenommen werden, was ich der letzten Vorlesung aufbehalten wollte, nämlich die Zeit der achtziger Jahre. Überhaupt muss ich manches kürzer fassen, weil unser Feld noch gross ist.

Deutschlands Geisterfrühling seit der Mitte des 18. Jahrhunderts brachte ein Emporstreben aus dem Gebundenen, Versunkenen zum Neuen und Freien – vielgestaltig wie Land und Volk selbst: nüchternster Rationalismus und tiefste Poesie, Aufklärung und Kritik neben ringendem Schaffen, Entfesselung der Subjektivitäten, der schönen wie der heftigen. Vorbereitende Lebensregungen gibt es seit 1700: die Reaktion des Pietismus gegen das erstarrte Lutherthum, das Auftreten eines Thomasius gegen den Schlendrian der damaligen Universitäten, Anfänge von Popularisierung der Wissenschaften, das Erwachen einer neuen Philologie und Altertumskunde, welche auf den Geist der Hellenen einging und nicht mehr bloss die Dienerin der Theologie und Jurisprudenz war, sondern Schönheit und Kunst darin aufsuchte. Göttingen war der Brennpunkt einer neuen Geschichtsforschung und (mit Christian Gottlob Heyne) Philologie. Lessing und Winckelmann entdecken das wahre, echte Altertum.

Dann, seit 1760, beginnen die grossen geistigen Kämpfe, deren Nachwirkungen noch dauern in und ausser der Wissenschaft. Der Zeitgeist und seine Gegner treten in Deutschland mit viel grösserer Vielseitigkeit und Tiefe auf als in Frankreich;

die Gebiete sind mehr gesondert. In der Theologie ging der
Rationalismus bis zu den Wolfenbütteler Fragmenten des Hermann Samuel Reimarus, die Lessing herausgab.[73] Demgegenüber haben wir die hinreissende Schwärmerei Lavaters, dem alles Wunder und Offenbarung war, mit überschwänglicher Hingebung an das Übersinnliche, und zugleich Herder, der von Seite der geschichtlichen Entwicklung aus die Grösse des Christentums als eine fortlaufende Offenbarung fasste (die Geschichte: Entwicklung des Geistes!). Alle waren rastlos tätig. In der Erziehung kam die Revolution durch Basedow gegen den damaligen Pedantismus, das Einlernen mit Zwang, unvernünftige Kleidertracht und Leben, mit gänzlicher Reform des häuslichen Lebens, des Verhältnisses von Eltern, Kindern und Lehrern. Basedow wurde durch orthodoxe Verfolgungen zum Märtyrer. Seit 1763 überschwemmte er Deutschland mit einer Masse von Schriften; 1768 veröffentlichte er das Manifest «Vorstellung an Menschenfreunde und vermögende Männer über Schulen, Studien und ihren Einfluss auf die öffentliche Wohlfahrt», worin er den Plan eines pädagogischen Elementarwerks (das Brauchbare) vorlegte.[74] (Damals war der «Emile» von Rousseau in allen Händen.) Für die Bildung von Erziehern sollte eine grosse Anstalt gegründet werden. Im Verlauf der Erziehung sollten «Sprachen und Sachen, Grammatik und Geschichte spielend gelehrt werden, Moral und Religion auf einerlei Weise Juden und Christen, Protestanten und Katholiken eingeprägt werden» (ähnlich wie im «Emile»). Es war der extremste Weg, eine freie und geistige Aneignung zu empfehlen gegenüber dem bisherigen toten Zwang. 1774 erschien das «Elementarwerk» mit Chodowieckis Kupfern, und dann endlich das Resultat: die Anstalt in Dessau und die Nachfolge Salzmanns und Campes.[75] Basedows letzte Pläne waren eine ungeheure Bücherfabrik (Educationshandlung), Bildungsanstalt und gigantische Schule. Seitdem ist der Realismus freilich auf ganz andere Grundlagen, auf grosse, neue industrielle Bedürfnisse gestellt worden.

Den Übergang zur Poesie bildet Lessing mit seiner universalen Tätigkeit, der Umbildner so vieler Gedanken der Nation! Mit seinem Laocoon und Herders Fragmenten bildete sich 1767 eine ganz neue Lehre über das Schöne in Kunst und Poesie (Nachwirkung Winckelmanns). In «Minna von Barnhelm» wird das nationale Interesse, der Geist des Siebenjährigen Krieges, zur Darstellung gebracht, in der «Hamburgischen Dramaturgie» direkt das Unechte, Unnatürliche des herrschenden französischen Geschmackes bekämpft und reiner Boden gemacht, mit ungeheurer Erudition, welche spielend verwertet wird. Überall wird vom Konventionellen auf das Wahre und Schöne verwiesen. Gleichzeitig kommt in Frankreich Diderots Reaktion. Aus Besonnenheit war Lessing für das bürgerliche Drama (Heilung durch die Wirklichkeit): als Spezimen seine «Emilia Galotti», später (1779) als Bild der schönsten Humanität der «Nathan», zugleich die «antiquarischen Briefe».[76] Lessing entfaltete eine grosse gelehrte, auch theologische Tätigkeit. Überall kommt es zu einer Weitung des Blickes und Belebung alles Wissensstoffes.

Gleichzeitig kommt das grosse Erwachen der deutschen Poesie: Früher der konventionell-zierliche Hagedorn und der ernste, herbe Haller, um von dem Streit zwischen Bodmer und Gottsched zu schweigen, dann Gellert (Fabeln, Romane, geistliche Lieder, edle sittliche Erscheinung), Gleim weniger als Produzent, denn als persönlicher Anhalt der Dichter, als Renomméeverseher. Zwischen diesen und so vielen andern zweiten und dritten Ranges ragt die riesige Gestalt Klopstocks empor. Seine Quellen sind Religion und Vaterlandsliebe; er setzt mit der Poesie der Religion dem religiösen Drang und dem Deutschtum seine Denkmale. Es ist ein grossartiger Kontrast mit dem damaligen Frankreich: die schöne und gewaltige Seele und ihr Pathos. Die Messiade ist im Ganzen ein Fehlgriff, das Jenseitige als missliches Kunstobjekt. Miltons verlorenes Paradies ist plastisch grösser; aber der «Messias» öffnete den damaligen Menschen wieder ein grosses Gebiet mehr. Man wusste jetzt, dass es auch für das Höchste eine wahrhaft ideale Behandlung gebe. In seiner Lyrik hat Klopstock bei der fremd-

artigen Form oft die grosse Seele im seraphischen Schwung er-
stickt, aber Einzelnes ist von erster Grösse. Die späteren Her-
mannspoeme wirkten nicht mehr.[77] Klopstock gegenüber steht
Wieland als seine Ergänzung. Bei ihm finden sich statt des
Übersinnlichen und Abstrakten die heitere Sinnlichkeit, die
Phantasie voll belebter Gestalten, oft lüstern, Spott gegen
Schwärmerei und hohle Tugend. Dabei war er fruchtbar in
allen Gattungen, aber ohne eigentliche Hingebung an seine
Gegenstände, weshalb ihm die Produktion auch leicht wurde.

Zwischen diesen neuen grossen Dingen (die Subjektivität,
der Mangel an Schule, die Genies) bewegte sich eine aufgeregte
poetische Jugend, deren Bedeutendste sich z. B. im *Göttinger
Dichterbund* zusammenfinden (Voß, die Stolberg, Bürger, Miller
etc., seitwärts Klinger, Lenz, Heinse). Ihr Gefühl einer neuen
Welt; sie glauben, der Wahrheit und Natur und dabei der feu-
rigsten Poesie ins Angesicht zu sehen. In Wonne

[BOGEN 16]

verschmolzen
sich bei ihnen Dichten und Empfinden, Denken und Tun. Die
schlechte konventionelle Welt braucht nur noch einen Stoss,
um zu stürzen: Flüche über die «Tyrannen», Exzentrizitäten
aller Art, «Sturm- und Drang». Die einen gingen früh unter,
die andern fielen ab oder verschwanden. Auf ihren Pfaden ging
auch der jugendliche Schiller: Die Räuber, Fiesko, Kabale und
Liebe, frühe Lyrik. Allein die Schickung wollte, dass er sich ab-
klären konnte und in der Lyrik die schönste Ruhe, im Drama
die objektive weltgeschichtliche Hoheit erreichte. Auch Goethe
hat jenen Sturm und Drang mitgemacht. Aber von Anfang an
kommt bei ihm Mass und Schönheit hinein und dann die über-
schwängliche Begabung seiner Seele. Während alles sich in
Pathos oder Tändelei verpuffte, dichtete er jene kleinen unver-
gänglichen Lieder und Oden und legte den Grund zum «Faust»
und «Egmont». Im Shakespearerausch warf er den formlos-
herrlichen «Götz von Berlichingen» hin. Der Zeit brachte er

seinen Tribut im «Werther» (1774), auch im «Prometheus». Die Sentimentalität als Sache des Jahrzehnts wird aufgewogen durch den unendlichen psychologischen Reichtum und die Schönheit der elegisch-lyrischen Situationen, der Poesie von A bis Z, dem Gesang der Sprache. Nun kam die Zeit der allmählichen Beruhigung und der vollen Reife: «Iphigenie auf Tauris» (1787), «Faust», «Wilhelm Meister»; die Subjektivität und das Ewiggültige. Goethe hat das vollendet, was die Frühern angebahnt und begonnen haben. Er hat dem deutschen Geist auf immer herausgeholfen aus den Fessel der Pedanterei und ihm weit ausserhalb der engen, kläglichen Verhältnisse eine neue ideale Heimat bereitet im Reich des Schönen.

Es ist bezeichnend, dass die bildende Kunst teils in den alten verkommenen Formen sich weiter bewegte, teils nur kraftlos und zaghaft sich der Antike anschloss. Von den Malern nach Mengs ist Carstens der einzige hochoriginelle; in ihm steckt etwas Michelangelo, aber er ging unter. Die bildende Kunst wartete, bis die neue Poesie, bis die nach tiefem Sturz erneute katholische und protestantische Kirche, bis die neue Bildung ihr einen frischen Boden und grosse neue Kreise des Denkens und Fühlens geschaffen hatten. Sie knüpft sich erst an die Bewegungen der Romantik in unserm Jahrhundert an.

Damals aber schon, als Ergänzung der grossen Poesie seit den sechziger Jahren, erreicht die deutsche Musik ihre höchste Schönheit. Gluck schuf die neue Oper. Bis in sein achtundvierzigstes Jahr hatte er dem bisherigen Opernstil, der ausdrucklosen Allgemeinheit, gehuldigt. Jetzt, 1762, komponiert er mit «Paris und Helena» die erste dramatische Musik, 1774 «Orpheus und Eurydike» mit dem tiefsten Ausdruck des Schmerzes. In den siebziger Jahren komponierte er meist für Paris: «Iphigenie in Aulis» (1774), «Alceste», «Armide», «Iphigenie auf Tauris» (1779). Gluck hat eine Masse neuen Ausdrucks in die Musik eingeführt: der leise klagende Schmerz wie die süsseste Wonne und Hingebung der Liebe; Jammer und Verzweiflung wie der stolzeste Jubel des Triumphes, voll ruhiger Majestät. Endlich kennt er die überirdischen wie die unterirdischen

Mächte, das Lied der Eumeniden und den Schauer der Gottheit, wahrhaft «Superis Deorum gratus et imis».[78] – Haydn überschüttet uns mit Lieblichkeiten, oft vom schönsten, innigsten Gefühl: 1785 «Die Sieben Worte des Erlösers am Kreuze», erst später die grösseren Oratorien. – Endlich kommen Mozarts Anfänge in dieser Zeit, «Idomeneo», der «Figaro» und 1787 «Don Juan», dann «Die Zauberflöte» und 1791 «La clemenzia di Tito» und das «Requiem»: Die goldene Schönheit und Frische der Melodien mit unermesslichem Reichtum des Ausdrucks und in künstlerischer Vollendung.

Welche Pflicht des Gebildeten, einer solchen Kunstepoche gegenüber! Die Parallele mit dem einseitigen Frankreich ist die Eigenheit der damaligen deutschen Art: einerseits offene Empfänglichkeit, andererseits le déboutonné, d. h. die Leute werfen ihre Herzen auf den Tisch. Daneben aber gibt es die Charakterspäherei, das ewige Schildern, deren Urkunde und Werkzeug Lavaters Physiognomik ist.

Frankreich und seine Bedeutung für Europa

Frankreich ist eine geheimnisvolle kulturgeschichtliche Macht, nicht erst seit Ludwig XIV., nicht erst seit dem politischen Primat. Wir sind glücklicherweise in der Lage, frei urteilen zu können, da unsere politische Nationalität eine gemischte ist, und müssen sagen, schon im Mittelalter gingen die grössten Antriebe von Frankreich aus: Kreuzzüge, gotische Architektur, Theologie, frühste Poesie etc.; ja selbst der moderne Staat mit seiner Zentralisation und seinem Steuerwesen findet hier sehr frühe Vorbilder, z. B. Philippe le Bel. Allerdings wird er dann vollständiger ausgebildet in den italienischen Fürstentümern. Überhaupt geht mit dem 14. Jahrhundert das Primat auf Italien über: absolute kleine Staaten (aus den ruinierten Republiken) mit Steuerdruck, Söldnern, Industrie und sehr entwickeltem Geldwesen. Sodann finden sich hier die feinste moderne Kultur und Kunst und endlich der Humanismus. Italien wird die Lehrerin Europas. In Frankreich verzögert sich alles durch schreckliche Kriege und innere Kämpfe im 15. und 16. Jahrhundert; doch dazwischen wurde es wenigstens politisch sehr gehoben durch Ludwig XI. und selbst durch Franz I., welcher zwar die grosse Ausdehnung der spanisch-burgundischen Weltmacht nicht hindern konnte, aber doch nach Kräften erschwerte. Seitdem gibt es die Alternative: Frankreich oder Habsburg. Trotz allen spanischen Kolonien, italienischen Königreichen etc. musste Frankreich Meister werden, sobald es im Innern eins war. Richelieu bändigte den Adel und die Hugenotten. Ludwig XIV. zieht die Resultate: Herrschaft über die europäische Politik durch Eroberungen und Einfluss auf alle Kabinette; zugleich neuer, mächtiger Einfluss auf Sitte, Literatur und Kunst von ganz Europa. Der Franzose war um 1700 überall zu Hause. Französisch wurde Weltsprache, die französische Literatur Weltliteratur; dazu die Wiederholung seiner Lebensformen in Büchern, Einrichtungen und politischen Anschauungen. Der Despotismus war z. B. in Deutschland vollständiger als in Frankreich selbst, denn hier dauerten die öffentliche Meinung und die freie Rede fort, zumal seit dem Tode Ludwigs XIV. Der Nationalgeist war nicht erstickt! Die Staatseinrichtungen, wie sie Ludwig XIV. geschaffen hatte, blieben nun stationär; man zehrte vom Kapital seiner Allmacht. Hier war nichts von jenem hastigen Reformieren der östlichen Staaten; man war zufrieden, wenn die grosse Maschine im Gange blieb. «Die Räder rostig, die Feder ohne Elastizität.» Es herrschte grösste Sorglosigkeit: après nous le déluge. Dafür hatten die gebildeten Stände die Reform, d. h. die Revolution zu ihrem Motto genommen; sie waren voll Philosophie und Aufklärung. Das einzige grössere Zugeständnis, das man dieser Generation von Schülern Voltaires machte, die Aufhebung der Jesuiten in Frankreich, war nicht eigentlich ein Zugeständnis.

Hof, Adel, Klerus

Louis XV war nach den erbärmlichen Resultaten des Siebenjährigen Krieges in doppelter Verachtung: man hatte seine Generale ausgezischt und Friedrich zugeklatscht. Jetzt fiel die ekelhafte Existenz des alternden Wüstlings in Versailles doppelt auf. Seine frühere fürstlich noble Persönlichkeit war jetzt ganz verkommen. Die Pompadour, die im März 1764 gestorben war, hatte eigentlich weder besser noch schlimmer regiert als mancher Minister; schrecklich waren nur die Mittel, durch welche sie sich in der Gunst Ludwigs hielt. Nach ihrem Tode herrschte dann der Minister Choiseul allein, persönlich aufgeklärt nach damaliger Art, ein Edelmann, aber ganz ausserstande, Frankreich in eine reformatorische Bahn zu leiten. Dem König war er unentbehrlich, weil Ludwig den Tag auf der Jagd, den Abend bei Tafel und Trunk, die übrige Zeit in Ausschweifungen zubrachte. Aber der König hatte neben ihm noch eine Kamarilla, deren Spione selbst im Ausland den französischen Gesandten Konkurrenz machten. Choiseuls wesentliche Politik war ein Bund mit Österreich: Marie Antoinette und den Sohn des frommen Dauphins miteinander zu vermählen – sehr gegen die sogenannte öffentliche Meinung. Am Ende stürzte er durch die Kabale der roués, welche Ludwig umgaben.[79] Dazu gehörten Richelieu, d'Aiguillon, der Finanzier Abbé du Terray und die 1769 an den Hof gebrachte Dubarry, welche dann mit d'Aiguillon die letzten Zeiten Ludwigs beherrschte. Es war eine Zeit der kolossalen Verschwendung; *die Revolution fing später mit der Finanzfrage an!* Ohne diese hätten sich die Dinge noch lang in der Schwebe gehalten. Der Hof war in ewigem Streit mit den Parlamenten und ihrem Einregistrierungsrecht. Die Sympathien für sie als einzige konstitutionelle Opposition waren gross, obschon sie sich auch dem Notwendigen, z. B. der bessern Steuerverteilung und der Kriminal-Gesetzgebung, widersetzten. An sich gehörte ihnen eine der moralisch achtungswertesten Klassen an: viel jansenistisches Geblüt unter der noblesse de robe. 1771 wurden, nach höchst skandalösen Streitigkeiten, die Parlamente aufgehoben: kein anderes Recht im Lande als der königliche Wille. Die Mitglieder wurden auf Festungen gebracht; alles fügte sich.

Ludwig XV. lebte noch drei Jahre und starb 1774, schrecklich verlassen, an den Pocken. Nach dem Siebenjährigen Krieg hatte er 2400 Millionen Schulden; 1777 waren es schon 4000 Millionen. Die Armee zu Lande, nur 200 000 Mann, kostete 100 Millionen. «Friedrich, aus nicht größerer Summe, unterhielt 50 000 Mann mehr, seine ganze Staatsverfassung und seinen Schatz.» Es hätte eines Herkules bedurft.

Stattdessen folgten Louis XVI und Marie Antoinette. Er hätte wahrhaft Herr in seinem Lande werden müssen, selbst durch Bürgerkrieg. Er hätte die Revolution machen müssen gegen

seinen Hofadel und dessen Vettern, denn gutwillig hätten sich die
Blutsauger nie gefügt. Er hätte die Entschlossenheit Gustavs III.
und die Einsicht Friedrichs zugleich haben müssen, dann wäre
er Meister geworden und hätte weder Montesquieu noch Rousseau nachzuschlagen brauchen. Stattdessen stellte er die Parlamente her, mit denen man dann auch bald Streit hatte, besserte
im Einzelnen (gegen Folter, Kerker, Leibeigenschaft, Huge-
nottendruck etc.), berief Minister mit den besten Absichten:
Turgot, Malesherbes, später Necker, der alles aufdeckte, und
hatte dann nicht die Kühnheit, sie zu behaupten, liess überhaupt im Grossen den Dingen ihren verderblichen Gang.

Höchst peinlich ist die Betrachtung dieser Zeit. Persönlich
sind ja alle Charaktere sehr bekannt, das Königspaar, die Prinzen etc. Nur über Marie Antoinette ein Wort wegen Michelets
und seiner Schmeichelei an den peuple; sie war unbesonnen,
aber nicht leichtfertig. Die bürgerlich-gemütlichen Formen
ihres Hauslebens wurden nur von einer schrecklich unmora-
lischen Umgebung missbraucht.

Man nahm auf die nutzloseste Weise am amerikanischen
Krieg teil, besonders weil man der Nation wieder etwas schön
tun und die auswärtige Politik aufbessern musste. In der Tat
waren die französischen Heere und Flotten wieder respektiert,
aber für dauernde Gewinnung der öffentlichen Meinung kam
es zu spät, gerade wie Algier für Charles X.[80] Zudem wurde
alles ganz im Geist der Revolutionssympathie

[BOGEN 18]

ausgenützt und
war endlich sehr kostspielig. Bald nach dem Versailler Frieden
zahlte Vergennes insgeheim mehrere Millionen an die holländische Loskaufsumme wegen der Schelde. Dann wurden die
Notablen herbeigezogen zur Einsicht in die Finanznot.

Der Adel war frei von den schwersten Steuern und im Besitz
aller bessern Stellen: Hofadel (grosse Chargen an Hof, Kirche
und Militär), Parlamentsadel (oberste Gerichte, reiche, kost-

bare Stellen), Landadel (liefert besonders Offiziere etc.). Jede Abteilung hatte ihre besondere Physiognomie; aber alles in allem war es ein glänzendes, eigentümliches Ganzes, voll Tugenden und Lastern, die Zeit der galanten Marquisen, frivolen Abbés, abenteuerlichen cadets de famille etc. (Bernis, Richelieu). Sie ist sehr bekannt durch die Memoiren, teils von Hofleuten, teils von gens de lettres etc., z.B. die Mémoires de la Marquise de Créqui und ihre Echtheit und Unechtheit. Es herrschten furchtbare Verachtung der Sitte – obwohl man die Zeiten unterscheiden muss (es war nicht mehr so schlimm wie unter der Régence) – und gänzliche Verderbnis der Eheverhältnisse. Die Philosophie hierüber findet sich bei Charles Pinot Duclos in seinen «Considérations sur les moeurs de ce siècle» (1749). Allein es war keine durchschnittliche Verworfenheit; der Adlige war Mensch und Franzose geblieben, und unter dem Adel selbst lebte ein Strom jener öffentlichen Meinung, die überall mitherrschte. In denjenigen Verhältnissen, welche man nicht förmlich der Verderbnis zugestanden, war ein sehr lebendiges Ehrgefühl da, beispielsweise glänzend im Kriege: Fontenoy.[81] Sodann nahm der Adel teil an der geistigen Bewegung. Voltaire nahm sich sehr in acht, ihn nicht zu beleidigen; aber auch die übrigen Neuerer und Philosophen fanden Schutz und Anhang. Es war pikant, Jean-Jacques Rousseau zu unterstützen, eine Art von Mutwillen, auch gegen den Hof. Der Adel sass in der Akademie, auch der hohe Klerus. Die Literaten wurden nicht als Schmarotzer, sondern womöglich auf gleichem Fuss behandelt. Der Adel verstand es, sich nobel zu geben (Mémoires de Marmontel, 1800). Überhaupt gab es damals gesellige Feinheiten, die jetzt ausgestorben sein mögen. Um jeden Preis sich von der Roture zu unterscheiden und dabei doch möglichst frei und ungeniert sich zu benehmen, war Prinzip und Genuss.[82] Neben der Ausschweifung findet sich die feinste Delikatesse. Die Blague (Scherz und Witz) im damaligen Gewand ist liebenswürdig. Am anziehendsten ist die Gesellschaft in den letzten Dezennien vor der Revolution, mit einem graziösen Leichtsinn, welcher die ganze Neuerung mit in sein Programm aufnahm.

In den Memoiren von Ségur findet sich eine Duellgeschichte,
und dann schreibt er: «Im Theater beklatschten wir die republikanischen Scenen, die philosophischen Discourse unserer Aka-
demieen, die kühnen Schriften unserer Gelehrten. – Dieser
Hang erhielt noch mehr Nahrung, durch die Stimmung der
Parlamente, sich den königlichen Befehlen zu widersetzen, […]
Die Freiheit, welche Sprache sie auch annahm, gefiel uns wegen
ihres Muthes, die Gleichheit, wegen der Bequemlichkeit. Man
findet Vergnügen daran, von einer erhabenen Stufe herab zu
steigen, wenn man glauben darf, daß es nur von uns abhängt,
wieder unsern vorigen Standpunkt einzunehmen; und wir genossen ohne Vorsicht zu gleicher Zeit die Vortheile der höhern
Stände und die Annehmlichkeiten einer volksthümlichen Philosophie.»

Und neben der Herrschaft über die Mode, welche damals
eine auffallende Wendung zum Einfachen nahm, ist die nämli-
che Jeunesse auch entzückt über den amerikanischen Krieg und
holt Lorbeern drin. Ségur: «Nie sah man einen größern Widerspruch in den Meinungen, im Geschmak und in den Sitten; in
den Versammlungen der Akademien beklatschte man die Grundsätze der allgemeinen Menschenliebe, die Diatriben gegen den
vergänglichen Ruhm, die Wünsche für den ewigen Frieden; aber
so wie man die Thüre im Rücken hatte, stritt man sich, intri-
quirte, und deklamirte, um die Regierung in den Krieg hinein
zu ziehen. Jeder suchte den andern durch Pracht zu verdunkeln,
in dem Augenblick, wo man als Republikaner sprach und die
Gleichheit predigte. […] Galanterie, Ehrgeiz, Philosophie, alles
wurde unter einander gebracht, und verwechselt; die Prälaten
verließen ihre Sprengel, um sich um Minister-Stellen zu be-
werben; die Abbés machten Verse, und schrieben schlüpfrige
Erzählungen. […] In den Lagern sprach man von Unabhängig-
keit, von Volksherrschaft beim Adel, auf Bällen von Philosophie,
und von Moral im Ankleidezimmer der Damen.»[83]

Es war eine merkwürdige Zeit der Offenherzigkeit, und schon
bekam man auf dem Theater starke Sachen zu hören. Beaumarchais und sein «Le mariage de Figaro» schildern französische

Sitten; die Definition eines Edelmanns: un homme qui s'est donné la peine de naître. Es ist die Vorbereitungszeit des grossen Mirabeau, der in seiner Jugend alle Stricke durchriss, eine schrecklich vulkanische Natur. Sein Vater war Philanthrop und Haustyrann; er erwirkt 67 lettres de cachet gegen seine eigne Familie. Der Junge war unleidlich frech, zum Offizier erzogen, in beständigem Krieg mit dem Vater, der ihn in fünf bis sechs verschiedene Kerker tut, ihn gewaltsam verheiratet, ihn mundtot erklären lässt etc. Vom Fort de Joux darf Mirabeau nach Pontarlier kommen; hier kam es zum weltberühmten Verhältnis mit Sophie de Monnier. Die «Lettres à Sophie» sind der französische Werther: eine schreckliche persönliche Liebesgeschichte. Er brannte mit Sophie nach Holland durch, wo er ein Flüchtlingsleben führte. Hernach kam er 1777 in Frankreich von neuem in Haft. Vom Gefängnis aus schrieb er die Lettres. 1780 kam er frei; die drei Kerkerjahre sind seine Studienjahre, besonders für Politik, die er dann, nach nochmaliger Haft und scheusslichen Händeln mit dem Alten, in England und in Preussen fortsetzte. Er durchdrang sich mit allen Fragen des Staates und der Gesellschaft; keiner war so vorbereitet im Jahre 1789 wie er!

Die geistige Bewegung Frankreichs

Die geistige Bewegung Frankreichs seit etwa 1750 darf hier nur in ihren bezeichnendsten Spitzen berührt werden. Das Material ist sehr bekannt; ich darf nur an Erinnerungen appellieren. Hier ist keine französische Literaturgeschichte jener Zeit zu geben. Das gesellschaftliche Leben war so wichtig als die Bücher; die grössere Hälfte der Bewegung lag in der Konversation.

Man beruft sich auf die Unterdrückung der Reformation des 16. Jahrhunderts. Aber im Falle eines Sieges derselben wäre das absolute Königtum Erbe der Kirche geworden und hätte nur seine eigne Macht früher gesteigert. Die Hugenotten sind kaum je ein Zehntel des Volkes gewesen. Die französische Bildung, so viel sie ihnen verdankt, hing doch nicht von ihnen ab; sie waren nicht die Träger des französischen Geistes par préférence. Die Revolution war ein notwendiges, periodisches Resultat der geistigen Eigenschaften der Nation. Ihr Drang zur Tätigkeit nach aussen, zu grossen Unternehmungen, treibt die Könige nach Palästina, Italien, an den Rhein oder verzehrt sich in gewaltsamen Faktionen. Darob erwächst das Königtum zu einem stärkern Despotismus als sie vertragen können, und sie stürzen es, weder der Freiheit noch der Knechtschaft fähig. Immer von neuem aber ruft ihr Bedürfnis unruhiger Bewegung und zugleich der Subordination den militärischen Despotismus hervor.

Im 18. Jahrhundert kam noch hinzu, dass Frankreich der Herd einer neuen Ideenwelt wurde, die Staat, Kirche und Leben ganz umgestalten musste, wo sie mit einem solchen

Nationalcharakter sich verband. Die Geschichte dieser Ideen ist schon vielfach und glänzend behandelt worden, auch im Leben ihrer Repräsentanten. Wie weit waren sie notwendig oder entbehrlich? Ob der Übergang zur neuern Zeit nicht auf andere, minder zerstörende Weise denkbar war? Unlösbare Fragen! Was damals geschah, verflicht sich schon eng in unser eigenes Sein. Selbst die Gläubigsten haben in ihren täglichen Ansichten einzelnes von Voltaire und Rousseau angenommen, wenn auch nur aus zweiter, dritter Hand.

Die Literatur unter Ludwig XIV. war dem Hofe und der Kirche dienstbar gewesen, wohlgezogen das Dekorum, formell abgeschlossen. Während der Régence (1715–1723) kam es zur Auflösung aller Grundsätze, und Philipp von Orléans, der Geschmähte, fand, er müsse die Geister um sich herum sausen lassen. Im Schutz dieser sittlichen Erschlaffung traten dann Autoren und ganze bureaux d'esprit im Sinn der Philosophie, der Aufklärung, auf. Allmählich findet man sich im Gegensatz gegen alles Historisch-Gültige; das wird der herrschende Ton bei allen Gebildeten.

Voltaire

Voltaire wurde 1694 geboren und starb 1778. Eine Frage ist, ob seine Religionsopposition von den englischen Deisten abzuleiten sei? Als sein Vorfahre gilt Pierre Bayle. Man kann sich Voltaire jedenfalls nicht anders denken als er wirklich war. Seine religiösen Vorbehalte sind ganz armselig. Nicht seine positiven Lehren, die ziemlich dünne deistische Vernunftreligion und Humanitätssätze haben ihn zum Führer der Franzosen gemacht, sondern dass er der ausgebildetste Raisonneur über alles war, ausgerüstet mit unvergleichlicher Phantasie, Leichtigkeit, Klarheit und selbst Anmut. Er nahm die Gebildeten für alle Gegenstände des Denkens in Anspruch. Er prägte alle Gedanken der Nation neu um. Von Grund aus und in allen Dingen negativ, führte er als scharfsichtiger Pessimist die Handlungen der Menschen (wie Bolingbroke und La Rochefoucauld) auf den Egoismus zurück, die Weltordnung auf Attraktion und Gravitation, und beurteilte von da aus Gott und Welt, Geschichte und Leben. Allein er wusste sich zu beschränken; vornehm und eitel suchte er persönliche Verhältnisse zu den Grossen und hätte gerne am französischen Hofe geglänzt. Habsüchtig liebte er den Reichtum (Liefergeschäfte) und als Gebildeter verachtete er die Canaille (Correspondance avec le Roi de Prusse).

In seinem äussern Leben war er zu sehr an das Bestehende gebunden, um radikal zu sein. Er begnügt sich im Ganzen mit dem Krieg gegen die geoffenbarte Religion und besonders gegen die katholische Kirche, wobei er das ganze Mittelalter mitnimmt, sowie das Judentum. Beim bourbonischen Staat assekurierte er sich durch die «Henriade» (Henri IV der tolerante Bourbon) und wagte dafür in der «Pucelle» alles. Von demselben Geist sind alle seine Werke durchdrungen: Gedichte, Satiren, Romane, philosophische Abhandlungen, Geschichtswerke, besonders sein eigentliches Programm, der «Essai sur les moeurs et l'esprit des nations», nebst dem «Dictionnaire philosophique». Endlich sind seine Briefe das Unmittelbarste. Sein beständiger Appell an die «Raison»: Was dieser nicht sogleich einleuchtet, d. h. das Historische en bloc, die ganze unsichtbare Grundlage des Völkerlebens, wird mit dem «Esprit» zernichtet, als Pfaffentrug, Aberglaube, Vorurteil. Voltaire ist überall klar und schneidend, nirgends tief. Er gab sich nicht eben viel mit tieferen Studien des Einzelnen ab; daher rühren sein mangelhaftes Wissen und allgemeines Urteilen. Seine «Vielproduktion» zeigt sich in der journalistischen und brieflichen Tätigkeit.

Nach seiner Katastrophe bei Friedrich dem Grossen kauft er Ferney, seinen späteren Schauplatz. Von hier aus, auf der Grenze, dirigiert er den französischen Geist. Seine imposante Stellung trägt ihm den Titel «le roi Voltaire» ein; er selbst nennt sich nur «le patriarche de Ferney». Hier macht man ihm die Aufwartung (Joseph II. dafür bei Albrecht von Haller). Von hier aus leitet er die Revolution des französischen Theaters:

Lekain und la sublime Clairon.[84] Das Theater war in Ferney, in Genf war keines: «Mit dem Drama Zaïre habe ich alle Ratsherren von Genf zum Weinen gebracht. Nie waren die Calvinisten innerlich so aufgewühlt… Ich verderbe die gesamte Jugend der sittenstrengen Stadt Genf; die Prediger empören sich; ich vernichte sie.»[85] Was ihm zu gefährlich wird, leugnet er ab; so fortwährend die «Pucelle», auch den «Dictionnaire philosophique». Il fait le mourant; aber man glaubte ihm nicht mehr. Die herrliche Lage begeisterte ihn bisweilen; er fand keinen Anklang damit. Von hier aus korrespondierte er noch immer mit Friedrich (Dürftigkeit ihres Deismus, lose Unterscheidung zwischen Christentum und Kirche). Von Ferney aus verteidigt er die Familie Calas und nimmt sich auch sonst der Opfer der Intoleranz an.[86] Dazu baut er die Kirche (deo erexit Voltaire) und erbittet sich vom Papst Reliquien.[87] Und schliesslich ernennt der General der Kapuziner in Rom Voltaire zum Ehrenmitglied des Ordens. «Ich bin jetzt Kapuziner», schreibt er 1770 an Friedrich den Grossen.

Hier nun hätte Voltaire sterben sollen, als eine schon mythisch gewordene Grösse. Zwar setzten ihm die geistreichen Leute in Paris durch Pigalle eine Statue; aber die Avancierten betrachten ihn schon als einen Zurückgebliebenen, besonders die Enzyklopädisten, auf deren vollständigen Materialismus er nicht eingehen wollte, auch nicht auf ihre politischen Tendenzen, obwohl er schwach genug war, es nicht mit ihnen verderben zu wollen. Das «Système de la nature» war dann doch ihm und Friedrich zu stark; Friedrich schrieb 1770 an Voltaire: «Mickrige Funktionäre schikanieren bereits die schöne Literatur; sie erlassen Vorschriften mit der Absicht, diese zu beeinträchtigen.» Schon 1767 hatte Friedrich ihm geschrieben, Voltaire sei der letzte vom Jahrhundert Ludwigs XIV. «Es herrscht ein Überdruss an der Literatur, an den Meisterwerken, welche der menschliche Geist hervorgebracht hat; der gegenwärtige Zeitgeschmack ist derjenige des Erbsenzählens.» Die eigentliche französische Schöpfungskraft sei erloschen. «Man begnügt sich damit, alles zu analysieren. Gegenwärtig rühmen sich die Franzosen, einen Sinn für Tiefe zu besitzen; in Wirklichkeit sind sie kühl und rechthaberisch.»[88]

Aber unter Ludwig XVI. und Necker wagte Voltaire sich 1778 trotz des Verbannungsedikts nach Paris, jedoch nicht nach Versailles, wo es zu ungeheuren Huldigungen mit einer Festsitzung in der Académie Française und einer doppelten Theaterkrönung kommt. Voltaire stirbt am Einstudieren von Stücken und an der Bearbeitung eines neuen Dictionnaire de l'Académie, vor Aufregung verrückt geworden, am 30. Mai 1778, 84jährig.

Als vollständigster Ausdruck des damaligen französischen Geistes wirft er noch einen langen Schatten bis tief in die Revolution hinein, welche noch lange an ihm zehrte. Jetzt erst werden seine Werke bis in die Hütten verbreitet. Es fehlt ihm nichts als die Seele. Selbst sein Fanatismus ein fanatisme de l'esprit.

Voltaire ist Pessimist, Rousseau Optimist. Bezeichnend für die tiefe Irreligiosität Voltares ist, dass er die Jansenisten im Grunde mehr hasst als die Jesuiten. Und doch hat nicht Voltaire, sondern Jean-Jacques Rousseau wesentlich die Revolution bewirkt, indem er sich nicht an den «esprit» und dessen Distinktion, sondern an das Pathos und also an die Allgemeinheit wandte, und auch hieran wäre zu zweifeln. Gewiss ist aber, dass Rousseau Gedanken- und Stilquelle der wichtigsten Revolutionsleute war, als einmal die Revolution im Gange war. Napoleon wusste dies und sagte einmal: «Es war doch Rousseau, welcher der Anlass der Revolution gewesen war.»

[BOGEN 20]

Montesquieu

Wie Voltaire die Religion «reformierte», so Montesquieu (1689–1755) die Gedanken der Franzosen über den Staat. Seine Nachwirkung ist erst jetzt gross; populär sind nur seine «Lettres Persanes» von 1721. Im «De l'esprit des lois» von 1748 ist die

Republik ideal: der konstitutionelle Staat mit seiner Trennung der gesetzlichen, ausübenden und richtenden Gewalten; dann Absolutismus als Despotie. Montesquieus beständiger, obwohl verhehlter Hinblick auf Frankreich und was ihm fehlte. Bietet eine Menge schöner historischer Blicke, aber auch grosse Schnitzer, wie z. B. sein willkürlicher Begriff «peuple» als gemeinsam denkendes und handelndes Wesen zu ideal ist. Überhaupt mangelt es ihm trotz der Reise nach England an wirklicher politischer Anschauung und demokratischer Praxis; dafür das hohe Postulat des Rechtstaates. Dem jeweiligen «peuple» wird eine furchtbare despotische Macht zuerkannt sowie eine tiefe Einsicht, z. B. «Das Volk ist zur Wahl derer, denen es einen gewissen Teil seiner Autorität anvertrauen muß, erstaunlich geeignet.» Montesquieu verlangt Öffentlichkeit aller Volksabstimmungen. Das «peuple» sei der «brigue» (der Schiebung) unzugänglich, weil es aus Leidenschaft handle etc. Mit Montesquieu kam die einseitige Hervorhebung der Rechte des Volkes empor; es eröffnet jene ewige Diskussion, die nach gewaltigem Parteidespotismus und Übertreibungen plötzlich durch Militärdespotismus verstummt. Seine Majoritätstheorie führt ihn schon sehr weit; er rät (obwohl zaghaft) zum Religionszwang: «Wenn der Staat mit der bereits eingeführten Religion gut auskommt, ist es daher ein treffliches bürgerliches Gesetz, die Einführung einer neuen Religion nicht zuzulassen.»[89] Es ist ein notwendiges Pendant zu einer Regierung, die kein Recht neben sich achten und in nichts nachgeben wollte. Zum Schlendrian gehört als Ergänzung der unruhige politische Idealismus. Wenn der Staat denselben einmal nicht zum Schweigen bringen konnte, so hätte er nachgeben müssen.

Der «Esprit des Lois» nennt Frankreich nicht, schlägt auch nichts ausdrücklich vor, sondern stellt nur dar und legt dem Leser die Folgerungen nahe. Als Sensualist leitet Montesquieu Völkercharaktere und Religionen wesentlich von den Klimaten ab oder stellt sie doch damit zusammen. Die drei Regierungsformen sind Despotismus (schrankenlose Herrschaft), Monarchie (beschränkte Monarchie) und Republik und ihre drei «Prin-

zipien»: Furcht, Ehre und Tugend. Während in Wirklichkeit die
Verfassungen Ergebnisse der geschichtlichen Entwicklung sind,
stellt Montesquieu die Sachen so dar – oder er setzt es voraus
und lässt es erraten –, als könne man sie nach Belieben schaffen
und machen. Er ist der Vater der Doktrinäre. Die Trennung der
drei Gewalten ist in praxi unmöglich. Die englische Verfassung
fasste er auf als einen klug berechneten Mechanismus, als eine
mehrteilige, trefflich ponderierte Maschine, die man ganz per-
fekt nachahmen könnte, während ihr tieferer Lebensgrund gar
nicht erkannt wurde.

Jean-Jacques Rousseau

Jean-Jacques Rousseau endlich vollendet die revolutionäre Welt-
anschauung und gibt ihr gegenüber von Voltaires Negation einen
scheinbaren positiven Inhalt: die Rückkehr zu einer brillant
ausgemalten Natur und Vernunft. Sein abenteuerliches Leben
ist bodenlos und zerstreut; sein Widerspruch gegen alles, was galt,
besonders auch gegen die übrige Opposition, Voltaire etc. In
«Les confessions» schildert er nicht bloss sich selber, sondern
er gab seine ganze Umgebung mit. Im «Discours sur l'origine
et les fondements de l'inégalité parmi les hommes» von 1753
legt er seine Theorie zuerst vollständig dar: Das Postulat des
Glückes durch Herstellung des Naturzustands als Konsequenz.
In vielen Momenten seines Lebens ist seine Person nicht zu
soutenieren; es enthält Inkonsequenzen ohne Ende; aber sobald
man ihn reden hört, vernimmt man eine unwiderstehliche Begeisterung und Aufrichtigkeit. Er allein mit seinem Ernst ergänzt jene ganze Spötterliteratur. Historische Wirkung hatten
besonders die drei Bücher, die er in Montmorency schrieb: «La
nouvelle Héloïse», «Emile» und der «Contrat social». Mit
diesen seinen Hauptwerken traf er die offenen Herzen der
Gebildeten, besonders der Frauen und zwar der vornehmsten.
Die grosse Wirkung fällt aber doch erst in die Revolution; man
hört das Echo in vielen Konversationen. Er fasst nicht bloss den

Bourbonenstaat, die französisch-katholische Kirche, sondern den ganzen Zustand bei der Wurzel an.

Unglück und Unnatur sind in seine Welt gekommen mit der Ungleichheit, dem Eigentum und mit Kultur, Künsten und Wissenschaften; also Rückkehr zum Naturzustand. Man wusste zwar, dass dies unmöglich ist, empfand aber ein wohliges Grausen und verdaute das Unerhörteste. Sein Unterschied von den blossen Raisonneurs ist, dass er wirklich das Bild einer reinen Menschenerziehung entwarf, wie sie nach seinen Ansichten werden sollte: den «Emile». Dieser ist voll handgreiflicher Absurditäten: Ein Kind, um der verdorbenen historischen Kultur nicht anheimzufallen, muss selber aus sich die ganze Kultur entwickeln. Emil *erfindet*, was man sonst lernt, Wissenschaften und Tugenden. Dazu ist freilich eine Umgebung von lauter Glücksfällen gegeben, die sich im Leben von hundert Kindern zusammen nicht vorfinden. Emil soll sich zur Tugend aufschwingen nicht aus Achtung für die gegebene Pflicht, sondern aus freiem enthusiastischem Schwung (Tugendgefühl statt wirklicher Tugend und Pflichterfüllung). Dabei kommt die einfachste Pflichtübung zu kurz, weil sie sich auf lauter vorliegende Fälle dieser schnöden Kulturwelt bezieht. Auch Rousseau persönlich wusste nicht viel davon.

1762 schrieb er an Malesherbes: «Bei alledem werde ich sterben in hoffnungsvollem Vertrauen auf den höchsten Gott und in der festen Überzeugung, daß von allen Menschen, die ich in meinem Leben kennen lernte, keiner besser war als ich.»[90] Das tönt ganz wie der Eingang der «Confessions», nur nicht so feierlich. Der profunde Egoismus und Salonshochmut Emils zeigt sich darin, dass die andern Menschen ihm gleichgültig oder feindlich sind. Er soll ihrer nicht bedürfen und seinerseits ihnen unnütz sein, bis sie zu seinen Prinzipien bekehrt sein werden, d.h. nie; er muss ein verachtender Misanthrop werden. Rousseau glaubte in kältern Stunden selbst nicht an den Emil. Nicht nur wollte er selbst nicht erziehen, sondern sagte auch zu dem Genfer, der seinen Sohn à la Emil erzogen hatte: «Tant pis pour votre fils et pour vous.»

Ähnlich ging es ihm wegen des «Contrat social» (schon recht interessant: nicht le contrat politique sondern le contrat social): allgemeine Gleichheit, Demokratie mit gesetzgebender Volksversammlung, äusseres Wohlbefinden als Hauptzweck. Als die Korsen 1764 ihn baten, ihr Lykurg und Solon zu sein, weigerte er sich. Das damalige Vertrauen war gross, wie z.B. das der Polen in Mably, der ihnen bloss unbedeutende Ratschläge gab, dann in Rousseau mit seinen unsinnigen Vorschlägen.[91] Er fürchtet alles von einer starken Regierung und beharrt beim Wahlreich (welches er im «Contrat social» verdammt hatte), sogar «qu'on tire au sort». Hier zeigt sich die Hilflosigkeit der Philosophen gegenüber historischen Zuständen. Deshalb musste die Revolution alles stürzen; sie konnte nirgends anknüpfen. Rousseau gewöhnte die Augen der Leute an den Abgrund.

Die Revolution war, wie man sieht, geistig schon lange vorhanden, auch wenn sie sich äusserlich noch lange hätte verschieben lassen. Wir werden in Kürze zu zeigen haben, dass überhaupt die ganze Literatur jener Zeit mit diesem Geist durchdrungen war und dass die Gegenwehr, die von Staat und Kirche geleistet wurde, höchst ungenügend war.

Rousseau und Voltaire sind die stärksten Gegensätze – trotz der Seelendürre beider. Ihre Aufwallung ist immer nur ein fanatisme de l'esprit, ihre Werke sind eine trostlose Weltuntergangslektüre; ihre Notwendigkeit belegt ihr Grab im Pantheon. Die französische Kirche, die ihre Hugenotten ausgerottet, ihre Jansenisten verfolgt hatte und sich in ihrer Verweltlichung wohl sein liess, dürfte wohl tolerant gegen ihre Asche sein; es ist auch die des Diderot und anderer mehr.

Die Hauptwirkung ist, dass Rousseaus Lehre von der Güte der menschlichen Natur den Leuten in Frankreich und ganz Europa wie Honig einging. Der grosse Sprung, den er den Menschen zumutet, machte sie in Gedanken kühn und mit dem Äussersten vertraut, von dem man doch dachte, es werde so schlimm nicht werden, denn im äussersten Fall konnte man ja erwarten, dass die so lang unterdrückte Menschengüte zum Vorschein kommen würde. Das einstweilige Angeld auf letztere war das in allen Aufgeklärten so lebendige Tugendgefühl und dessen praktische Manifestation im Theater, in den Logen wie in der Szene, nämlich die Rührung, ebenso in der Malerei bei Jean-Baptiste Greuze. Durchschnittlich nahmen die damaligen Gebildeten ohne allen Unterschied das Widersprechende in sich auf, wenn es nur Emotion verursachte: Enzyklopädie, «La Pucelle d'Orléans», den Vicomte de Parny, Rousseau, Diderot und Cagliostro! Im bürgerlichen Drama werden Menschenklassen, die man früher nur komisch auftreten liess, ernst und gefühlvoll genommen; bald sind sie dann die einzigen Tugendhaften und alle Vornehmen werden Verbrecher.

[HOCHANSEHNLICHE VERSAMMLUNG]

Enzyklopädie,
Theater, Salons

[BOGEN 21]

11. VORLESUNG,
18. JANUAR 1853

Mit Voltaire, Montesquieu und Rousseau ist die damalige französische Geistesbewegung noch lange nicht erschöpft; sie sind nur Führer und Produkt zugleich von einer Zeit, die mit den Gedanken der Revolution überhaupt durchdrungen war. Wo wollten wir enden? Die damaligen Leute waren meist ehrlich, soweit die Eitelkeit es zuliess; sie waren ganz verblendet von den künftigen Segnungen der Philosophie, der Aufklärung: Glück, ewiger Friede, Ordnung etc., allgemeine kosmopolitische Menschenliebe, die aber von der Pietät für das Nächste, Französisch-Historische, nichts wusste. Hiezu kommt das allgemeine Tugendgefühl, das vor lauter Rührung die nächsten Pflichten übersieht. Sie hatten den Verstand und scheinbar auch das Herz voll.

Ein grosses Denkmal dieses ganzen Treibens ist die Enzyklopädie, der Inbegriff der Fortschritte der menschlichen Intelligenz in einer Reihe von Folianten mit Kupfern. Ihr jetziger Wert ist der historische für den damaligen Zustand, besonders der Technologie, der Naturwissenschaften etc. Viele übersichtliche Arbeit wurde dort zum erstenmal gemacht. Der Hauptarbeiter neben d'Alembert war Diderot, der in einer Art von Einleitung sur le projet d'une Encyclopédie zeigt, wie alle Gegenstände des Denkens unter der neuen Beleuchtung ganz anders aussahen als bisher. Es war eine ungeheure Anstrengung; das Werk verlangte «Männer, verbunden durch das allgemeine Interesse am Menschengeschlecht und durch ein Gefühl von wechselseitigem Wohlwollen». Die gefährlichsten Stellen wurden vom Verleger Le Breton insgeheim auf eigene Faust ausgemerzt (Diderots Brief an ihn), doch blieb das grosse Monument im Ganzen bestehen.[92] Von da verteilen sich die Radien in die ganze Literatur, in die Akademie, in die Salons und in die Korrespondenz mit Katharina und Friedrich. Ausser Diderot waren noch d'Alembert, Raynal, Helvétius, Holbach und der Rapporteur Grimm und andere an der Enzyklopädie beschäftigt. In tausend Strömen ging dies durch das ganze europäische Denken. Vom Holbachschen Kreise (Stammgäste Holbachs waren Diderot, Helvétius, Duclos, Saurin, Raynal, Marmontel, Lacondamine und zu Zeiten auch Rousseau) entstand dann das système de la nature, ein atheistisches Picknick über Gott, Menschen, Einrichtungen, Sitten, Seele, Vorsehung, Tugend. Ihrer Dreissig hatten um die Sujets gelost.

Von diesem Moment an erkannte Friedrich in ihnen die Revolutionäre; auch Voltaire wurde es unheimlich. Grimm dagegen hoffte auf Unblutigkeit der künftigen Revolution und schrieb: «Diese Revolution wird gegenüber den früheren wenigstens den Vorteil haben, dass sie sich vollzieht, ohne dass es Blut kostet.»

Von der Tagesliteratur waren besonders die Theaterstücke wichtig für die Verbreitung dieses Geistes der Rührung sowohl als der Rebellion – soweit die Zensur sie zuliess: Diderot mit seinen Rührungsdramen (bürgerliche Schauspiele) und dann vor allem der grosse Sittenschilderer Caron de Beaumarchais, der einen grossen Glanz entfaltete, und die Gestalt seines Figaro; grossartig seine Rede im letzten Akt in «Le mariage de Figaro». Es ist das Plädoyer des ehrgeizigen und unzufriedenen Talents gegenüber Protektionen und Missbräuchen. Das Stück durfte 1784 nach langem Säumen am Ende doch aufgeführt werden. Beaumarchais ist die Sorte von Revolutionär, welche nur parvenieren will. Selbst halbe Hofleute wagten ähnliches: Marmontels Tendenzoper «Silvain» über die Nichtigkeit des Adels und des Jagdvorrechtes. (Den tugendhaften Figaro haben wir in Victor Hugos «Ruy Blas».[93]) Es war alles Tendenz; die wahre Poesie fehlte völlig in jener Zeit. (Der Poet Gilbert starb nach einem Sturz vom Pferd im Spital.94) Glucks Auftreten gewährte statt Genuss des Erhabensten willkommenen Skandal. Voltaire zieht die Zeit Ludwigs XIV. vor. In der Akademie trafen hoher Adel, Klerus und bürgerliche Neuerer zusammen. Die Weltleute suchten die Vornehmheit in der Kürze ihrer Eintrittsreden (jedesmal ein wichtiges Faktum). Die Macht der hommes de lettres lernen wir aus Tocqueville kennen.95

Im Salon der Madame Necker wurde die Statue Voltaires dekretiert. (Madame selber behielt sich strenge Sitte und Religiosität vor.) Der Salon der Tencin war erloschen, der der Deffand stand in Blüte, dann der der Espinasse (auch die Deffand hatte ihre Retraite im Karmeliterkloster). Das kleine Souper war intimer als das Dîner. Eigenschaften der Damen vom Hause. Ces bureaux d'esprit n'étaient pas des temples consacrés à l'amitié; on y vivait des années entières à côté les uns des autres, on était même amis intimes sans s'aimer et souvent sans s'estimer.96 Sie teilten eben doch die Prämissen.

Voltaire hatte literarische Gegner; an seine Fersen heftete sich z.B. der Schriftsteller Fréron, der alles von dieser Schule im Prinzip schlecht fand und die stupide Bewunderung des Jahrhunderts vor derselben hasste. Wie benahm sich Voltaire? Er überschüttete die Leute mit schrecklichen Injurien und Verleumdungen. (Voltaire und der Abbé Trublet: Dissertation über die Ursache der Langweiligkeit der Henriade.) Ebenso machte es die ganze Schule. Palissots Komödie «Les philosophes» wollten die Enzyklopädisten verboten und bestraft wissen; es war ein crimen laesae philosophiae.97

Zu Voltaires Gegnern gehörten auch die Behörden: die königlichen Zensoren, die Mandements (Hirtenbriefe) der Bischöfe und der Sorbonne, die Beschlüsse der Parlamente, direkte Lettres de cachet und die Bastille. Aber alles war sehr ungleich, selbst zaghaft und unpassend. Man druckte im Ausland oder insgeheim oder brachte durch Protektion alles durch, oder man druckte in der Provinz. Man sagte, das Manuskript sei nur für eignen Gebrauch geschrieben, aber gestohlen worden, so Diderot. Der Garde des sceaux sagte: «Eh bien, Monsieur, je vous défends d'être volé.» Condé sagte: «Le garde des sceaux est bien hardi; il a osé comparaître devant Diderot.» Zeitweise kam es zu Grausamkeiten der Behörden.

Dazwischen kamen etwa Sarkasmen von Ferney: «Il est assez plaisant, d'envoyer du pied des alpes à Paris des fusées volantes, qui crèvent sur la tête des sots.» Parlament und Hof gönnten bisweilen dem Klerus eine Lektion. Bei verbotenen oder bedenklichen Theaterstücken half man sich durch Vorlesen. Laharpe las seine «Religieuse» mehr als einen Monat jeden Abend in irgendeinem Cercle vor; sie wurde nachher doch gedruckt. Überhaupt wurde jede Gegenmassregel mit Hohn umgangen. Grimm schrieb bei Anlass eines langweiligen Buches: «Nous ne lirons pas Monsieur Delille *quoique* son livre soit déjà défendu.»[98]

Aufklärung

Im Allgemeinen herrschte das siegreiche, tröstliche Gefühl, die Aufklärung müsse, von den grossen Fortschritten in allen Wissenschaften unterstützt, in Bälde ganz Europa auf das Glückseligste umgestalten. Die Physiokraten kamen mit sichern Fortschrittsrezepten. Cooks Reisen, Buffons Naturgeschichte, die grossen Entdeckungen, der Blitzableiter und namentlich der Luftballon machten grosses Aufsehen, so dass daneben von Watt und der ersten Dampfmaschine kaum Notiz genommen wurde. Montgolfier machte vor dem Hof in Versailles sein Experiment mit dem Luftballon; Vincenzo Monti feierte ihn in einer Ode.[99] (Er ahnte noch nichts von Eisenbahnen und elektrischen Telegraphen.)

Es gab indes viele, die sich in der Aufklärung nicht zurecht zu finden wussten. Das Bedürfnis nach Emotion war da als Ergänzung für das Bedürfnis des Überirdischen; dabei die allgemeine Empfänglichkeit für alles. Kein Wunder, dass damals auch der Aberglaube seine Ernte hielt: Beispiele sind Franz Anton Mesmer und seine magnetischen Becken und der erste grosse Gebrauch des Somnambulismus; besonders aber Giuseppe Balsamo aus Palermo, genannt Cagliostro. Nach seiner Karriere in Kurland und Deutschland ging er in die Schweiz und nach Paris, wo die Vornehmen Trost verlangten für die aufgeklärte Seele

[BOGEN 22]

und Heilung für die fatigierten Sinne; ja am liebsten hätten sie die irdische Unsterblichkeit verlangt. (Damals konnte ein Graf Saint-Germain mit 300jährigem Alter prahlen.) Jetzt befasste sich Cagliostro mit seiner frech-imposanten Persönlichkeit mit Geistersehen, Geisterzeigen, Einweihen in ägyptische Orden und uralte Geheimnisse, besonders aber mit dem alten Kristallschauen vermöge einer Colombe. Es war seine letzte Glanzzeit. Frankreich, wo der Geist der Neuerung auf allen Gassen herumlief, brauchte keine Geheimbünde. Cagliostros Verwicklung in die Affaire du collier, wobei er dem Kardinal Rohan Phantasmagorien wegen der Gunst der Königin vormachte. Ob je wieder seines Gleichen aufkommen wird? Die Klopfgeister und Spiritisten? Aber es ist wohl nicht mehr genug Müssiggang in der Welt. Viel damaliger aristokratischer Genuss ist mit dem Zerschlagen der adligen und geistlichen Güter in industrielle Tätigkeit übergegangen.

Die Schlussfrage lautet, ob das damalige oder das jetzige Frankreich glücklicher zu nennen sei? Was ist Glück? Schon «bien-être» ist ein streitiger Ausdruck. Der frei gewordene Besitz ist faktisch unfrei durch die enorm gestiegenen Steuern, die Kostbarkeit aller Eigentumswechsel und die übermässigen Preise; er ist aber doch von Rechts wegen frei und beweglich. Ebenso ist es mit der Gleichheit: In der Gesellschaft ist sie nirgends weniger anerkannt, aber vor dem Staat und besonders vor dem Richter festgehalten. Diese Dinge und die Beharrlichkeit ihrer Verfechtung sind Fortschritte, Errungenschaften. Die grosse seitherige Zunahme der Industrie ist an sich kein Glück, sondern eine Notwendigkeit aller europäischen Länder und bezieht sich auf die Zukunft. Ihr wahres Ergebnis wird erst an den Tag kommen, wenn die Zölle gefallen sind und jedes Land nur fabriziert, was ihm gemäss ist. Unsere Unfähigkeit, hierüber das letzte Wort zu sagen, ist gross, gerade wie in Sachen der Eisenbahnen und elektrischen Telegraphen. Wir bauen mit Täuschungen, und die Nachwelt wird unsere Anstrengungen benützen auf ihre Weise. Es ist unmöglich, das städtische und ländliche, das sinnliche und geistige Leben des damaligen Frankreichs mit dem des jetzigen in eine umständliche historische Parallele zu bringen. Zudem entzieht sich ein letzter Faktor der Beobachtung und Berechnung: Jede Epoche hat besondere Gefühle, welche das Leben beherrschen und ihm sein Genüge, seine relative Harmonie geben helfen. Sie können bei grosser äusserer Dürftigkeit sehr stark und beglückend sein, und können bei äusserer Fülle bitter oder mangelhaft sein.

Italien

Für Italien ist es gewiss, dass die Revolution ein Verlust war. Die meisten Regierungen waren damals auf der Bahn der Reformen, wohlwollend, die Abgaben im Verhältnis gering, der intellektuelle Aufschwung sehr bedeutend, besonders in Naturwissenschaften, Jurisprudenz, Staatsökonomie; daneben gab es grosse Dichter und wenigstens einen Canova. Es war eine andere Art von Dasein als in Frankreich; aber in beschränktem Sinne eine glücklichere. Die Regierungen waren tolerant, soweit es die nahe und unvermeidliche Rücksicht auf das Papsttum irgend zuliess. Die Staatsschulden waren gering; die Kriegsmacht war nicht sowohl im Verfall (siehe Sardinien) als sparsam und gering, 80 000 Mann im Ganzen (nach gewöhnlichem Massstab damaliger Statistik hätten es 160 000, nach preussischem 600 000 Mann sein müssen). Überall waren die Kassen noch voll, die wohltätigen Stiftungen, Spitäler etc. noch nicht von den Franzosen geplündert. Man war ein für allemal darauf eingerichtet, dass auch die geistlichen Stifte und Klöster ihre Ein-

künfte in Unterstützungen und Bettelsuppen wieder ausgaben;
ausserdem ihre Landwirtschaft. Dazu kommt die grosse Mässigkeit des Volkes. Der Arme und Zerlumpte ist noch nicht elend oder gar deshalb unsittlich oder weniger respektabel. Besonders aber war es noch kein Zwangszustand, kein militärisch-polizeiliches Darniederhalten dauernder Verschwörungen. Die Gebildeten der Nation jagten nicht einem phantastischen Traumbild längst verscherzter Grösse nach, ohne deshalb irgend zu versumpfen. Das geistige Leben war wohl schöner und bewegter als je seitdem, frei von Verbitterung. Der grösste Mangel der Regierungen war ihre Kraftlosigkeit gegen die eigenen Beamten; aber eben darauf wusste sich Gross und Klein einzurichten. Es war wenig eigentliche revolutionäre Regung da; in der Toscana Leopold, in Mailand Firmian, in Neapel Tanucci, in Piemont Karl Emanuel und Viktor Amadeus III; aber sie alle kamen mit ihren Reformen früher als man sie verlangte. Allein Italien wurde das Opfer der Revolution. Die französische Herrschaft liess jene Ideengärung zurück, die von Zeit zu Zeit furchtbare Konvulsionen hervorruft. Die Zurückdrängung derselben nimmt alle Kräfte in Anspruch.

Billig ist bei einem Überblick von Italien zuerst von *Sardinien*
die Rede, weil es sich bis jetzt als der lebensfähigste italienische
Staat erwiesen hat. Zwar hat es erst seither die Republik Genua
und ihre Seemacht erhalten, war aber schon früher durch Nizza
und die Insel Sardinien maritim. Wie weit mag das Volk,
Piemontesen, Savoyarden, die übrigen Italiener an Begabung
übertreffen? Kaum, eher noch ist der Golf wenigstens die
Heimat einzelner höchst energischer Charaktere: Kolumbus,
Napoleon, selbst Mazzini und Garibaldi gehören dahin. Das
Entscheidende ist jedenfalls die Vorliebe des tüchtigen Regen-
tenhauses für den Krieg gewesen, verbunden mit zentralisie-
rendem Absolutismus im Innern, mit furchtbaren Schicksalen,
Invasionen etc.: Emanuel Philibert, Karl Emanuel der Grosse,
dann von 1675 bis 1732 Viktor Amadeus II., Karl Emanuel III.
Immer wieder steht ein kräftiger Militärstaat da, lange vor dem
preussischen Beispiel. Allerdings wirken hier bisweilen deutsche Instruktoren wie Starhemberg und Rehbinder. Der Adel
ist gebändigt, seiner usurpierten Güter beraubt und in Beam-
tungen und Offizierstellen in strengster Ordnung gehalten.
Grösste Ordnung und Einfachheit herrscht in den Finanzen
mit Abzahlung der Staatsschulden. Das Land ist eine Kadetten-
schule und Kaserne, nichts für geniale, originelle Menschen.
Der Klerus ist reich, aber nicht übermächtig. Nur die Insel Sardinien hatte man lassen müssen wie sie war, mit Hirten, Adel
und Priestern. Allerdings stürzte dann diese ganze Herrlichkeit
nach den Tagen von Millesimo, Montenotte etc.[100] Aber unter

Napoleon blieb die piemontesische Kriegerkaste doch beisammen und ging nach der Restauration an Viktor Emanuel I., Karl Felix und Karl Albert über. Die Armee war sein Schosskind, bis die Stunde schlug. Auch nach Custozza und Novara ist sie eine der grössten Hoffnungen Italiens.[101]

Der Staat hat sich erst seit der Restauration (Gewinnung Genuas) recht italisiert und vollends erst seit 1849. Im vorigen Jahrhundert herrschte das Piemontesische und Französische vor. Bei einem vernünftigen Konstitutionalismus wird eine blosse Einverleibung immer undenkbarer.

Im Herzogtum *Mailand* wetteiferte Maria Theresias Generalgouverneur Graf Firmian mit der Toscana: das Edikt über Gemeinden 1755, Hebung der Universität Pavia mit Scarpa, Spallanzani, Volta etc., in Mailand Beccaria. Das Leben in Mailand war luxuriös: die Verweichlichung, die französischen Moden, das Cicisbeat (galanti, patiti, amanti etc.).[102] Da kam Parini und machte scheinbar den Lehrer gegen die Langeweile (Tanzlehrer, Sprachlehrer, Singlehrer, Abmahnung von Krieg und Studien). Firmian war sein Gönner: «Sie habens nötig.» Parini hatte eine zensurfreie Zeitung. Seit seinem Gedicht «Il Giorno» schämt man sich.[103] Überhaupt kam es zur Besserung der Sitten der höhern Stände. Der kleine Hof von Parma (Bourbon) unter dem Minister Dutillot war vortrefflich geordnet, ebenso Modena unter den letzten Este, wenigstens unter Francesco III.

Venedig war höchst konservativ; alles blieb beim alten: die Herrschaft des venezianischen Adels über Stadt und Staat mit Inquisition und Fürsorge für das gemeine Volk. 1761 scheiterte ein Projekt auf Erweiterung des oligarchischen Familienklubs. Venedig war eine Stadt des Vergnügens mit ewigem Karneval, Theater, Musik, Hasardspiel, Lotto, Liebesintrigen in den Sprechzimmern der Nonnenklöster, Regatten und gymnastischen Spielen. Es geschah alles, um das Entstehen jedes höhern, nicht-egoistischen Gedankens zu verhindern. Die literarische Bewegung verstieg sich nicht höher als bis zum Gegensatz von Goldoni und Gozzi: Lustspiel und Maskenkomödie. Wer sich je ganz hingegeben, vergass Venedig nicht mehr: Casanova. Die neuen historischen Mächte sind vergessen; Handel und Industrie zogen nach Triest.

Die *Toscana* stand bis 1765 unter Franz Stephan, dann bis 1790 unter Pietro Leopoldo; seine Statue steht in Pisa. Sein Minister war Fossombroni. Leopold war der Reformer par préférence, abgesehen von seinen kirchlichen Reformen, die unten im Zusammenhang folgen werden. Allerdings war es ein kleines Terrain und nach aussen durch den österreichischen Rücken völlig garantiert, mit einer hausväterlichen Verwaltung: Vereinfachung der Zivilgesetze, Milderung des Kriminalrechtes, möglichste Befreiung des Handels, Entsumpfung der südlichen Toscana und milde Verpachtung des Gewonnenen, allgemeine Erhöhung der Tätigkeit und Industrie. Von 91 Millionen Lire Schulden blieben nur 20 Millionen übrig. Die Sittenverbesserung geschah zum Teil durch Spionage. Deshalb wurde sein Abgang nicht sehr bedauert, obschon er es ist, durch dessen Verdienst der jetzige Toscaner mehr liest, sauberer einhergeht und besser wohnt als fast alle übrigen Italiener. Er soll aber noch mehr gewollt haben: eine nationale Repräsentation 1) nach Gemeinden 2) Provinzen 3) Gesamtheit (assemblea generale), öffentlich zu bestimmten Zeiten, mit Prüfung des vom Grossherzog vorgelegten Budgets, mit Beamtenausschluss und vielen anderen Punkten, die auf ewigen Frieden und Neutralität berechnet waren und auf den milden Volkscharakter. (So nahe wäre man durch ruhige Verleihung den Idealen der Zeit gewesen!)

Der *Kirchenstaat* war am weitesten zurück, trotz der meist respektablen Päpste. (Das Nähere bei Anlass der Jesuiten.)

Das Königreich *Neapel* kam von 1734 bis 1860 unter die spanischen Bourbonen. Als Karl III. wegen kinderlosen Todes der ältern Söhne Philipps V. Spanien übernahm, musste er 1759 Neapel seinem dritten Sohn, dem neunjährigen Ferdinand, überlassen; doch half er noch hineinregieren und liess Tanucci da. Dessen Reformen waren besonders in kirchlicher Beziehung bedeutend: 112 000 Geistliche immun, mit Asylen, Anfang der Säkularisation. Dann kam Ferdinands eigene Regierung mit

Maria Karolina und Acton. Ferdinand starb 1825. Er war schlecht
erzogen, ein Jäger, doch hat er in den ersten Dezennien wenigstens in Administration, Milizen und Marine viel verbessert.
Goethe (Philipp Hackert) zeigt, wie man wenigstens viel Gutes
wollte, aber überall auf persönliche Demoralisation stiess. Folge
der fürchterlichen spanischen Herrschaft: wo sie gewesen,
wächst (geistig) kein Gras mehr; der «Staat» als solcher ist auf
ewig diskreditiert und weil er plagt, wird ihm dann vergolten.

Wie viel man damals in Neapel geschehen liess: Genovesi
ist der Schöpfer der Nationalökonomie; er trug sie seit 1754
öffentlich vor. Sein Katheder wurde von einem Privatmann
gestiftet. Der Nationalökonom Galiani wurde in Frankreich
berühmt. Der Nachfolger Genovesis in Mailand war Beccaria,
in Neapel Filangieri, der in seiner «Scienza della legislazione»
eine Gleichheitstheorie vortrug und beim Hof Schutz gegen
den Adel fand. Seine Schriften durften wenigstens in Livorno
(«Philadelphia») mit Konnivenz Leopolds gedruckt werden.

Aber auch auf andern Gebieten regte sich der italienische
Geist originell und schön. Zwar hätte auf die Länge ein tiefer
Konflikt mit Rom nicht ausbleiben können, wie dann die Fürs-
ten selber in ihrer Säkularisationslust

[BOGEN 24]

gegen den allzustark reprä-
sentierten Klerus hierin äusserlich vorangingen. Das befreite
Italien hätte vielleicht eine wahre kirchliche Krisis durchge-
macht, die zu einer Reformation im südlichen Sinn hätte gedeihen können; aber so wie die Dinge gingen, sind sie möglichst
unglücklich gegangen. Jetzt gab es nur eine Alternative: Papsttum oder Unglaube, Absolutismus oder bodenlose Anarchie.
Hätte man damals sagen und behaupten können, was Kardinal
Ferretti 1847 der römischen Nationalgarde sagte: «L'Italia farà
da se!»[104] Aber es scheint, die geistigen Krisen Europas müssen
gemeinsam sein.

Nach Mariotti war der damalige italienische Geist ein aufbauender und positiv, wie der der Franzosen ein zerstörender und negativ ist. Die Italiener hatten u. a. wirklich grosse Dichter. Dahin gehört *nicht* Metastasio; aber er ist ein grosser Stilkünstler. Er schrieb fast nur Operntexte, worin er sich, was die Charaktere belangt, sehr im Pathos, in majestätischer Allgemeinheit hält; aber sie sind eben die Unterlage der Oper und haben die schönsten Verse. Dabei war er persönlich jung noch im 84sten Jahr, am Hofe Josephs. Auch Goldoni, der 120 Komödien geschrieben hat und das neuere französische Lustspiel auf die italienische Bühne verpflanzte, ist kein grosser Dichter, obwohl bisweilen, besonders in den venezianischen Dialektstücken, ein sehr bedeutender Sittenschilderer. Es wäre jetzt kein Metastasio und kein Goldoni mehr denkbar, auch kein Alfieri mehr. Vittorio Alfieri von Asti, geboren 1749 wie Goethe, ist eine ganz isolierte, gewaltige Gestalt. Nach zerstreutem, luxuriösem Jugendleben, auch als Offizier, entschliesst er sich, aus einem nichtsnutzigen Piemontesen ein flotter Italiener, aus einem Müssiggänger ein Dichter und Gelehrter zu werden; er heiratet in Florenz Louisa von Stolberg-Gedern, Gräfin Albany. In seinem 48sten Jahr lernt er noch Griechisch. Er ist 1803 gestorben und begraben in Santa Croce. Ein Abgott des neuern Italiens setzte er durch, was viele gern möchten: die Verwandlung aus dem Genussleben in einen sittlichen Stoizismus mit starker politischer Färbung. Zugleich war er ein Tadler seiner Zeit, nicht ironisch wie Parini, sondern im strengen Prophetenton. Seine Tragödien enthalten abstrakte Tugenden und Leidenschaften, ohne viel Lokales und Zeitliches; sind aber durch eine gewisse reine Härte vor der Phrase bewahrt. Der ganze Autor atmet Tyrannenhass («Virginia») ohne besonders scharf zu unterscheiden, doch war er so konsequent, auch die Tyrannei der Französischen Revolution zu hassen («Il Misogallo»).[105] (Er hatte kaum am 18. August 1792 aus Paris fliehen können.) Seine Selbstbiographie ist «kräftig und verachtungsvoll» und gibt ein ganz anderes Bild eines Mannes als die «Confessions» von Rousseau. Freilich war er sein Leben lang reich und geborgen. Er war mit Bewusstsein Klassizist.

Die eifrig einseitige Nachahmung des Altertums in jener Zeit war schön als Reaktion gegen den Rokoko und dessen Dilettantismus. So machte damals David in Frankreich den üppigen Fratzen eines Boucher ein Ende; so verdrängte Mengs die Cortonisten und schon trat Antonio Canova auf. Vor ihm kamen die manierierten Nachfolger Borrominis mit ihrer hässlichen Üppigkeit, ihren flatternden Gewändern, ihrem outrierten Wesen. Jetzt haben wir von ihm das Grab Ganganellis: edle Umrisse und Gewandung, innerer Ausdruck.[106] Darauf füllte er die Welt mit seinem Ruhm, doch fehlte die Kraft der Seele, um die antiken Formen auszufüllen; immerhin ist er der Gründer der neuern Skulptur.

Doch wir sind mit der Literatur noch nicht zu Ende. Zu dem allgemeinen Erwachen des italienischen Genius in jener Zeit gehört auch die Wiedereinführung Dantes, dessen Strenge und Patriotismus wie ein Vorbild erschien. Dante und die Griechen zusammen mussten der Spielerei in Sonetten und Madrigalen, womit sich ganze poetische Akademien die Zeit vertrieben hatten, ein Ende machen.

Vincenzo Monti von Ferrara wogte mit den Ereignissen und Mächten dieser Erde hin und her; er schwamm auf allen Wassern oben. Der Wechsel der Gesinnung ging bei ihm bis zum Skandal. Er war eine Äolsharfe, getragen von herrlichstem, gerissenem Pathos. Allerdings ist bei ihm die Alternation von Talent und Charakter tödlich persifliert. Aber die offene Charakterlosigkeit darf doch nicht den wesentlichen Inhalt der Poesie abgeben, wie leider bei Monti, welcher Papsttum, Cisalpinien und Napoleon und zuletzt noch den Kaiser Franz (im «Ritorno d'Astrea») ansang. Was er auch immer war, er ist immer herrlich; man glaubte Dante und Horaz wieder zu hören. Sein «Aristodemo» ist im Einzelnen schöner als irgend etwas von Alfieri.[107]

Im ganzen macht es doch eine Art von goldenem Zeitalter aus, dessen schönste Eigenschaft die ist, dass im grossen so wenig französischer Einfluss, so viel echt nationaler Antrieb dabei tätig ist. Jener geht nicht über einzelnes Formelle hinaus, und am Ende wirkten die Italiener auf Frankreich zurück, so z. B. in der Musik: Der grösste Theoretiker ist Padre Martini in Bologna. Die neapolitanische Schule, in der Wahrheit und Leidenschaft des Ausdrucks die Vorläuferin von Gluck und Mozart, hatte mit Scarlatti vor hundert Jahren begonnen. Es folgten Durante, Leonardo Leo, Pergolesi und in den siebziger und achtziger Jahren Cimarosa und Paisiello, während Sacchetti und Picci die neapolitanischen Nachklänge nach Paris trugen. Man hört einstweilen wenig von ihnen; Rossini übertönte sie, und Botta schrieb: «Verdorbnes Zeitalter! In moralischer Beziehung will es Gewalt, in musikalischer den Lärm!» Es folgten nachher noch grössere Lärmer, wie in Deutschland eine gelehrt überladene Harmonie. Daneben aber steigt schon neben einer historischen Musikliebhaberei das Bedürfnis nach schönen Melodien mächtig auf, und man kann es erleben, dass Cimarosa etc. einen ganz späten und bleibenden Triumph davontragen. Italien hat viel verloren, jedenfalls eine viel traurigere Entwicklung gehabt, als es damals verhiess.

Die Kirche

Ein wesentlicher Charakterzug der fraglichen Jahrzehnte ist der Kampf der absolutistischen Staaten gegen die Institute und Ansprüche der römisch-katholischen Kirche, was hier im Zusammenhang zu erörtern ist. Evangelisch im engern Sinne sind diese Dinge nicht, sondern Hierarchie mit grossem Besitz, Klöster, Prachtkultus im Anschluss an die Sakramentenlehre, Bussherrschaft, Wallfahrten, gute Werke etc. Allein sie waren einst notwendig. Mit der blossen biblischen Lehre wäre das Christentum nicht durchgedrungen; sie wäre überflutet worden. Ohne eine sehr mächtige, weltlich stark repräsentierte Kirche wäre das Mittelalter eine Mördergrube gewesen. Die vorgebliche uralte Kultur der Germanen hätte sie nicht gehindert, einander aufzufressen. Nur durch die Kirche war das Nebeneinander der romanisch-germanischen Staaten möglich, weil sie gleichmässig mit ihren Bistümern, Klöstern, Wohltätigkeitsanstalten etc. hineinverteilt war. Die Zeit ihrer stärksten Verdunkelung von 900 bis 950 ist zugleich die scheusslichste Zeit Europas. Die Kirche nützte später ihre Stellung aus und beherrschte die Welt; sie hielt ihre äussern wandelbaren Formen für unwandelbar. Aber inzwischen entwuchs ihr der europäische Geist. Seine neuen Entwicklungen hatten innerlich mit der Kirche nichts mehr zu tun: neue Forschungen, Entdeckungen, zentralisiertes Staatsleben, Kolonien, Profanpolitik samt Kriegen etc. und endlich ein von der Kirche unabhängiges religiöses und wissenschaftliches Leben.

Da kam der grosse Riss des 16. Jahrhunderts, worauf sich die

Kirche zusammennahm und sich dem Geist der Zeit gemäss modifizierte. Die Ketzer wurden teils zurückgeholt (Gegenreformation), teils auf ewig ausgestossen. In den katholisch gebliebenen Ländern kam eine neue strengere Zucht auf, mit prinzipieller Überwachung des Lebens und der Literatur, ja des ganzen Gedankenkreises – so noch im ganzen katholischen Europa im vorigen Jahrhundert. Die Kirche war im Besitz kolossaler Güter und verwickelt in alle Verhältnisse. Ihr Ordenswesen war komplett, das Zentrum in Rom mit Papst, Kardinälen, Ordensgeneralen und einem eigenen selbständigen Kirchenstaat. Die Frage lautet: Wie weit ist das alles noch berechtigt? Wie verhält sich der höhere geistige Gehalt zur äusseren Kirche? Incommensurabel! 1) War das Salz wirklich dumm geworden? Neben Tausenden unfähiger Pfaffen und Mönche gab es auch viele fromme, begeisterte Priester. 2) War der Glaube des katholischen Europas wirklich blosser toter Werkdienst oder gar schon aufgelöst in Atheismus etc.? Der Glaubenszustand von halb Europa in einer bestimmten Zeit ist unmöglich anzugeben.

Die grossen Gegner konnten sagen, zur Seligkeit, zur Verwendung der Sakramente und selbst zum glänzenden Kultus genügt ein Zehntel eurer enormen Einnahmen. Die Kirche konnte antworten, diese Gedanken würden euch gar nicht kommen, wäret ihr wahrhaft gläubig und durchdrungen von der Nichtigkeit des Irdischen und bloss mit dem ewigen Heil beschäftigt. Und wer soll unsere Güter erhalten? Ihr wollt sie zu beliebigen sogenannten Staatszwecken verwenden.

Die Kirche hat zweierlei Feinde: 1) Der moderne Staat, der vor allem jede Independenz hasst, der alle disponiblen Kräfte teils an sich ziehen, teils industriell rentabel und somit indirekt sich untertan machen will, um eine grössere materielle Macht zu erzwecken. 2) Der Geist der philosophischen Neuerung, der den Widerwillen gegen Kirche und Religion als System über alles ausdehnt, der die Freiheit der Gedanken proklamierte und Naturreligion und Atheismus ausrief. Diese Gedanken lebten überdies in vielen Mächtigen dieser Zeit.

Die Feindschaft des modernen Staates

Es war offenbar, dass die akatholischen Staaten in der Politik und im ganzen äussern Gedeihen das Übergewicht hatten. Abgesehen von Russland waren Schweden und Holland eine Zeitlang Weltmächte gewesen, und England und Preussen waren es noch. Ranke schreibt in «Die römischen Päpste»: «Die zusammenhaltende monarchische Gesinnung der Russen hatte über die auseinanderfallende Aristokratie von Polen, – die Industrie, der praktische Sinn, das seemännische Talent der Engländer über die Nachlässigkeiten der Spanier und über die schwankende, von zufälligen Abwandlungen innerer Zustände abhängige Politik der Franzosen, – die energische Organisation und militärische Disciplin von Preußen hatte über die Principien einer Föderativmonarchie wie sie sich damals in Oestreich darstellte, den Sieg davon getragen.»

Man sah sich nach den Gründen um und glaubte, sie in der innigen Verbindung von Kirche und Staat zu finden, in der kolossalen Dotierung und Macht der erstern. Auf dem Wege zur Abschaffung traf man zunächst auf die Jesuiten, welche den alten Zustand am vollständigsten verteidigten – sie mussten fallen.

Portugal litt ganz besonders durch das Übergewicht der kirchlichen Institute. Das Volk war verkommen in Schmutz und Bettel. Von 1706 bis 1750 «regierte» Johann V. mit Festen, Andachten und Zeremonien. Er baute das Riesenkloster Mafra um 45 Millionen Gulden für 300 Franziskaner.[108] Den Bischofsitz von Lissabon konnte er in ein Patriarchat erheben, mit Canonicis von Kardinalsrang (er wollte sogar Herzogsrang für sie). Für schweres Geld hatte er dafür die römische Erlaubnis erhalten. Für das Patriarchion wurden hundert Häuser demoliert. Für eine halbe Million Scudi baute er in Lissabon die Silberne Kapelle. Ausserdem kreierte er noch ein indisches Patriarchat.

Auf Johann V. folgte der junge König Joseph I.; er war ausschweifend, abergläubig und feige – also durch Geistliche leicht zu lenken?

Sebastian Carvalho-Pombal und die Jesuiten

Bisher war er als Projektmacher unbequem und wurde deshalb nach London und Wien beseitigt, wo er modernes Leben und Philosophie kennen lernte. Durch die Königin Mutter zurückberufen, welche die Freundin seiner Gemahlin, der Gräfin Daun, war, wurde er bald Herr über Joseph. Sein monarchisches Schreckenssystem: Er war ein monarchischer Danton oder Robespierre. Sein Kampf gegen Glauben und Bildung eines ganzen Volkes, Klerus und Adel, um Portugal mit Gewalt in die Reihe aktiver, produktiver Staaten zu ziehen, war riesig.

Ihm gegenüber standen die bisherigen Herrn, die Jesuiten. Sie hatten im 16. Jahrhundert dem Papsttum die gärende Welt wieder bändigen helfen; zum Lohn erhielten sie eine ungeheure Ausbreitung und Reichtümer. Ihnen gehörten die Beichtstühle, besonders jene der Grossen, der Unterricht, besonders der vornehmen Jugend, die Universitäten, ein gewaltiger Einfluss auf den Weltklerus sowie Missionen über die ganze Erde. Sie erdrückten jeden Widerstand und konnten, da sie an den Quellen der Macht sassen, überall das Wasser auf ihre Mühle leiten. Überall frappierten sie die Phantasie durch ihre Bauten und ihren Kultus. So viel kann man erreichen, wenn sich der Einzelne, von allen Verhältnissen losgemacht, ganz aufopfert einem Gesamtwillen und einer Gesamtmacht und sich vergisst. Hierin lag zugleich der tiefste Gegensatz gegen den Geist der neuern Zeit, welcher die Subjektivität des Einzelnen loskettet, sein Wollen und Glauben ganz frei gibt und ihn hinausschickt auf das hohe Meer, sich persönlich geltend zu machen soweit er kann. Vielleicht kämpft er sich durch bis zu hoher innerer Selbständigkeit, vielleicht fällt er der ersten besten Tendenz anheim oder sucht irgendein geistiges Unterkommen.

Übrigens war in den Jesuiten selbst der frühere Geist erstorben. Sie wirkten längst nur negativ, durch Unterdrückung und durch Intrige; das Heranziehen fähiger Köpfe nahm schon ab. Sie erzogen noch solche (Voltaire etc.), aber sie gewannen sie nicht mehr zum Eintritt. Ihre Stellung in der Wissenschaft war verhältnismässig gering, ihre Wirkung auf die Geister durch kein bedeutendes Buch mehr repräsentiert; dafür starres Festhalten und Verdammungssucht.

Es war schon eine Zeit des blossen Genusses der Macht. Die Kriegerkaste der Hierarchie ruht auf ihren Lorbeern aus. Dabei erzürnten sie die damaligen Staatsmänner noch besonders 1) als Kaufleute und Verkehrskonkurrenten, 2) als Kolonialherrscher. Schon längst hatte der Orden verdeckte Handelsgeschäfte und Bankgeschäfte gemacht (die Comptoirs waren ja gegeben!), auch fabrizierte er oder liess es für seine Rechnung geschehen – und das nicht einmal mit strenger Rechtlichkeit, trotz aller päpstlichen Verbote. Es gab eine Bulle, die ihnen den Handel erlaubte (ob auch die Industrie?).

1756 kam es zum Bankrott des Hauses Livonay und Gouffiers, weil es eine halbe Million Wechsel für die vom Jesuitenpater Lavalette konsignierten (gezeichneten), aber von den Engländern weggenommenen Waren übernommen hatte. Die Kaufleute wurden beim Jesuitengeneral klagbar, welcher Seelenmessen an Zahlung bot. Noch andere Häuser fielen. Dies war für die Parlamente eine gesuchte Affäre und brachte sie noch mehr gegen die Jesuiten auf. Das Parlament von Paris hat mit seinem Mut und seiner Öffentlichkeit schon die ganze Existenz der Jesuiten in Frage gestellt.

Sodann machte damals ihr Paraguay viel zu reden, weil sich ihre Indianer der Abtretung von Spanien an Portugal widersetzten. Ihr dortiges Staatswesen war durch königliche Privilegien isoliert. Grund, Boden und Menschen gehörten ihnen; diese wurden wie eine Herde Kinder idyllisch regiert, jeder Entschluss ihnen erspart, jedes Vergnügen überwacht, die Phantasie durch den Kultus ausgefüllt – trefflich für ewig Unmündige. Es war jedenfalls herrlich gegenüber sonstiger spanisch-portugiesischer Kolonisation und jetziger südamerikanischer Freiheit.

Hier hatte Pombal einen handgreiflichen Fall des Ungehorsams der Jesuiten gegen den König. Während er 1753 ein neues Heer hinsandte, begann er auch in Portugal selbst ökonomisch-philosophisch als Reformer durch Schrecken in Staat und Kirche zu wirken: Abschaffung der Autodafés, Einschränkung der Inquisition (bis er sie selber brauchte), Zurücknahme der grossen Domänenschenkungen in Portugal und den Kolonien an den Adel sowie der Schenkungen Johanns V. an die Kirche! Jeder Unzufriedene wurde gefangen (Anzahl!). Joseph, im Schrecken vor den beleidigten Jesuiten und Adligen und seinem Bruder Pedro, lässt alles geschehen.

Beim Erdbeben von Lissabon 1755 behielt Pombal die Besinnung und erzwang einen regelmässigen Neubau. Er brachte durch Wegschaffung der Übeltäter diejenige Sicherheit, die nötig war nach einem so furchtbaren Unglück: die hundert Galgen![109] Im Siebenjährigen Kriege berief er Wilhelm von Schaumburg-Lippe, einen originellen Soldatenfanatiker, der das Duell befohlen hat. Er schuf das erbärmliche Heer aus Zigeunern, Bettlern und Räubern zu einem tüchtigen um. So wurden der Schatz voll, der Hof gesäubert, Ackerbau und Industrie gehoben – soweit es der Methuenvertrag zuliess.[110] Der aufgeklärte Despot musste sich auch eine neue öffentliche Meinung schaffen, durch Hebung des ganzen Unterrichts (auch Coimbras); fremde Lehrer und Buchdrucker wurden herbeigezogen. Die Gewerbeschule bestand aus lauter Bummlern. Aber einstweilen, bis diese öffentliche Meinung erwachsen war, ging alles durch Edikte und Polizei. Besonders schrecklich war die Zensur, auch des Handels, der es nicht wohl verträgt. Dazwischen kamen Nachrichten aus Paraguay: Tod, Sklaverei und Verwüstung, Flucht in die Urwälder. Der philosophische Despot hatte gesiegt.

Der Kampf mit den Jesuiten

1750 waren ihrer sechs bloss als Beichtväter sämtlicher Personen des königlichen Hauses und auch sonst enorm mächtig. Pombal hatte sie gleich erzürnt und hatte nur den König und die Polizei für sich. Beim Erdbeben predigten sie und andere Geistliche, es sei eine göttliche Strafe. Alle Jesuiten wurden am 19./20. September 1757 vom Hofe verbannt. Der «kurze Bericht» darüber wurde in 20 000 Exemplaren über Europa verteilt.

Damals war Benedikt XIV., Lambertini, schon todkrank. Mässig, klug, heiter, hatte er «zum Grundsatz, Contestationen auszuweichen; er wußte, daß die Zeit keinen, dem Pontificat nützlichen, Erfolg hoffen ließ» (Johannes von Müller). Er war längst mit den Jesuiten unzufrieden und hätte sie gewiss reformiert. Einstweilen bestellte er Kardinal Saldanha (Patriarch) zum Visitator und Reformator der Jesuiten für Portugal, der sogleich rasch mit Pombal handelte, ihnen Wucher und Handel vorwarf und verbot. Sie jammern auf den Kanzeln weiter; Saldanha verbietet ihnen am 7. Juni alles Predigen und Beichthören. Inzwischen war Benedikt XIV. gestorben, und am 6. Juli 1758 wurde Clemens XIII., Rezzonico, gewählt. «Clemens war von reiner Seele, reinen Absichten: er betete viel und inbrünstig, sein höchster Ehrgeiz war, einmal selig gesprochen zu werden.» Aber er hielt auch alle Ansprüche des Papats für heilig und hoffte auf Herstellung des verdunkelten Glanzes durch deren Behauptung. Die Jesuiten, als treue Vorkämpfer, billigte er wie sie waren und fand sie nicht reformbedürftig. Seine Umgebung und die öffentliche Meinung in Rom waren viel kühler. Vollends trafen jetzt alle Angriffe gegen die Jesuiten den römischen Stuhl selber. Dessen Lage gegenüber einem Pombal war desparat.

Das Attentat auf den König vom 3. September 1758 wurde sogleich den sehr jesuitischen Familien Tavora und Aveiro zugeschrieben, deren Hausehre Joseph gekränkt hatte, und dann den Jesuiten selbst. Sie bekamen im Dezember 1758 Hausarrest, und dann folgte ein scheusslicher Prozess mit blossen Foltergeständnissen; die beiden Familien wurden hingerichtet. Selbst der Reichsfiskal hatte den Bericht nicht machen wollen; Pombal muss es selbst tun, d. h. die Kommissarien aus Pombals Familie. Am 19. Januar 1759 folgte der Beschlag auf alle jesuitische Habe für den Staat. Ein Schreiben von 360 Bischöfen ging an den Papst mit Hin- und Herschreiben nach Rom.

Am 13. September 1759 wurden 113 Jesuiten auf ein ragusisches Schiff geladen und nach Civitavecchia geführt. Anfang Oktober wurden alle Jesuiten als Verräter verbannt. Es folgte eine zweite, dritte etc. Deportation nach Civitavecchia. Joseph fürchtet sich weniger vor den päpstlichen Höllendrohungen als vor Pombals Drohungen mit dem Gift der Jesuitenpartei. 1760 wurde der Nuntius Acciajuoli verwiesen und der Schwärmer Malagrida von den Dominikanern als Ketzer verbrannt. Clemens wagte doch nie ganz zu brechen.

Pombal war in seinem Alter noch immer ein energischer Riese – so fand ihn Wraxall.[111] Er ging nur mit starker Bedekkung aus. Alle Kerker, auch die in Brasilien und Angola, waren voll von Tausenden, darunter auch viele Jesuiten. In Angola wurden bei einer einzigen Konspiration 250 Menschen getötet. Der ganze Zustand beruhte einzig auf Joseph und Pombal. Pombal hatte ungeheuren Mut; er wusste, was unter Maria und Pedro seiner harrte. Im Februar 1777 starb Joseph. Es folgte eine sofortige Reaktion, gegen Gutes und Böses. Pombal hatte in 27 Jahren 9640 Menschen verbannt oder gefangen gehabt; 800 gingen noch aus den Kerkern hervor. In seinem achtzigsten Jahr wurde er noch auf Leben und Tod verklagt, doch durch Maria persönlich, selbst gegen das Urteil, geschützt. Nun folgte der Rückfall Portugals in den alten Schmutz. Überall sind Pombals Bauten und Einrichtungen nur noch in Trümmern vorhanden. Man würde Sehnsucht und Pietät nach ihm fühlen, wenn nicht eine Regierung wie die seinige alle Rechtsgefühle erschüttert hätte.

Asturien, der jüngere (Ferdinand) wird König von Neapel.
Karl III. hatte in Neapel Tanucci, einen toscanischen Advo-
katen, für sich regieren lassen, und dieser hatte ihn bereits an
grosse kirchliche Reformen gewöhnt. Im Königreich Neapel
lebten damals (1738?) 112 000 geistliche Personen, darunter
138 Bischöfe und Erzbischöfe, 56 500 Priester, 31 800 Mönche,
23 000 Nonnen, in Neapel allein 16 000 geistliche Personen.
Alle waren mit samt Gütern und Asylrecht eximiert. Tanuccis
Konkordat mit Benedikt XIV., wenig enthaltend, wurde später
gewaltsam ausgedehnt: auf je 10 000 Seelen durften nur zehn
Priester neu geweiht werden; dem Klerus war neuer Güter-
erwerb verboten; die päpstlichen Bullen waren an das königliche Exequatur gebunden; die Einkünfte vakanter geistlicher
Stellen gingen nicht mehr nach Rom; das Asylrecht wurde eingeschränkt; viele Klöster wurden aufgehoben.

Dieses waren die Präzedenzien König Karls III.; doch war
er dabei sehr kirchlich und wünschte immer Kanonisationen
und geistliche Gnaden. Er kam am 13. Juli 1760 nach Madrid
und hatte kaum eine Flotte zur Überfahrt; seine erste Fahrt ging
nach «Unserer Frau von Atocha».[114] Seine Mutter lebte noch;
er bezeigte ihr Ehrfurcht, liess aber die intrigante Alte ganz aus
den Staatssachen weg. Sein schnelles Fahren und Reiten war
berüchtigt («er starb in seinem Dienst»).[115] Er war vergnügungssüchtig und ein gewaltiger Jäger, der «grösste Nimrod
seiner Zeit»; die sechs wilden Bergkatzen, die er bei Toledo
schoss, kosteten ihn jede 1000 Pfund Sterling. An kurzen Tagen
schoss er bei Fackeln. Der hagere schwarze Mann mit der
römisch-bourbonischen Nase stak beständig im einfachsten
Jagdkleid für alles Wetter. «Regen bricht keine Beine.» Seine
Residenz wechselt nach Jagden: Pardo, Aranjuez, S. Ildefonso,
Escurial, Madrid. Vormittags Jagd und nachmittags Jagd; morgens eine Stunde und abends eine Stunde Arbeit. Doch hatte er
dabei ein paar bedeutende Eigenschaften: Er war kein träger
Wüstling; er machte morgens sieben selbst die Fensterladen
auf und ging abends zehn Uhr zu Bette. Mit seiner ersten Frau
Maria Amalie von Sachsen lebte er gut, trotz ihres ungestümen,

männlichen Wesens. So erhielt er sich frische Sinne und gleich-
mässige Stimmung – was sehr nötig war bei seiner Art zu regieren. Diese bestand darin, dass er nach seinem Kopf handelte,
möglichst wenig fragte, keinen Vertrauten hatte und auf schnellen Gehorsam hielt. Er konnte schweigen und dann plötzlich
handeln. Er war also kein Joseph I.! Anfänglich war der Hof isoliert und bestand aus mitgebrachten Neapolitanern, besonders
dem Financier Esquilace, der Hülfsquellen von Spanien neu eröffnete. Da stiess man von selbst überall auf geistliche Präpon-
deranz. Zugleich wurden 1761 die verschiedenen bourbonischen Höfe (Frankreich, Spanien, Neapel, Parma) durch den
Familienpakt enger verbunden. Die Befreundung Karls mit
Choiseul hatte zur Folge, dass durch dessen Einfluss der Genue-
se Girolamo Grimaldi Minister des Auswärtigen wurde. Er
war ein Aufklärer der neuen Schule.

Die Jesuiten in Frankreich

Choiseul wird gewöhnlich als Mitgenosse Pombals dargestellt.
Saint-Priest widerlegt dies. Choiseul mochte den Pombal nicht
leiden. Der Sturz der Jesuiten in dem kleinen Portugal 1759
hatte allen ihren Feinden Mut gemacht. Der Prozess Lavalette
1756 spielte in Frankreich selbst. Dazu kam die bekannte Geis-
tesrichtung Frankreichs. Der tiefste Grund war ein Missver-
ständnis der Pompadour mit den Jesuiten; sie hatte 1752 beschlossen, dem König Louis XV nur noch als Freundin zur
Seite zu bleiben; Louis hatte über diesen Gewissensfall die
Jesuiten gefragt, und Pater Pérusseau hatte eine gänzliche Trennung verlangt, um allein zu herrschen. Die Dinge blieben beim
Alten, und 1755/56 kam es zu neuer Verhandlung: Die Jesuiten
verlangen abermals Entfernung und versagten endlich dem
König die Sakramente. Die Pompadour wandte sich durch
einen geheimen Agenten an den Papst. Dazwischen lag der
Prozess Lavallette. In Ludwigs Seele erwachten

alte Erinnerungen an den von den Jesuiten gepredigten Königsmord, wogegen ihre Anstellung als Beichtväter bisher als Garantie gegolten hatte. Er fürchtete sie, war aber übrigens höchst kirchlich; durch Unterstützung der katholischen Kirche glaubte er ernstlich, alle Sünden decken zu können. Er hatte unklare und unglückliche religiöse Ansichten. Er hat später die Vermählung des zweiten Dauphin mit einer österreichischen Prinzess gebilligt, um dereinst den Protestantismus zu zernichten. Allein wer jetzt der Pompadour etwas zu Gefallen tun wollte, besonders Choiseul, arbeitete gegen die Jesuiten. Man zeigte dem König die Haltung der Parlamente und der öffentlichen Meinung und jagte ihn damit in Furcht (ähnlich wie Joseph). Er gab nach langen Verhandlungen nach, um Ruhe zu haben. Doch wurde einstweilen nach Rom geschrieben um Reform und sogleich, weil pressant, ein Vikar des Generals für Frankreich gefordert. Aber Ricci oder eher Kardinal Torregiani sagte: «Sint ut sunt, aut non sint.» (Ob wirklich so gesprochen wurde? Der Sache nach war dies der Bescheid.) Trotz aller Verwendung des Dauphins und der Prinzessinnen wurde der Orden (1764) in Frankreich aufgehoben; es war bequemer und sicherer gewesen, ihn aufzuopfern als zu behaupten. Die Philosophen dankten es dem König nicht einmal, war es doch ein Sieg ihrer jansenistischen Erbfeinde im Parlament!

Spanien 1766

Karl III. ist bereits umgeben von hastigen Verbesserern, die auf seine Manier eingehen: Aranda, Moñino-Floridablanca, Campomanes, Olavides etc. Er hat schon die Madrider zur Reinlichkeit gezwungen. Eine Polizeiverordnung für Stadt und Reich folgte auf die andere. Einen Zwist mit den Jesuiten hatte er

gleich ererbt: ihre Übermacht in Spanisch-Amerika; ihr Streben, alle Zehnten, die dem Staat und den dortigen Domkapi-
teln gehörten, an ihre Kollegien zu ziehen. Erzbischof Johann
Palafox von Mexico hatte sich darob laut beschwert, schon 1724
bei Innozenz XIII.: Ihre Herden, Zuckersiedereien, Landgüter,
Silbergruben; auf jeden amerikanischen Jesuiten kämen 2500 Taler Einkünfte. Palafox starb nach langen Verfolgungen, nachdem
ihn die Propaganda und ein päpstliches Breve ausdrücklich, obwohl vergeblich, in Schutz genommen hatten. Nun betreiben
die spanischen Amerikaner seine Kanonisation, und der spani-
sche Hof half mit; Karl III. war laut dafür. Auch die Zehnten-
sache gegen die Jesuiten wurde entschieden. Auch hatte Karl
bereits einmal der Inquisition seine Kraft fühlen lassen und den
Grossinquisitor in ein fernes Kloster verbannt, als derselbe eine
Liturgie verbot ohne königliche Gutheissung. Ohnedies gab es
seit 1748 keinen Ketzerbrand mehr: inneres Erlahmen der
Inquisition.

1766 kam es zum Hutaufruhr, wegen Verbots gewisser Hüte
und Mäntel, gegen den Neapolitaner Esquilace. Dessen Wohnung wird demoliert. Der König redet vergebens von einem
Balkon herab, vergebens kommt die wallonische Garde. Da
kamen die Jesuiten und beruhigten. Karl wusste aber, dass sie
vorher angestiftet hatten. Er schwieg und bereitete mit dem
verschlossnen, harten, energischen Aranda den grossen Schlag
vor. In einer Nacht im März 1767 öffneten überall, auch in
Asien, Afrika und Amerika, die königlichen Beamten dreifach
versiegelte königliche Ordres bei Todesstrafe: Verhaftung und
Beschlagnahme und sofortige Wegführung der Jesuiten an die
Küste, wo schon Schiffe bereit lagen. Von 5000 wurden 2300
sogleich nach Civitavecchia gebracht, wo man sie gar nicht
aufnehmen wollte, und zwar verhinderte Torregiani auf An-
mahnen Riccis ihre Aufnahme. Endlich wurden sie provisorisch
auf Korsika deponiert.

Diesmal waren es nicht die Philosophen oder die Jansenisten, die den Schlag führten; die Entscheidung geschah in der
Seele Karls III. Die Geschichten von einem Brief Riccis, worin

Karl als Bastard Alberonis bezeichnet war ist ein Märchen in
verschiedenen Varianten. Das Wahre nach Aussage Karls III. an
den Duc d'Ossun ist: Karl hatte keine persönliche Animosität
und wies alle Klagen wegen ihrer verleumdenden Reden von
sich ab. Aber er hatte die Beweise (geldausteilende Jesuiten
wurden arretiert), dass der Aufstand von 1766 von den Jesuiten
hervorgerufen war und dass man ihn am Gründonnerstag beim
Stationenbeten hatte umzingeln und mindestens zu Bedingungen nötigen wollen. Dies wurde nur durch zu frühen Ausbruch
(schon am Palmtag) vereitelt. «J'en ai trop appris.» Die Jesuiten
wurden in Spanien nicht bloss aufgelöst, wie in Frankreich, sondern auf ewig verbannt. Alle Kanzeln mussten schweigen; ja es
soll überhaupt niemand davon reden, sub crimen laesae majes-
tatis, «weil die Untertanen den königlichen Willen nicht zu
beurteilen und zu deuten haben». Es schwieg wirklich alles. Den
5. November 1767 machte die Regierung des jungen Ferdinand
von Neapel die Tat des Vaters genau nach.

Das Wachsen der Staatsmacht in Spanien schien fortan
unwiderstehlich und dabei eine Leidenschaft der Reformen.
Aranda und seine Freunde gestalteten Spanien wesentlich um.
Gegen die Kirche: königliches Placet der Breven, Beschränkung
der Asyle, Ablösung der Mönche von ausserspanischen Obern,
Abschaffung der Rosarios. Der königliche Beichtvater, der Do-
minikanerpater Osma, hielt aber doch die Inquisition aufrecht.
Grosses neues Schulwesen; im Madrider Jesuitenkolleg die
grosse ökonomische Akademie. Heer, Flotte, Verwaltung wurden
neu geschaffen. Dem alternden Karl wurde indes Aranda allgemach bedenklich. Die französischen Enzyklopädisten rühmten
ihn allzusehr als den Ihrigen. Auch schadete ihm sein Schütz-
ling Olavides, ein reicher, leichtfertiger Aufklärer, General-
intendant von Andalusien. Dabei die abenteuerliche Wieder-
bevölkerung der Sierra Morena; la Carolina: 3000 betörte
Deutsche, denen man die versprochene Religionsfreiheit nicht
hielt.[116]

Der Beichtvater ängstigte den König, und Aranda musste
1775 als Gesandter nach Paris. Bald folgte der Sturz des Olavi-

des wegen Begünstigung der Ketzer. Es kam zu einem Wieder-aufleben des Mönchstums und der Inquisition; in Cadix wieder ein Autodafé. Dem Olavides half man zur Flucht. Er lebte in Genf und Paris, wurde aber durch die Französische Revolution bekehrt, schrieb vier dicke Bände zum Ruhm der alten Kirche und lebte von 1798 bis 1803 in Spanien aus. Eine vollständige Reaktion war jedoch mit Arandas Entfernung nicht eingetreten; seine Ratschläge dauerten fort, und besonders Campomanes und Floridablanca arbeiteten bis unter Karl IV. weiter: Bauten, Schulen, Kunstakademien, militärische und agronomische Ver-besserungen. Die Teilnahme am amerikanischen Krieg war unzweckmässig, denn trotz Gewinn Minorcas war der ökono-mische Verlust zu gross, und Gibraltar erhielt man doch nicht. Freilich war Karl auch konsequent im Sinne der despotischen Aufklärung: Die letzten Reste der Cortesverfassung wurden aufgehoben.

Nach den partiellen Aufhebungen, Verbannungen und Konfis-
kationen gegen die Jesuiten in Portugal, Frankreich sowie Spanien und Neapel, zwang man dem Papsttum die gänzliche Aufhebung des Ordens ab. Diese ist ein so bedeutendes Phänomen
der wachsenden Allmacht des aufgeklärten Absolutismus und
der damaligen Disposition der Geister, dass eine genauere Betrachtung am Platze ist. Perspektive: Die Französische Revolution musste kommen, weil die geistige Richtung und das
äussere Staats- und Kirchenwesen sich gar zu stracks wider-
sprachen, allein sie hätte *zwanzig, dreissig Jahre später* kommen
können und dann in ganz anderer Weise, wenn sie nicht durch
die französische Finanzfrage wäre verfrüht worden. In diesem
Fall hätte der absolute Staat Zeit und Mittel gehabt, die Kirche
auf seine Art zu demütigen und zu reformieren, allmählich und
vielleicht unwiederbringlich. Statt dessen folgte die Revolution
mit Aufhebung der Kirche und Gefangenschaft des Papsttumes
und nachher Restauration und Reaktion und Schwankungen bis
heute: Der Bund zwischen Thron und Altar.

Als Karl III. die Jesuiten austrieb, rief er aus: Ich habe eine
neue Welt erobert! Das ist das Siegesgefühl des Staats. Die kleinen Bourbonen in Neapel und Parma folgten unter der Ägide
der grossen. Ranke schrieb: «Vergebens war alles Ermahnen,
Bitten, Beschwören des Papstes. Endlich machte er auch einen
anderen Versuch. Als der Herzog von Parma so weit ging, den
Recurs an römische Tribunale, so wie alle Verleihungen der
Pfründen des Landes an Nichteingeborne zu verbieten, er-

mannte sich der Papst zu einem Monitorium, worin er diesem seinem Lehnsmann die geistlichen Censuren ankündigte. Noch einmal erhob er die geistlichen Waffen und suchte sich zu vertheidigen, indem er angriff. Aber dieser Versuch hatte die schlimmsten Folgen: der Herzog antwortete auf eine Weise wie es in früheren Jahrhunderten der mächtigste König nicht gewagt haben würde: die gesammten Bourbonen nahmen sich seiner an. Avignon, Benevent, Pontecorvo wurden von ihnen besetzt. – Dahin entwickelte sich die Feindseligkeit der bourbonischen Höfe. Von der Verfolgung der Jesuiten gingen sie unmittelbar zum Angriff auf den römischen Stuhl über.»

Die Minister wollten mit Torregiani nicht mehr in Verbindung treten; Venedig, Modena, Bayern ahmten nach; Maria Theresia wartet in kalter Ruhe die Erfolge ab. Der französische Gesandte in Rom rät, Rom gemeinschaftlich zu blockieren und auszuhungern; das Volk werde den Papst zwingen; c'est le seul moyen d'obtenir l'expulsion des jésuites. Also die Könige sollen mit der Emeute spielen! Choiseul bewog wenigstens die Höfe zu gemeinsamen Aufhebungsbegehren. Dies wurde am 10. Dezember 1768 insinuiert und ein Konsistorium auf den 3. Februar 1769 berufen. Am Abend vorher starb Clemens XIII. 76jährig an einer Konvulsion – aus Kummer über die Demütigung des päpstlichen Stuhls. Mit Spannung wartete man auf das Konklave. Die bourbonischen Gesandten mussten fürchten, dass die Jesuitenpartei siege, wenn sie nicht keck entschlossen auftraten; es kam zu Einschüchterungen. D'Aubeterre erklärt: Kein Papst ohne Beistimmung der bourbonischen Kronen; die Wahl ist aufzuschieben bis zur Ankunft der spanischen und französischen Kardinäle; sonst gehe er nach Frascati.[117] Ricci geht überall herum; er und die Seinen besuchen die Umgebungen der Kardinäle, die Beichtväter, die römischen Fürsten und Damen. Ricci weint zu den Füssen der Kardinäle selber und sucht sie zu einer schnellen Wahl zu bewegen. Schon war das Konklave eröffnet, da ernannte Ludwig XV. Bernis zu seinem ausserordentlichen Gesandten in Rom. Früher Protegé der Pompadour, war Babet la bouquetière zu Anfang der fünfziger

Jahre Gesandter in Venedig. (In welchen Verbindungen Casanova ihn da antraf!)[118] Er fiel später in Ungnade und hat sich als
Bischof von Albi gebessert; er war sehr wohltätig. Bernis versprach Choiseul einen nachgiebigen Papst und eilte nach Rom.
Im Konklave sprach er nur von Eintracht der Christenheit.

Da erschienen plötzlich auch Joseph II. und Leopold in
Rom. (Seit Karl V., der von Tunis heimkehrend, geharnischt mit
einem Heer durch Rom kam, war kein Kaiser mehr in Rom
gewesen.) Joseph kam inkognito als «Graf von Falkenstein»,
mit Leopold und geringer Begleitung: Sein affrontierender, ab-
schätziger Ton gegen Jesuiten und Nichtjesuiten ohne Rück-
halt; «er könne das Gezänk wegen eines Ordens nicht begrei-
fen». Sein Besuch im Gesù und seine Frage an Ricci: Wann
ziehn Sie Ihre Kutte aus? Ricci: Wir vertrauen bei den harten
Zeiten auf Gott und den Papst. Joseph lächelt und frägt nach
den Kosten der Silberstatue des heiligen Ignaz. Ricci: Aus Geld
von Freunden. Joseph: Aus den Einkünften von Indien. Auf
das Konklave selbst als eine untergeordnete Sache wollte er gar
keinen Einfluss ausüben und verbot dem Kardinal Pozzobonelli
jeden Vorschlag und Exklusion: «Eine Papstwahl dürfe einen
Fürsten des 18. Jahrhunderts gar nicht mehr beschäftigen.» Die
Kardinäle ahnten etwas, wollten sich aber befreundet stellen
und luden ihn und Leopold ins Konklave (Vatikan) ein und gingen ihm in Prozession entgegen. Er muss seinen Degen behalten als «Schützer des heiligen Stuhles». Es kam zu Huldigungen aller Art (die Zelle des Kardinals von York (Stuart)).[119]
Endlich gab er sein Schlusskompliment ab: Sie sollten einen
Benedikt XIV. wählen, der nicht zu viel wolle; die päpstliche
Autorität solle sich mit dem Geistlichen begnügen; der Papst
solle im Unterhandeln mit den Fürsten nie die Regeln der Politik et de la bonne éducation vergessen.

Hierauf fuhr er nach Neapel und besuchte dort die Jesuiten.
Josephs Wort an Aubeterre: « Jene Leute haben mir diesen Unterschied beigebracht, aber ich lasse mich nicht täuschen. Sie
wollten mich auf seltsame Art examinieren, als ob ich ein Nas-
horn wäre.»[120]

Das Konklave dauerte schon drei Monate, und die spanischen Kardinäle waren noch immer nicht da. Die bourbonischen Höfe hatten schon dreissig Exklusionen ausgesprochen. Bernis wurde von Aubeterre und Azpuru gedrängt, dem künftigen Papst das schriftliche Versprechen der Jesuitenaufhebung abzupressen (wie einst Clemens V. bei Anlass der Templer). Bernis will sich beraten und schlägt als erfahrnen Kanonisten den Kardinal Lorenzo Ganganelli vor, geboren 1705, Bauern- oder Chirurgensohn, früh Franziskaner, Theolog ohne Fanatismus, gutherzig (Bonhommie), sein Freund Fra Francesco, seine Liebhaberei Botanik, lange Professor in S. Apostoli; aber ein geheimer vertrauensvoller Ehrgeiz. Seine Erinnerung an Sixtus V. (1585–1590) und sein allmähliches Steigen; er will nicht Ordensgeneral werden. Durch (aufgesuchte?) Protektion der Jesuiten wird er Kardinal. Sein Zittern «kommt und tröstet mich!»; seine Briefe. Er blieb im Kloster wohnen, schwenkte aber allgemach auf die Seite der Höfe, «deren Arme sind lang, reichen über Alpen und Pyrenäen». Er unterhielt geheime Verbindung mit dem Herzog von Parma und durch einen Pater in Avignon mit dem Bischof von Orleans. Doch war Ganganelli nicht französischer Kandidat, obschon die Franzosen dies später, wie immer vorgaben. Es ist ungewiss, ob Bernis ihm auch nur jene Gewissensfrage vorlegte und mit ihm im Konklave Umgang hatte.[121]

Da kamen die spanischen Kardinäle Cerda und Solis; sie beschlossen ohne Bernis zu handeln, welcher doch ein geheimes Mitleid mit den Jesuiten hatte. Insgeheim waren sie von Ganganellis Gesinnungen unterrichtet. Ob sie eine schriftliche Zusage abforderten? Sie soll gelautet haben:

[BOGEN 30]

«Ich erkenne an, dass der Papst gewissenshalber die Gesellschaft Jesu aufheben kann ohne von den kanonischen Regeln abzuweichen.» Das Original wurde nie produziert. Auf einmal fallen viele Stimmen

auf Ganganelli. Bernis merkte, was geschehen war und rettete
den Schein, indem er Ganganelli besuchte und ihm weismachen
wollte, er befördere ihn. Die Spanier liessen ihm den Schein.
Nun waren bald alle Wege eben, und so wurde Lorenzo Ganganelli als Clemens XIV. 1769 zum Papste gewählt. Nach kurzem
Jubel folgten die innern Qualen. Seine ganze Politik war das
Zögern und Verschieben; er war ein grosses evasives Talent!
Zunächst mit grösster persönlicher Liebenswürdigkeit gegen
die Gesandten: Aubeterre und die Dose: «Wir sind unter
uns.»[122] Bernis, ganz betört, schreibt immer nach Versailles,
man solle dem Papst nur Zeit lassen, was Choiseul durchschaute
und aus Ekel gelten liess. Clemens war noch ein paar Monate
glücklich. Er wollte alles selbst machen und geriet dabei in die
Hände von Subalternen; Fra Francesco sein Maggiordomo und
Koch.

Aber nun drohte Karl III., und es drohten die Jesuiten. Als
die Nähern erschreckten sie ihn mehr. Sein Verschieben wurde
immer bänger; er fürchtete Gift von beiden Seiten; sein Jammern mit dem guten Bernis. Da bemerkte dieser, dass Karl III.
ihn zu sprengen suchte, und nun fing auch er an, den Papst zu
drängen und zwingt ihn im August 1770 an Karl III. zu schreiben (formelles Versprechen «ambitieux, brouillons et dange-
reux»). Nun war er in den Händen Karls.

Zugleich näherte sich Pombal gegen ein analoges Versprechen und eröffnete wieder die längst unterbrochene Verbindung
mit Rom. Aber Avignon und Benevent blieben besetzt. Tanucci
und Leopold holten ihre Antiken nach Neapel und Florenz.
Die Römer begannen den Papst zu verachten und zu hassen,
das Volk wegen Hungersnot, die Kardinäle und die Grossen
wegen Isolierung und weil er von den Jesuiten beherrscht war.
Der unglückliche Papst suchte sich zu heben durch gute Öko-
nomie, Kunstwerke, Ausgrabungen, das Museo Pio Clementino.
Choiseuls Sturz half nichts; d'Aiguillon, um sich zu stützen,
brauchte zu sehr Karl III. Auch die unmittelbaren Beängstigun-
gen nahmen zu; es kam zu Gärungen, und düsterer Enthusias-
mus herrschte mit Visionen und Prophetien: die Prophetin von

Valentano, Bernardina Beruzzi. Ricci besucht sie. Karl III. droht mit Druck jenes Briefes und schickt Floridablanca nach Rom; Clemens und Bernis erblassten. Clemens geht nach Castelgandolfo und will nach Assisi. Es kam zu furchtbaren Audienzen.

Maria Theresia wurde nicht sowohl durch Karl III. als durch Josephs Drängen bewogen, sich den Höfen anzuschliessen.

Jetzt muss Clemens zum entscheidenden Schritt kommen: zuerst Untersuchungen, Sequester, Aufhebungen der Kollegien etc.; dann am 21. Juli 1773 erschien das Aufhebungs-Breve «Dominus ac Redemptor noster». «Questa suppressione mi darà la morte.» Die Jesuitenkirchen wurden sogleich von Kapuzinern bedient. Der Ordensgeneral Ricci kam zuerst in Hausarrest, dann in die Engelsburg. Clemens war noch einmal froh. Avignon und Benevent wurden restituiert. Er schien gesund und heiter wie nie; zugleich aber wachsende Todesgerüchte. Clemens schloss sich in der Karwoche 1774 plötzlich ein, und im August 1774 erschien er vor den Gesandten als Skelett. Am 22. September 1774 starb er.

Einst, nach Tische, hatte er plötzlich einen Anfall mit Frost, bald eine innere Entzündung und allgemeine Schwäche. Er wurde sehr wunderlich und misstrauisch, kochte jetzt sein Essen selbst und mischte Gegengifte hinein; endlich wahnsinnig, von Gespenstern verfolgt; Jammer vor der kleinen Madonna: «Compulsus feci.»[123] Sein Körper war in scheusslicher Auflösung, schon bei Lebzeiten und gar nicht einzubalsamieren. Salicettis Zeugnis wurde zu leicht von Friedrich dem Grossen angenommen. Bernis war von der Vergiftung überzeugt und ebenso Pius VI. Was das Gift nicht tat, tat die innere Aufregung. Er war seiner Stellung nicht gewachsen; entweder gleich nach der Krönung Aufhebung oder Verteidigung der Jesuiten um jeden Preis. Aber seine persönlichen Eigenschaften verdienen Achtung und sein Leiden ewiges Mitleid.

Die neue Wahl entschied Floridablanca mit Bernis Hülfe. Joseph schrieb an Leopold am 6. Oktober 1774: «Bei diesem Konklave werden wir uns, so glaube ich, wie immer passiv ver-

halten; unser Geheimnis besteht darin, keines zu haben.»[124]
Kardinal Braschi als Pius VI. war ohne Präzedenzien; nobel und
imposant trat er gleich beim Jubiläum von 1775 auf. Er war ein
Papst für die Römer; das Pio Clementino, das neuere Rom, war
nie glänzender, das Rendezvous des profanen Europa (Goethes
Schilderungen).[125] Bernis sagte oft: «Ich führe die Herberge
Frankreichs an einer Strassenkreuzung Europas.» Unter Pius VI.
wurde mit der Austrocknung der pontinischen Sümpfe begonnen. Zwischen diesen Glanz hinein trafen aber doch tiefe
kirchliche Demütigungen. Das Verhältnis zu Joseph II., zu den
deutschen Episkopalisten etc. siehe das nächste Mal.

Die Persönlichkeit Pius VI.

Giovanni Angelo Braschi von Cesena, geboren 1717, war nicht
als Geistlicher, sondern in der Prälatur emporgekommen, unter
Rezzonico «tesoriere», unter Ganganelli Kardinal. Durch Verbindungen sowohl mit der Partei der gestürzten Jesuiten als mit
Bernis wurde er Papst, indem die bourbonischen Höfe im
Konklave keinen der Ihrigen durchsetzen konnten und den am
wenigsten Widerwärtigen von den Gegnern aussuchen mussten
(die Wahl am 14. Februar 1775). Sein Glanz lag in der äusseren
Repräsentation: «Freundliche Majestät.» Das Bewusstsein des
eignen Wertes und ein gewisser unruhiger Ehrgeiz und Eitelkeit zeichneten ihn aus. Sein Pontifikat sollte glänzen: Bauten
in Rom, Hafenbauten in Ancona und Civitavecchia, Mäzenat,
Austrocknung der pontinischen Sümpfe. Verordnungen gegen
alle möglichen Missbräuche blieben Papier. Die Privatinteres-
sen waren fester gewurzelt, und auf den schmeichelnden Beifall
seiner Umgebung wollte Pius nicht verzichten. Auch tat er, was
seine letzten Vorgänger unterlassen hatten: Gründung einer
Nepotenfamilie; zwei Neffen wurden Kardinal und Duca und
mit zum Teil zweideutigen Mitteln ausgestattet.

  In der Kirchenpolitik wollte Pius durch kleine Konzessio-
nen die Hauptsache retten, aber in dem Prinzipienkampf jener

Zeiten gab es keine Vermittlung noch Ausgleichung. Als Friedrich II. und Katharina II. die Jesuiten für ihre Schulen aufrechthielten, wirkte Pius heimlich dazu mit. Aber Frankreich und Spanien erhoben so drohende Einsprache gegen diese halbe Erneuerung des Ordens, dass er selbst die Auflösung jener Kollegien verfügte, worauf Friedrich II. und Katharina II. ihm in den herbsten Formen erklärten, er habe in ihren Staaten nichts zu befehlen. Diese Zeugnisse seiner Ohnmacht musste er dann selber den Gesandten der bourbonischen Höfe vorlegen. Dann die Verhältnisse zu Joseph II. und die Reise nach Wien.

Unsere nächste Aufgabe ist es, das Schicksal der Jesuiten zunächst nach ihrem Sturze zu verfolgen. Sie verschwanden ja nicht.

Pius VI. fühlt geheimes Mitleid mit den Jesuiten, muss sich aber gegen die Gesandten scharf gegen jede Herstellung verwahren. Ricci, dessen Verurteilung Spanien verlangte, starb mit Protest. Die Welt, besonders Rom, war voll Exjesuiten. Sie traten keck auf, leugneten die Legalität des Breve etc.; ihr Heiliger war Joseph Labre, ein Kryptojansenist. Trotziges Fortdauern der Jesuiten in akatholischem Schutz bei Friedrich dem Grossen. Ricci war schon seit 1770 in Korrespondenz mit ihm. Jetzt halten sich die Jesuiten in Schlesien (Friedrich habe die Bulle nicht bestätigt etc.), bald sogar in neuen Häusern und neue Obere. Ausdrücklicher königlicher Schutz gegen den Bischof von Breslau, selbst gegen den lahmen Protest Pius' VI. Friedrich quält damit die Höfe von Frankreich und Spanien. «Er brauche die Jesuiten für die Erziehung», ausserdem für die Behauptung von Schlesien und für Einfluss auf Polen.[126] Vergeblich war das Zetergeschrei der Philosophen (d'Alembert); Friedrich war schon insgeheim mit der Philosophie gespannt, seit sie in das politische und soziale Gebiet übergriff (Jean-Jaques Rousseau, Enzyklopädisten, Diderot, Raynal). Er plagte sogar die Philosophen, und schon 1770 sagt er von den Jesuiten: «Ich werde den kostbaren Samen behalten, um damit eines Tages jene damit zu beliefern, die bei sich diese seltene Pflanze kultivieren wollen.» Friedrich II. schrieb an seinen Agenten Abbé Colombine in Rom aus Potsdam am 13. September 1773, da er Ketzer sei, so lasse er bei schicklicher Gelegenheit dem Papst sagen: Der heilige Vater könne ihn ebensowenig von der Pflicht, sein Wort zu halten (das Versprechen des religiösen Status quo für Schlesien, das er im Breslauer Frieden gab) als von den Pflichten eines ehrlichen Mannes und Königs dispensieren. Doch schränkte er sie später auch in Schlesien rein auf die Schule ein.[127]

Auch Katharina II. schützte den Orden (sie, die Philosophin!), aber nur aus praktischen Absichten, als Verbündete zur Beherrschung Polens. Sie liessen sich von Katharina den Gehorsam gegen das Breve verbieten. Sie leiteten wesentlich den katholischen Klerus in Russland; geheime Konnivenz Pius VI. 1782 wählen sie in Polotsk einen Generalvikar. In Weissrussland war ihr Hauptsitz bis zur Herstellung 1814.[128]

Inzwischen fanden sich überall Exjesuiten als Lehrer, Professoren, Hilfsgeistliche etc. Es gab kein Verleugnen und keine «Enthüllungen». Was haben sie von ihrem Vermögen gerettet? Laut Ranke hatten sie selbst in Spanien ihr Geld und ihre Papiere bei Seite gebracht; in Frankreich hatten sie vollends Zeit dazu gehabt und in Rom? Johannes von Müller: «Die Fürsten bekamen von dem an größere Macht über die Geistlichkeit, aber indem für die Völker der Gewinn so groß nicht schien als er hätte seyn können, wurde die Zahl der Mißvergnügten durch die Zahl der Geistlichen ungemein verstärkt, und weisen Männern bald bemerklich, daß eine gemeinschaftliche Vormauer aller Autoritäten gefallen war.»

Joseph II.

In einem Fürsten aber hatte nicht nur der mönchsfeindliche und antihierarchische Geist, sondern der Geist der Neuerung überhaupt sichtbare Gestalt gewonnen, in *Joseph II.*, dem ältesten Sohn Maria Theresiens. Wäre seine Kindheit nicht in den Österreichischen Erbfolgekrieg und sein Jünglingsalter nicht in den Siebenjährigen Krieg gefallen, so hätte sich vielleicht das

unruhige, hastige Wesen nicht in ihm ausgebildet. Es schien
ihm, man habe alles unrichtig angegriffen. Vorbild und Ruhm
Friedrichs des Grossen versetzten ihn in Fieber. 1765 starb
Franz I. Stephan; Joseph folgte einstweilen nur als Kaiser, während die Mutter mit Kaunitz die Erblande behielt. Doch war er
auch Grossmeister und Kriegsbesorger. Oben sahen wir, wie
seine Ungeduld sich einstweilen auf Reichssachen, Reichskammergericht etc. entlud, wie er auf Reisen seine Schule zu machen glaubte. Schon erzwang er die Teilnahme an der ersten
Teilung Polens, was Kaunitz ohne ihn nicht gekonnt hätte.
Doch wurde 1778 der Bayrische Erbfolgekrieg noch hinter seinem Rücken von der Mutter beigelegt. Er war vierzig Jahre alt,
als Maria Theresia 1780 starb. Wie mit einer Vorahnung seiner
kurzen Regierung fing er nun an, rasch zu regieren, ungeduldig
einzuholen.

Das Urteil über ihn ist schwer: ein Doktrinär, der von durchgehenden, rücksichtslos allgemein angewandten Mitteln und
Formen das Heil der Welt erwartete. Einerseits überströmend
von Philanthropie, wird er anderseits als masslos eitel und ehrgeizig geschildert. Die Sarkasmen Friedrichs des Grossen über
Joseph finden sich in der «Guerre de 1778», die geheime Ironie
in den Briefen an Voltaire schon früher. Dergleichen weiss Gott
allein. Dazu war er beständig in gereizter Stimmung, schon
durch den langen Gehorsam unter seiner Mutter und durch
frühes Wegsterben seiner zwei Gemahlinnen und zwei Töchterchen, dann durch den Widerstand, den seine Verbesserungen
von Anfang an fanden. Seine Züge trugen die Spuren davon.
Dann das Vorherrschen des leidenschaftlichen Gebietens über
den Ausdruck der Intelligenz, auf welchen dies heroische Profil
eigentlich angelegt war. Seine Lektüre waren die französischen
Aufklärer; sein Studium die Einrichtungen von draussen; seine
bissige Ironie.

Joseph will das Wohl seiner Untertanen, aber einförmig und
plötzlich. Friedrich sagte von ihm: «Er tut immer den zweiten
Schritt, bevor er den ersten getan.» Er verstand nicht auf das
Wesen seiner Völker einzugehen und betrachtete Österreicher,

Böhmen, Magyaren, Slowaken, Italiener als kompaktes Objekt kühner, durchgehender Operationen. Er kannte nur ein Mittel der Zivilisation und Hebung: die Willkür. Und dabei wollte er alles verstehen und können: Legislative, Administration, Kriegswesen; dabei grosse Arbeitskraft und Arbeitslust. Er hegte Misstrauen gegen die Menschen. In seinem Kabinett war er mit wenigen Sekretären von früh bis spät tätig; er gab unaufhörlich Audienzen für jedermann, nicht bloss aus Humanität, sondern um auf alle Geheimnisse zu kommen. Er führte Konduitenlisten.

Vor allem hatte er sich entschieden, die geistliche Gewalt zu brechen. Die Jesuiten waren schon, zum Teil durch seinen Einfluss, aufgehoben; aber dies genügte ihm lange nicht. Er wollte die Macht und den Besitz der Kirche – ein alter Entschluss! Nicht nur die Klöster und die Kirchengüter in Österreich reizten ihn; er hatte gewaltige Pläne der politischen Einverleibung. Was 1778 mit Bayern misslungen war, sollte noch einmal auf andere Art versucht werden. Ging es um Volkswohl oder Machterhöhung? Karl Theodor sollte Belgien für Bayern, der Herzog von Württemberg für sein Land Modena annehmen; dann gehörte ganz Süddeutschland zu Österreich, von Siebenbürgen bis an den Rhein eine Ländermasse. Daran aber knüpfte sich bereits ein Säkularisationsprojekt: Maximilian war schon unter Maria Theresia zum Kurfürsten von Köln und (trotz Friedrich) zum Bischof von Münster befördert worden, um auch diese Länder (auch deutscheste) gelegentlich einzuverleiben. (Jetzt, 1871, ist es nicht ein Despot, sondern eine Menge Doktoren um das Bette von Österreich, und sie wissen noch weniger Rat.)

Russland war im Einverständnis und in gemeinsamen Türkenplänen mit Joseph; Frankreich war tief in den amerikanischen Krieg verwickelt. Nur Friedrich konnte den grossen Entwurf vereiteln. Durch Hilfe für Zweibrücken und den Fürstenbund rettet Preussen die geistlichen Fürsten und andere für kurze Zeit! Einstweilen 1780/81 gibt Pius VI. unklugen Anlass durch seine Weigerung des Trauerkonsistoriums für Maria Theresia. Rom berief sich darauf, man habe einst für Isabella

die Katholische und Maria von England auch keins gehalten.
Joseph sagte: «Es ist mir gleichgültig, ob der Bischof von Rom
höflich oder unanständig sei!» (Unwahr!)

Joseph antwortet durch das Toleranzedikt vom 22.Juni 1781,
vollständig proklamiert erst am 20.Oktober 1781: Lutheraner,
Reformierte und nichtunierte Griechen erhalten freie Übung
des Kultus, Bethäuser ohne Türme und Glocken, Eid nach eignem kirchlichem Brauch, freien Ankauf von Gütern und Häusern, Bürger- und Meisterrechte, akademische Würden und
allgemeine Amtsfähigkeit in Zivil. Das war eine grossartig un-
eigennützige Proklamierung einer philosophischen Forderung
und nicht blosses Ignorieren der Nichtkatholiken, sondern
offenes Prinzip: Offener Bruch mit dem Prinzip Ferdinands IV.
Joseph wird dann beim Widerstand stutzig: Einschränkungen,
Mitbezahlen der katholischen Kirchensteuern, bestimmte Ter-
mine. In Österreich, Böhmen und Mähren meldeten sich viele
Protestanten. Und es zeigte sich, dass in Böhmen nicht nur Protestanten in Hülle und Fülle vorhanden waren, sondern dass es
dort sogar Deisten gab! Mit ihnen allerdings wollte Joseph nicht
tolerant sein. Die Deisten in Pardubitz in Böhmen wurden zum
Anschluss an irgendeine Religionsgenossenschaft gezwungen.

Er hing noch eine Reihe von Edikten daran. Alle übrigen,
massenhaft erschienenen Gebote zusammen waren vor allem
nach Kräften für die Abtrennung des Klerus von Rom (Kardinal
Herzan in Rom war der diensteifrige Dolmetscher seines
Kaisers): Die Dispensen nicht mehr in Rom, sondern bei den
Bischöfen zu begehren, Bullen bedürfen des Placets, Novizen
dürfen dem Kloster höchstens 1200 Gulden zubringen, Klöster
den Diözesanen untertan, von den römischen Generalen getrennt, Bullen «Unigenitus» und «In Coena Domini» aus den
Kirchenbüchern gerissen, Häufung von Pfründen verboten,
Ausnahme für Maximilian, Aufhebung von Stiften, Aufhebung
der theologischen Schulen in den Klöstern, neue Generalsemi-
narien.[129] Aufhebung einer Masse Klöster selbst, seit 1782,
zunächst Kamaldulenser, Karthäuser, Karmelitessen, Kapuzi-
nessen, Franziskanerinnen, dann auch andere, Summa 30 bis

36 000 Personen, woneben noch 1324 Klöster mit 27 000 Personen blieben. Es waren nicht die reichen, sondern besonders die ärmern Orden, die aufgehoben wurden. Es war überhaupt keine unmittelbare Habsucht. Von den Mönchsorden wurden diejenigen aufgehoben, die sich nicht irgendwie für Pfarren, Schulen oder wohltätige Anstalten eigneten.

Es gelang alles ohne Revolution – ausgenommen in Belgien, wo es sich freilich mit den andern Neuerungen verflocht. Die höhern katholischen Geistlichen waren überhaupt mehr episkopal als papal. Zudem war die Zeitströmung günstig: keine Romantik oder Mystik, Abstellung kirchlicher Bräuche und der Wallfahrten, die deutsche Bibel etc. Es war dies eine ungeheure Manifestation der Allmacht des Staates, der kein Recht anerkennt; aber es war notwendig und wohltätig, wenn Österreich seine europäische Stellung behaupten sollte. Der Nuntius wurde gar nicht vorgelassen, sondern brieflich abgewiesen. In Rom herrschte Verzweiflung, zumal seit Joseph die lombardische Pfründenvergebung an sich genommen hatte, während die römische Theorie dergleichen auf italienischem Boden nicht zulassen wollte.

Aber auf einmal wurde Pius VI. wieder ruhig. Auf sein Reiseprojekt – trotz Bernis Warnungen – folgte Josephs fatale Antwort, es sei ihm eine Ehre, den Papst in Wien zu empfangen; aber nachgeben werde er nicht. Der Fürst Kaunitz gab Sarkasmen von sich und fand die Absicht des Papstes «wunderbarlich». Am 27. Februar 1782 reiste der 64jährige Papst mit kleinem Gefolge – kein Kardinal ging mit – von Rom ab. Vincenzo Monti, ein Stilmeister, hat diesen Besuch im «Pellegrino apostolico» besungen. Unterwegs kam es zu ungeheuren Huldigungen, und dann wurde er in Wien am 22. März

[BOGEN 32]

von Joseph und Maximilian Franz, dem Bischof von Münster, eingeholt (laut Ranke von Joseph und Migazzi). Viel Glockengeläute empfing ihn, «l'artillerie des prêtres», wie Joseph sagte. Der Papst wurde in den Gemächern Maria Theresias einlogiert. Joseph logierte Pius sehr absichtlich in der Burg, hatte er doch dem Volk keine solche Andacht zugetraut. Während die hohe Gesellschaft an Pius die Würde und die Manieren bewunderte, lag das eigentliche Wien auf den Knien, und Hunderttausende strömten aus den Provinzen herbei, so dass es zu einer Teuerung kam! Joseph war sehr pikiert. Dann kam noch das Gerücht auf wegen seiner Augen:[130] Er schickt Goldaugen nach Mariazell und bedient den Papst bei der Messe, vermeidet aber jede Geschäftsunterredung (o nein, es wurde sehr viel verhandelt, siehe unten) und steigert zugleich die antikirchlichen Massregeln auffallend: die Affichen, die Bestrafung des Bischofs von Görz.[131] Die Isolierung der österreichischen Geistlichen vom Papst war geradezu peinlich; alle Zugänge zu seinen Gemächern wurden bewacht. Dazu kam Kaunitzens Insolenz, als ihn der Papst in seiner Vorstadtvilla besuchte: Als der Papst dem Kaunitz seine Hand reichte, schüttelte sie Kaunitz kräftig, statt sie zu küssen.

Diese und andere Quälereien haben etwas Kleinliches: entweder hätte man die Reise verhindern oder sie nicht vergiften, sondern offen sich aussprechen sollen. Friedrichs Gesandter Riedesel war ganz anders, respektuös; erhält von Pius die Anerkennung des preussischen Königstitels. (Das Detail der Verhandlungen bei Ranke.)

Joseph war noch eher zu einzelnen Annäherungen bereit; aber Kaunitz war immer dagegen. Es gab zwar noch viele Unterredungen Josephs mit Pius, aber nicht über Geschäfte, sondern Joseph unterhielt ihn mit beissenden Konfidenzen über die europäischen Fürsten. Pius erwirkte in Wien nicht viel: das einzige Resultat war die Abwendung eines politischen Eides vom Klerus, woran Joseph bereits dachte.

Pius hatte die Abreise beschlossen nach dem Besuch bei Kaunitz. Unter grössten äussern Ehren reiste Pius am 22. April ab; die Trennung erfolgte bei Mariabrunn, welches am gleichen Tag aufgehoben wird.

In Augsburg, bei den Beratungen mit Clemens Wenzeslaus von Trier, soll an Widerstand, an ein Konzil auf französischem Boden gedacht worden sein. Pius fand die Kardinäle mit kurzen und dunkeln Worten ab, worauf allseits herbe Kritiken einsetzten. Wahrhaft historisch urteilte nur Johannes von Müller in seinen «Reisen der Päpste». Wer hätte die drei nächsten Reisen der Art ahnen können: Pius VI. von den Armeen des Direktoriums nach Valence 1798, Pius VII. 1804 zu Napoleons Krönung, 1809 als sein Gefangener nach Fontainebleau und endlich die Flucht Pius IX. nach Gaeta.[132]

Joseph aber fuhr auf seiner Bahn fort. Es kam noch der erste grosse Versuch der Judenemanzipation: Abschaffung ihrer Abzeichen, ihre Kinder dürfen in die Schulen, sie dürfen Fabriken anlegen und Güter pachten und müssen dabei aber jüdische Arbeiter brauchen, Anfang zu Ämterfähigkeit, deutsche Schrift und Namen, Militärpflicht. Auch hier handelt Joseph nicht nach einem unmittelbaren Vorteil, sondern in Folge eines philosophischen Postulates, das ihm keine Ruhe lässt. Er ist, wenn nicht der Einzige, doch einer der wenigen Revolutionäre seines Staates.

Karikaturen
der Aufklärung

Das Bild der Stimmungen jener Zeit, in welcher Joseph II. arbeitete, wäre unvollständig, wenn wir neben den grossen, teils schönen, teils drohenden Seiten der Aufklärung nicht auch ihre Karikaturen erwähnten. Zu diesen gehört der Illuminatismus, das Produkt der Aufklärung und der Geheimniskrämererei. Damals herrschte eine allgemeine Neigung zu Geheimbünden und Geheimorden, bis zu Studentenverbindungen herab, gerade wie zu den geheimen Künsten und Zaubereien. Das Gemüt ist seines religiösen Anhalts beraubt und sucht sich irgendeinen ausserordentlichen, übernatürlichen Ersatz, weil ihm in seiner unabhängigen Verlassenheit nicht wohl ist, und es seine Selbständigkeit nicht tragen kann. Man probiert alle Wege, an der Religion vorbeizukommen. Es ist die höchste Blüte des Freimaurertums. Der Orden ist heute an sich harmlos, aber er war zu jeder Zeit ein Gefäss des jedesmaligen Zeitgeistes. In Frankreich herrschte anfangs der Revolution eine gewisse Komplizität, auch durch Egalité. Die andern geheimen Gesellschaften sind hochmütig und sehen die Freimaurer als blossen Vorbereitungsgrad, als Vorzimmer an, so die Anhänger Saint-Martins, die Rosenkreuzer, auch die Illuminaten. Was hofften alle die Aufklärer au fond de la bouteille? Viele wollen irgendwo etwas bedeuten und im Trüben fischen, andere sich an eine Macht anschliessen. Viele sind merkwürdig kindlich und hoffen wirklich auf eine geheime Weisheit und Lösung der Daseinsfragen. Endlich gab es ein gewisses Quantum nicht bloss kirchlichen, sondern politischen Radikalismus.

Der Illuminatenorden ist am merkwürdigsten. Das damalige Bayern unter Max Joseph und Karl Theodor war sehr «zurück», hatte z. B. am Anfang der Revolution samt Pfalz nur 9000 Mann stehende Truppen. Die Jesuiten waren hier das Salz der Erde gewesen. Nach ihrer Aufhebung begannen 1776 die Illuminaten (gleich Jesuiten der Aufklärung), ein geheimer Orden, erst schüchtern, dann vervollkommnet, bestimmt (mächtig erst seit etwa 1782), auf jesuitische Art sich gegenseitig zu fördern und in alle hohen Stellungen zu bringen, alle Nichtihrigen zu entfernen (besonders die Exjesuiten) und durch Neugier und Schrecken alles von sich abhängig zu machen.

Der Stifter des neuen Geheimordens war Weishaupt (Spartacus), ein Professor der Kirchengeschichte aus Ingolstadt, sein Gehilfe Knigge (Philo). Wieviel wirklich gute Absicht steckte dahinter? Es waren geringe, selbst schlechte Menschen. Jedenfalls war in ihnen zu wenig tieferes eignes Bildungselement, um Bayern aus der Versumpfung zu ziehen. Ihre Ausdehnung ging auch nach Österreich und ins nördliche, protestantische Deutschland. Doch hier hatten sie wenig Effekt, weil hier, was sie wollten, auf den Dächern gepredigt wurde von protestantischen Theologen, Fürsten etc. Ihre Grade waren Areopagiten, Minervalen, grössere Illuminaten, Epopten (Magier, Könige?), und sie hatten Ordensnamen für Mitglieder und Städte (Athen = München, Rom = Wien etc.). Überhaupt war da viel Stoff für Geheimnisliebhaber (Kennzeichen, Prüfungen, geheime Verfassung). Aus den Papieren, die man 1785 bei der Aufhebung vorfand und druckte, geht hervor, welche Not Weishaupt hatte, immer neue Geheimnisse für die neuen Grade zu ersinnen: eine tödliche innere Leere dieser Mysterien ohne Mystik! Ob sie in höhern Graden wirklich Rousseaus Naturzustand, die Abschaffung der Könige und Atheismus lehrten? (Philo: «die pia fraus zu entdecken».[133]) Wer so weit war, sah wohl überhaupt dem Orden in die Karten: als Stellenassekuranz für Regierungsbüros, Schulen und Armee.

Der Hauptunterschied von den Jesuiten war die Insubordination, der innere Hader und die Immoralitäten. Schon der innere Widerspruch war eklatant: Auflösung aller bisherigen

Autorität und zugleich Ordensdisziplin (ius vitae et necis!
etc.).[134] Die Obern waren immer mehr bewusste Betrüger und
Intriganten, dazu unvorsichtig. Sie hatten eine leichte Geheim-
schrift, die jedes Kind dechiffrieren konnte. Die Untern waren
zum Teil sehr schlecht: «Agrippa hat einem unsrer besten Mit-
arbeiter, Sulla, eine goldene und eine silberne Uhr nebst einem
Ring gestohlen; so versichert auch Alcibiades.» «Von Theben
(Freising) höre ich fatale Nachricht; sie haben einen Skandal
der ganzen Stadt, den liederlichen Schuldenmacher Propertius
in die Loge aufgenommen, der nun das ganze Personale von
Athen, Theben und Erzerum (Eichstätt) aller Orten austrom-
petet. [...] Socrates, der ein Kapitalmann wäre, ist beständig betrunken, Augustus in dem übelsten Ruf und Alcibiades setzt sich
den ganzen Tag vor die Gastwirtin hin und seufzt und schmach-
tet [...]» Ajax hat den Untergebenen Befehle der Obern erteilt,
von denen diese nichts wissen.

Dazu kam die Furcht der Häupter selbst: Ob doch Jesuiten
dahinter steckten? Knigge suchte Weishaupt schon 1782 zu beseitigen und drohte mit Verrat. Zwiespalt, Austritte, Aufmerken
der Regierung, Absetzungen und Flucht (Weishaupt) führten
zum Zerfall des Ordens. Dazu kam die Denunziation durch
Friedrich den Grossen, weil die Illuminaten für Joseph II. zu
arbeiten schienen. Ein Teil von ihnen sammelte sich in Gotha,
wo sie Schutz fanden. Es besteht kein kenntlicher Zusammenhang mit der Französischen Revolution – ausgenommen etwa
die schnelle Übergabe von Mainz an Custine 1792.

x x x x x

Illuminaten
(zu Vorlesungen von 1852, Bogen 33)

In Bayern waren die Illuminaten wesentlich organisiert als Gegensatz zu den noch immer tatsächlich herrschenden Exjesuiten. Auch im übrigen Deutschland waren sie deshalb besonders

begünstigt, weil gerade damals im Freimaurerorden einzelne obskurantistische und aristokratische Sonderbündeleien herrschend wurden, so die sogenannte «strikte Observanz» etc. Ein langes Zusammenarbeiten der norddeutschen Illuminaten (Philo) mit den bayrischen (Spartacus) war unmöglich. Philo rühmte sich, 500 Mitglieder gewonnen zu haben. Spartacus hatte 1776 begonnen und frühe schon den noch sehr jungen Cato (Zwackh) gewonnen. Philo verschickte gemeine und schmähliche Drohbriefe.

Der eigentliche Inhalt der Ordenslehre war ein sehr avancierter Grad der damaligen «Aufklärung», mit dem Anspruch, den echten Sinn des Christentums zu lehren, was sich auch namhafte protestantische Theologen, die in den Orden eintraten, weismachen liessen. In den höhern Graden, meint Knigge, solle man dann diese pia fraus aufdecken. Spartacus meinte: «Ich glaube nun beinahe selbst, dass, so wie ichs erkläre, es wirklich die geheime Lehre Christi war, die Freiheit auf diese Art unter die Juden einzuführen.» Das Ziel war, die Welt sollte auch die Fürsten entbehren lernen und die Nationalunterschiede sollten aufhören, das Menschengeschlecht eine Familie werden etc. Bonjour, genre humain!

Der wirkliche und nahe Zweck war einstweilen, sich aller geistlichen und weltlichen Macht zu bemeistern. Aber eine gewaltsame Revolution hätte den Illuminaten nicht gedient und auch konstitutionell-demokratische Neuerungen wollten sie nicht, was bedeutenden Scharfsinn verrät. Glaube und Gesinnung mussten erst verändert werden; einstweilen aber müssten die Illuminaten ihre Herrschaft ausbreiten. Sobald ihrer viele seien, würden sie auch furchtbar sein und der Rest ihnen dann von selber zufallen oder sich durch sie die Hände binden und unterwerfen lassen. Allgemeine Aufklärung und Sicherheit (notabene wenn einmal der Orden völlig herrsche) machen Fürsten und Staaten entbehrlich, d. h. es hätte eine Art von pseudophilosophischem Kalifat abgegeben (Griechenland = Bayern, Athen = München, Erzerum = Eichstätt, Theben = Freising, Samos = Innsbruck, Claudiopolis = Neuwied, Rom = Wien).

Aber die innere Misere! Lächerliches Pathos der Aufnahms-
verpflichtungen, der Beichte, der Anerkennung des ius vitae et
necis für den Orden, Pflicht der Spionage, die schlechten Mittel
ausdrücklich erlaubt für den «Endzweck des Ganzen». Die
Rechnung wurde auf Dummheit und tölpelhafte Ehrfurcht der
Neulinge gemacht. Spartacus wünschte die Aufnahmen in einem
elektrischen «Feuertempel» vornehmen zu können. Den Grafen Kirchberg zu Hachenburg umringten sie völlig mit ihren
Leuten; sein Sekretär, Arzt, Seelsorger, seine Räte waren lauter
Illuminaten. «Wenn sich die Brüder allenthalben so gesetzt hätten, so kommandierten wir die Welt.» So gab es überall Aussicht auf Kavaliere, Domkapitel etc. Von den Werbern, d.h. nur
für die untern Grade, meint Spartacus, seien dazu die Dummen
am besten. Es gab auch ein Projekt eines Weiberordens in zwei
Klassen unter heimlicher Aufsicht der Illuminaten. Sie hatten
Absichten auf Universitäten, Schulen und Seminarien. In den
anfänglichen Statuten finden sich sehr detaillierte Verheissun-
gen des Forthelfens in Amt und Welt, die man später klüglich
unterliess. Dem enormen Kredit des Ordens traute man Einfluss am französischen, preussischen und österreichischen Hofe
zu. Die katholischen Geistlichen in Bayern suchten jetzt als
Illuminaten ihr Fortkommen und fanden es (Mönche blieben
ausgeschlossen). Sodann kam es zu einer systematischen Be-
meisterung der Presse. Schriftsteller, welche Dinge lehren, die,
wenn auch wahr, doch dem Orden nicht passend sind, soll man
«entweder gewinnen oder verschreien». Die Ausnützung des
Wichtigtuns und der Neugier, die Reisen als Kaufmann, als
Abbé, als Offizier sind gang und gäbe. Spartacus schwängert
seine Schwägerin und versucht Abortus. Der Orden macht den
Eindruck eines zulagebedürftigen Beamtenphilisteriums. Die
allgemeine Täuschung, besonders auch über das Alter des
Ordens, die jämmerliche Dürftigkeit der Ordenskasse: alles
wollte nur am Orden saugen, so auch Cato (Zwackh). Die
Münchner Brüder schildert Spartacus als Lumpenbande, dazu
sein Jammer über Geschwätzigkeit, Indisziplin und Gier. Und
dabei sollte er immer neue Grade erfinden und hatte nichts

mehr mitzuteilen und musste dabei als Tyrann gelten, hinter welchem erst noch Jesuiten stäken.

x x x x x

Joseph II., geistliche Angelegenheiten, seine Verwaltung

Inzwischen war Joseph ganz offen und einsam seinen Weg der Aufklärung weiter gegangen. Freilich um einen letzten, entscheidenden Schritt (Trennung von Rom) zu tun, war Joseph zu wenig mit sich selbst einig über die letzten Grundsätze in Sachen des Kultus und der äusseren Religionsverfassung. Gegen Ende 1783 kam eine neue Überzeugung über ihn, dass nämlich das Papalsystem zu seiner monarchischen Auffassung doch besser passe als das episkopale. Joseph war im Dezember 1783 wieder in Rom und wurde unter dem Einfluss von Bernis und Azara zu Gunsten des Papstes gestimmt: «Beim Episkopalsystem falle er in die Hände der Domkapitel, d.h. der Aristokratie», die er heftig befehdete. Seitdem hört die absichtliche Kränkung des Papstes auf.

Gerade damals herrschte in Ungarn grösste allgemeine Gärung und besonders unter Bischöfen und Erzbischöfen, die er von 900 000 Gulden auf 265 000 herabsetzte, d.h. auf 12 000 respektive 20 000 Gulden jährlich jedem. Unter solchen Umständen war ein Anschluss an den Papst wenigstens politischer als das Gegenteil. Daher gab es auch nur laue kaiserliche Unterstützung der damaligen Schritte der deutschen Erzbischöfe. Diese nämlich, besonders Mainz und Salzburg, fanden sich benachteiligt als Karl Theodor sich von Pius den Nuntius Pacca kommen liess und seinen Klerus unmittelbar an Rom band. Joseph erklärte zwar, ein Nuntius sei bloss ein Gesandter, und er werde einem solchen nie im Reiche eine geistliche Gerichtsbarkeit gestatten – und Mainz und Köln proklamierten dies sogleich. Aber Pacca wandte sich an die Äbte, unmittelbaren

Klöster, Domkapitel etc. und an die Bischöfe; allein die Reni-
tenz war allgemein. Eigentlich wäre nur durch gewaltigen kaiserlichen Eingriff zu helfen gewesen – aber den scheuten auch
die Erzbischöfe – oder durch ein vom Kaiser präsidiertes Natio-
nalkonzil. Aber Joseph hatte überall zu tun und liebte gewiss
die Versammlungen nicht. Sodann war Mainz ihm verhasst als
nominelles Haupt des Fürstenbundes, der eben damals gegen
seine Vergrösserungspläne entstanden war. Die Emser Zusammenkunft der Erzbischöfe negierte in 23 Punkten das bisherige
päpstliche Kirchenrecht (Emser Punktation). Joseph nahm sie
ausweichend auf und wirkte auf Zögerung hin; er mahnt, die
Bischöfe zuzuziehen und ernennt eine Reichshofratskommis-
sion zur Prüfung. So scheiterte alles.

Eben damals ging Leopold in der Toscana ungleich weiter;
der Schritt zu einer Trennung von Rom, zum fast reinen Episkopalsystem, wurde hier gewagt. Der toscanische Klerus war
schon lange ziemlich stark jansenistisch, wozu sich dann etwas
moderne Aufklärung gemischt hatte. Seine letzten Ziele waren
eine moralische Religion statt Musik und Zeremonien, janse-
nistische Strenge statt der leichten Absolution, einfache Geistliche statt der Pracht des Papstes. Das toscanische Episkopat
hatte nicht die politisch-aristokratischen Ansprüche des deutschen! Zu Leopolds politischen Reformen bildete so etwas die
notwendige Ergänzung.

[BOGEN 34]

Der Jansenist Scipio Ricci, kaum Bi-
schof von Pistoja, versammelt 1787 sogleich ein Provinzial-
konzil, dessen «Propositiones» das Urchristentum und die
Einfachheit des Kultus' waren. Der Papst muss es mehrere
Jahre hingehen lassen; erst bei Anfang der Revolution trat auch
hier eine starke Reaktion ein.

Denselben Mangel an Rechenschaft über die letzten Ziele
und Konsequenzen wie in den geistlichen Angelegenheiten
finden wir bei Joseph auch in der ganzen Verwaltung. Die Ab-

sichten sind überall trefflich, die Prinzipien, selbst wo sie falsch sind, grandios. Aber das Wieweit ist nie recht durchdacht, und die Mittel sind ganz willkürlich. Ein Vergleich mit Pombal zeigt, dass dieser ein gleichartiges Land vor sich hatte, Joseph dagegen eine bunte Völkerreihe. Überall waren Hast und Ungeduld, z.B. bei der Abschaffung des Codex Theresianus und damit der Todesstrafe; statt dessen wollte er Züchtigungen (Anschmiedung, Stockschläge, öffentliche Arbeiten etc.), und bis nun sein eignes Gesetzbuch erschien, verfügte er sie selbst und verschärfte nach Belieben. Sein Gleichmachungsstreben zeigte sich in der Judenemanzipation: Aufhebung ihrer Abzeichen, Zutritt in den Schulen, Aussicht auf Ämterfähigkeit, dafür deutsche Sprache und Namen, Militärpflicht, Fabriken und Landgüterpacht mit Einbeding jüdischer Arbeiter. Dann bei der Bauernemanzipation (Aufhebung der Leibeigenschaft, statt dessen mässige Pflicht, für bessern Anbau und Steigerung der Industrie) in der Gleichheit der Besteurung, mit Grundbesitz als Basis. Dafür war ein Kataster nötig; das Unglück war, dass der Kataster schlecht ausfiel, was eine allgemeine Unzufriedenheit zur Folge hatte. Zur Steigerung des Nationalreichtums erliess er ein Verbot aller ausländischen Waren. Das Vorhandene wurde in einem grossen Vorratshaus allmählich verkauft. Auf Einzeleinfuhr standen gegen 60 Prozent Zoll. Besonders empörte ihn die Abhängigkeit vom Champagner und Burgunder; er trinkt selbst nur inländischen Wein. Es gab schreckliche Kontrebandegesetze und Doppelbesteurung der Absenten.

Josephs Verhältnis zur Publizität und zur Literatur war teils theoretischer Liberalismus, teils gleichgültige Verachtung. Er erlaubt den Nachdruck der ausserösterreichischen deutschen Bücher, damit kein Geld aus dem Lande gehe; Buchhandel ist wie Käsehandel; die Bücherzensur und die Zeitungszensur waren schwankend und meist milde. «Kritiken, die keine Schmähschriften sind, sind nicht zu verbieten, ob über den Landesherrn oder den geringsten Untertan.»

Vorherrschend sind in ihm die Gedanken der Aufklärung

und der materiellen Hebung. Dazu kamen der günstige Handels-
vertrag mit der Pforte, die Belebung der Donau, die Öffnung
Ungarns. Dazu sollte auch für die Niederlande die Öffnung der
Schelde dienen. Damit wars ihm aber kein Ernst! Bisher war die
Schelde geschlossen und holländische Besatzungen lagen in den
belgischen Festungen; Antwerpen war still und gelähmt. Hier
zeigte sich Josephs Schwäche: er wollte es von Holland erzwingen und liess sich dann, als deshalb ein europäischer Krieg
drohte, mit zehn Millionen Gulden abkaufen – wovon Frankreich im Stillen die Hälfte zahlte. Der Geldgewinn wog den
europäischen Lärm nicht auf.

Aber auch im Innern seiner Staaten war die Masse der
Unzufriedenen (Priester, Adlige, Bürger und selbst Bauern) zu
einer formidabeln Macht erwachsen; ja ganze Nationen waren
in Gärung. Seine fünf letzten Jahre von 1785 bis 1790 waren
lauter Kampf. Er vergass, dass ein Teil seiner Lande ihm und
seiner Dynastie nur unter Bedingungen gehörten und nur mit
gutem Willen anhingen. Er kam zu früh mit der Idee eines
österreichischen Gesamtstaates.

Belgien war jederzeit loyal gegen seine burgundisch-habs-
burgischen Herrscher gewesen, aber stolz auf seine Verfassung
und Rechte: Oberstatthalterschaft, drei Stände und ihre be-
aufsichtigenden Ausschüsse, Obergerichte, der grosse Rat von
Brabant, die Universität Löwen, Anhalt des Katholizismus, der
Belgien bei Spanien gehalten hatte. Nun erfuhr Belgien das
Tauschprojekt mit Karl Theodor, und Joseph rückt mit seinem
Nivellement heraus: Einteilung in neun Kreise mit Haupt-
leuten und Intendanten, Obergericht in Brüssel, Generalgou-
vernement, dazu grosse geistliche Reformen, Säkularisationen,
Beschränkung von Löwen durch ein Generalseminar etc. Seit
1787 gab es offnen Widerstand und Empörung, dazu preussi-
sche Aufhetzung. Ende 1789 befand sich ganz Belgien in vollem
Aufstand; die kaiserlichen Truppen wurden zurückgezogen.
Der Abfall geschah in konservativ-hierarchischem Sinn (Nood-
tisten) und im Sinn der Französischen Revolution (Voncki-
sten).[135] Im November 1789 flohen Marie Christine und Albert

von Teschen, und im Dezember 1789 wurden die österreichischen Truppen aus Brüssel verjagt. Im Januar 1790 trat ein Kongress in Brüssel zusammen. Bald auf die Nachricht vom Brüsseler Kongress starb Joseph.

Mit Ungarn, Siebenbürgen, Kroatien, Slavonien und Bayern ging es ähnlich. Joseph hatte sich nicht krönen lassen, sondern die Krone nach Wien geholt, um den Krönungseid zu vermeiden, bevor seine geistlichen und agrikolen Reformen eingeführt wären. Nun wurde Deutsch Geschäftssprache und war in drei Jahren zu lernen; dann Umgestaltung von gerichtlichen und administrativen Formen und Personen, statt Werbung jetzt Konskription, dazu Volkszählung, und auch hier waren sehr nachdrücklich Aufhebung der Leibeigenschaft, Kataster und Steuergleichheit beabsichtigt. Es kam zu Gärungen, zwar verhinderte die Anwesenheit von 200 000 Mann vom Adriatischen Meer bis zur Moldau im 1788er Türkenkrieg eigentlichen Aufruhr und Abfall; allein Joseph musste doch das Meiste zurücknehmen, bis aufs Toleranzedikt und die Aufhebung der Leibeigenschaft. Die Krone ging nach Ofen.

Josephs Herz war gebrochen; sein Tod erfolgte – 49jährig – am 20. Februar 1790, nachdem er noch den 19. bis zehn Uhr nachts gearbeitet hatte. Seine Grabschrift lautete: «Hier ruht ein Fürst, dessen Absichten rein waren, der aber das Unglück hatte, alle seine Pläne scheitern zu sehen.»

Mit Leopold II. beginnt sogleich eine sogenannte Reaktion. Die Aufklärung muss in der Französischen Revolution eine Art von Stiefschwester anerkennen und zurücktreten. Etwas Analoges hatte schon lange vorher Friedrich II. geahnt. Mit einem Rückblick auf dessen letzte Zeiten werden wir den Kreis dieser Vorträge beschliessen.

Die unserm Kurs zugemessne Zeit ist zu Ende. Wie wenig ich habe geben können, um dem Programm irgend zu genügen, das ein Lebensbild dreier Dezennien so merkwürdig verhiess: nur flüchtige Berührung und Erwähnung einer Reihe der besonders hervorragenden Persönlichkeiten und Phänomene und Ereignisse. Ich musste darauf verzichten, in achtzehn Stunden den eigentlichen Strom des damaligen Lebens mit einiger Vollständigkeit zu schildern.

Endlich bleibt eine grosse, offene Lücke durch Weglassung Englands und des amerikanischen Freiheitskriegs, wozu die Zeit nicht mehr hinreichte; überhaupt musste das ganze Kolonialwesen ausgespart bleiben. Über der Schilderung des europäischen Geistes am Vorabend der Revolution habe ich versäumt, die grossen materiellen Gewichte und Schnellkräfte zu schildern, welche von aussen an einzelnen Völkern und Staaten angebracht wurden und auf ihr inneres Leben einwirkten. Es ist ein eigenes, getrennt zu betrachtendes Gebiet, ein gewaltiger Kampf: England verliert Nordamerika und setzt sich zugleich in Indien erst recht fest; viel tausend Meilen auseinander wird für und gegen denselben Zweck gestritten; halb Europa wird hineingezogen; der Rest verharrt in bewaffneter Neutralität.

1783, der Friede von Versailles

Wenigstens sind hier die Rückwirkungen zu schildern: 1. Die unendliche moralische Wirkung auf die europäischen Emanzipationsideen; Washington und Franklin sind die populärsten Namen; die Entstehung einer neuen Republik als das Lieblingsprodukt jener Zeit, ein Angeld auf das, was man auch in Europa wollte. 2. Die Entstehung einer neuen transozeanischen Weltmacht, die allerdings noch lange Zeit bis zu voller Kraftentwicklung braucht. Schon damals aber war die Herrschaft Europas nicht bloss in der Union, sondern auch in Zentral- und Südamerika in Frage gestellt; von 1780 bis 1784 kam es in Mexiko, Chile, Peru zu Aufruhr unter Nachkömmlingen der Inkas etc.; einstweilen noch unterdrückt, folgte in unserm Jahrhundert der definitive Abfall. Amerika ist seither nicht mehr bloss passiv, sondern aktiv; der Gegensatz alte und neue Welt. 3. Die ökonomischen Folgen: unerhörte Schuldenmasse, der ganze Krieg mit Kredit geführt. Holland und England mit ihren reichen Privatleuten konnten die Anleihen leichter herstellen als Frankreich, wo weder Bares noch Vertrauen zur Verwaltung da war. 4. Das europäische Staatensystem war in einer Verworrenheit, die den natürlichen Richtungen der Nationen und den altherkömmlichen, traditionellen Verbindungen der Mächte ganz fremd war. Frankreich, zu Hause absolutistisch, und Spanien, die grosse Kolonienherrin, unterstützen den Abfall von Kolonien! Holland wurde mit hineingezogen, dessen Republikanismus ein so ganz anderer war als der amerikanische. Preussen stand in dauerndem Gegensatz zu Österreich; dieses war dafür mit Russland zur Teilung der Türkei verbündet etc. Die meisten alten Allianzen wurden gelöst; die neuen waren nur augenblicklich und wandelbar. Das europäische Gleichgewicht war gestört, das System unhaltbar. Grosse, neue Interessen mussten alles umgestalten.

Friedrichs Politik in seinen letzten Jahren

Friedrich der Grosse hatte selbst nicht wenig dazu beigetragen, noch ganz zuletzt durch seine Vereitelung von Josephs Plänen auf Bayern und Österreich. Als deutscher Fürst hätte er eigentlich zufrieden sein sollen, wenn Österreich sich mehr germanisierte und sein Schwergewicht in deutschen Landen suchte; aber als europäische Grossmacht (Preussen) musste es ihm zuwider sein. Er hatte keinen andern Gedanken, als den eines isolierten Preussens, welches über dem vorgeblichen europäischen Gleichgewicht Wache halte und zwischen Romanow, Habsburg und Bourbon den Ausschlag gebe: Einseitige Gedanken auswärtiger Politik! Sein Volk ist nicht um seiner selber willen, sondern um glänzender Wirkung auf Europa willen da. Er selbst hält allerdings die Waage gewaltig in der Hand, selbst wenn er vieles musste geschehen lassen. Aber nach seinem Tode? Seine damalige Monarchie mit ihrer dünnen Basis taugte nur für einen Genius. Als man nachher minder geschickt manövrierte, folgten ein 1792, ein Basler Friede und eine Schlacht bei Jena. Was dachte Friedrich von dem Geist, der sich im Innern seines Reiches entwickeln musste? Er nahm im Ganzen wohl wenig Notiz davon und glaubte für Preussen nicht stark an die Einwirkung von Ideen auf die Handlungen der Masse. Wer hätte auch ohne ihn zu handeln gewagt, so lange er mit seinem Ruhm und seiner Persönlichkeit lebte? Er beachtete nur den militärischen und industriellen Geist seiner Nation; für das Übrige rechnete er wohl auf das Kapital von Respekt. Allerdings aber hörte er draussen das nahende Brausen der Revolution und benahm sich demgemäss. Er kannte die französische Philosophie und sah ihre Übergriffe seit den Enzyklopädisten. Er berechnete die Kraft der öffentlichen Meinung in Frankreich und *ahnte*. Dies war um 1770 entschieden; seitdem datiert sein Jesuitenschutz – nicht etwa als Verdummungsmittel, denn dergleichen läuft am Ende auf eine Mitherrschaft des verdummenden Ordens heraus, den er doch verachtete und völlig im Zaum zu

138 halten gedachte, sondern wegen Schlesiens und Polens, sodann weil er sich neue Schulanstalten ersparte, endlich um die Philosophen zu ärgern.

Er für seine Person blieb bei Philosophie und Aufklärung. Was aber von drohenden Konsequenzen vorkam, schob er den Philosophen zu. Die bittern Worte über sie mehren sich, besonders über ihre Händelsucht, ihre Inkonsequenz zwischen Leben und Lehre. «Alle Wahrheiten zusammen, die sie verkünden, wiegen nicht die Seelenruhe auf, das einzige Gut, dessen sich die Menschen auf dem Atom, das sie bewohnen, erfreuen können.»[136] Auch der neuste Inhalt ihrer Lehre wird ihm odiös, besonders das Système de la nature (das atheistische Gesamtwerk des Holbachschen Kreises); Friedrich widerlegt das Système.[137] Auch über Voltaire gingen die Philosophen hinaus; er war nur antireligiös, jetzt sie politisch und sozial. Die Philosophie verkaufte ihr Leder und ward Politik und soziales Raisonnement. Jetzt erst, seit 1770, wirkte der «Esprit des loix», seit 20 Jahren ein einsames Buch. Man begriff ihn erst, als der «Contrat social» da war.

In Sachen der Jesuiten ging Voltaire mit dem König. Ihr Sturz schien ihm ein Sieg der verhassten Jansenisten. Die Jesuiten hatten ihn erzogen! Er antwortet dem wüthenden d'Alembert: «Friedrich hat seine Vorurteile, die man ihm nachsehen muss, denn man ist nicht umsonst König. Gott und die Könige muss man so nehmen, wie sie sind.» D'Alembert hatte drauf gedeutet, der Orden möchte sich des Königs als Affilié rühmen. Voltaire schrieb, wenn Friedrich Jesuitengeneral werde, könnte dies den Papst dazu bringen, sich als Mufti auszugeben.[138] Aber die Philosophen verstanden keinen Scherz; ihre Sarkasmen bewogen Voltaire zum Einlenken und verletzten Friedrich.

[BOGEN 36]

Mehrere kritisierten seine Regierung und Verwaltung. Raynal in der «Histoire des deux Indes»: «O Frédéric, tu fus roi guerrier; sois

plus! Tu livras tes monnaies aux juifs, tes finances à des brigands
étrangers!» Endlich kam der Ausbruch auch gegen Voltaire;
dessen Gedicht «La tactique»: behandelt den Krieg nur als
Kunstmord, was doppelt rücksichtslos war, da Friedrich l'art
de la guerre besungen hatte.[139] Friedrich war jetzt schwer
versöhnlich, glaubte er doch in der «Tactique» eine Nachgiebigkeit Voltaires gegen die damaligen Friedenstheorien der
Enzyklopädisten zu erkennen, welche doch der eroberungs-
süchtigen Katharina II. bereits mehr schmeichelten als ihm.
Friedrich schrieb schon 1770, er mische sich nicht in den russisch-türkischen Krieg. «So sollen Sie denn wissen, daß mich
die Philosophen friedfertig gestimmt haben mit ihren nicht
enden wollenden Deklamationen gegen jene, die sie als gewinnsüchtige Briganten bezeichnen.» Katharina freilich habe sich
bei Diderot Dispens erkauft. «Ich meinerseits, der ich die philosophischen Verdikte fürchte und der ich Angst habe, mich der
Philosophenbeleidigung schuldig zu machen und die Enzyklopädistenexkommunikation auf mein Haupt zu ziehen, ich verhalte mich still.» Subsidien zahle er noch, da bisher noch keine
Theorie gegen dieselben erschienen sei.[140] Dieser Hohn ist ein
Vorspiel zu dem späten Zwist wegen der art de la guerre. Das
Verhältnis zu Voltaire wurde noch einmal mit Mühe hergestellt.
Auch d'Alembert fügte sich vollständig und wollte sogar kein
«Philosophe» mehr sein: «Ich mag diesen Titel nicht; es giebt
gar zu viele Schurken, die so heissen!»[141] Mit den übrigen Phi-
losophen aber blieb bissige Spannung.

Die spätere Regierung Friedrichs (schon oben charakteri-
siert) trug von dieser neuen Stellung zur Philosophie keine
kenntlichen Spuren, keine Einwirkung auf Zensur, Universitäten etc. Er behandelte sein Reich wie eine wohl funktionierende
Maschine und sich als den Oberkontrolleur. Es kam dabei wohl
viel Ungerades vor, doch irrt Mirabeau, wenn er meinte:
«Friedrich war der meist hintergangene König Europas». Man
fürchtete ihn doch zu sehr.

Endlich kam seine letzte Krankheit. Er hatte sich 1785 bei
einer Revue in Schlesien durchnässt, und die Erkältung brachte

die Wassersucht zum Ausbruch. Hier zeigt sich die Eigenheit seines Willens auch gegen die Naturgesetze. Er wollte nicht krank sein, und als er es sein musste, verlangte er Mittel, die gleich helfen sollten und Beibehaltung seiner sonstigen Lebensweise (seine Gourmandise, alles was nahrhaft und unverdaulich war, besonders Aalpasteten). Die Ärzte wurden weggejagt; im Sommer 1786 jedoch Johann Georg Zimmermann berufen (dessen Schrift «Über Friedrich den Großen und meine Unterredungen mit Ihm»); er wurde gütig empfangen und behandelt, fand aber keinen Gehorsam.

Zugleich war aber Mirabeau in zweideutiger Stellung, halb Kundschafter, halb Legationsrat, in Berlin. Seine «Histoire secrète de la cour de Berlin» ist ohne Lobpsalmen, mit dämonischem Aufhorchen auf das, was geschehen wird und auf die Leute, die das Sterbebett umstehen. Es ist die Marter des eigenen Ehrgeizes, der nur in Potsdam beobachten darf und doch gerne in Paris oder Versailles handeln möchte. Als Friedrich am 17. August 1786 starb, schrieb er: «Statt einer der grössten Charaktere, die den Thron jemals behauptet haben, ist er nun von einer der schönsten Formen eingenommen, die die Natur jemals hervorgebracht hat.»[142]

Unsere Aufgabe ist es nicht mehr, Hof, Staat und Politik Friedrich Wilhelms II. zu schildern und das heftige Schwanken der europäischen Politik nach Friedrichs Tode; es wurde teilweise schon bei Anlass Josephs und Katharinas II. berührt. Man ahnte nicht, wie bald statt der Dynastiekriege Tendenzkriege kommen würden und wie Frankreich, das sich die holländische Krisis von 1785 mit Geld abkaufte, so bald Europa bedrohen und dann überziehen würde. Alle politischen Propheten hätten sich damals geirrt. Aber auch auf dem geistigen, sittlichen und religiösen Gebiet hätte man Anderes erwartet als das, was dann geschah. Die positive Religion hat der Auflösung einen viel stärkern Widerstand entgegengesetzt. Unsere jetzigen Revolutionäre versprechen der Kirche Inviolabilität. Die geistigen, literarischen, künstlerischen Entwicklungen unseres Jahrhunderts wären vollends den damaligen Menschen ein verschlossnes Buch geblieben. Dann kam eine grosse, damals nicht oder kaum zu ahnende Neuerung: die Staaten sind mehr und mehr abgelöst von den Interessen der Dynastien und dem Ehrgeiz der einzelnen Fürsten; ihre eigenen grossen innern Interessen entscheiden. Doch wir wären bald auf dem Wege, ein Gutachten über unser Jahrhundert mit seinen so ganz neuen Lebenskräften und Todeskrankheiten abzugeben. Es ist hohe Zeit zu schliessen!

Empfangen Sie, hochansehnliche Versammlung, meinen aufrichtigen Dank für die Geduld und Nachsicht, womit Sie auch diesmal meine geringen Leistungen haben beehren wollen. Das geistige Bild jener Vorbereitungszeit der Revolution habe ich Ihnen nur höchst unvollständig, in Stücken zerstreut, auf ärmliche Umrisse reduziert wiedergeben können. Ich muss zufrieden sein, nicht etwa neue Tatsachen aufgedeckt, sondern nur hingewiesen zu haben auf die Verwandtschaft, den innern Zusammenhang und gemeinsamen Ursprung des längst Bekannten. Vorlesungen dieser Art können nicht wetteifern mit der gerade in diesen Partien sehr gut bestellten geschichtlichen Literatur, allein sie können der Lektüre derselben durch Andeutung der wesentlichen Punkte hie und da ein grösseres Interesse verleihen. Wenn mir dieses gelungen sein sollte und wenn ich Sie, hochansehnliche Versammlung, von meinem ernsten Streben nach aufrichtiger Darstellung der Wirklichkeit habe überzeugen können, so kann ich meine Aufgabe als wenigstens zum Teil gelöst betrachten. (Explicit feliciter 15 Mart 1853.)

ERNST ZIEGLER

Friedrich II. und
Jacob Burckhardt

Im Wintersemester 1841/42 hörte Jacob Burckhardt an der Friedrich-Wilhelm-Universität in Berlin bei Leopold von Ranke die Vorlesung über «Neueste Geschichte seit der Mitte des 18.Jahrhunderts bis zur Restauration» und ein Jahr später jene über «Geschichte unserer Zeit, ab 1814».[143] Die stichwortartigen Nachschriften dieser beiden Vorlesungen sind so etwas «wie eine erste Skizze» für Burckhardts Vorträge über die Zeit Friedrichs II. und seine grosse Vorlesung über die Geschichte des Revolutionszeitalters.[144] In Berlin wird er ohne Zweifel nähere Bekanntschaft mit Friedrich dem Grossen gemacht haben.

1843 war Burckhardt wieder in Basel, und im Sommersemester 1844 hielt er an der Universität seine erste Vorlesung über «Geschichte der Baukunst».[145] Im Winter 1844/45 und 1845/46 hielt er im grossen Saal des Zunfthauses zu Safran Vorträge über die «Geschichte der Malerei».[146] In der zweiten Reihe dieser Vorträge sprach er «von der allgemeinen Reformgesinnung des ausgehenden achtzehnten Jahrhunderts, von den reformierenden Ministern, von Friedrich dem Großen und von Joseph dem Zweiten, vom Rationalistenstreit in der Theologie» usw. – vieles, was Burckhardt dann später in seinen Vorträgen und Vorlesungen über die zweite Hälfte des 18.Jahrhunderts dozierte, findet sich bereits hier.[147]

Im selben Wintersemester 1845/46 las Burckhardt zum ersten Mal über Geschichte der neueren Zeit. Die Vorlesung, die er damals angekündigt hatte, hiess noch «Geschichte der neueren Zeit von der Reformation an».¹⁴⁸ Seit dem Sommersemester 1869 lautete dann der Titel «Geschichte des 17. und 18. Jahrhunderts». Im Manuskript dieser Vorlesung steht am Schluss ein Datum: «17. März 1846»; an diesem Dienstag hielt Burckhardt wohl seine letzte Vorlesung. Eine weitere, mit Bleistift hingeschriebene Notiz lautet: «21. März: erste Abreise nach Rom.»¹⁴⁹ Burckhardt hielt sich dann bis in den Sommer 1846 in Italien (vor allem in Rom und Venedig) auf; im September war er wieder in Basel.¹⁵⁰

Im Herbst 1846 reiste Burckhardt wieder nach Berlin, um als «Helfer» des Kunsthistorikers Franz Kugler (1808–1858) an dessen Handbüchern mitzuwirken. 1847 kam dann Franz Kuglers «Handbuch der Geschichte der Malerei seit Constantin dem Grossen» in zweiter Auflage «unter Mitwirkung des Verfassers umgearbeitet und vermehrt von Dr. Jacob Burckhardt» heraus.¹⁵¹ Was uns hier im Zusammenhang mit Burckhardt interessiert, ist Kuglers «Geschichte Friedrichs des Großen» mit den berühmten Holzschnitten Adolph Menzels (1815–1905), die 1840 in Leipzig erschien. Werner Kaegi schreibt in seiner Burckhardt-Biographie: «Aber Kugler hatte im Urteil des Hofes noch andere Verdienste. Er war der Biograph Friedrichs des Großen; und wenn auch seine Beziehungen zu Adolf von Menzel keine besonders engen waren, so haben doch die Holzschnitte dieses Meisters dem Werk Kuglers eine Popularität verschafft, die Generationen überdauern sollte. Nicht weit vom Schloß, im Herzen des Stadtteils, der die Schöpfung des großen Königs war, in der Friedrichstraße selbst, wohnte Kugler, und am westlichen Ende dieser Friedrichstadt, nahe am Tiergarten, fand nun Burckhardt seine Unterkunft in einem Parterre der Wilhelmstraße, an der damals noch keine Reichskanzlei stand.»¹⁵² Der Biograph Friedrichs II. wurde dann Burckhardts Lehrer und Freund, und so hatte der Basler Gelegenheit, «die Forschungen zur Lebensgeschichte Friedrichs des Großen von früh an» zu verfolgen.¹⁵³

Nach einer Italienreise vom Dezember 1847 bis April 1848 kehrte Burckhardt anfangs Mai 1848 nach Basel zurück.¹⁵⁴

Jetzt begann er an jenen Vorlesungsmanuskripten zu arbeiten,
die schliesslich zu einer «weit ausholenden Kulturgeschichte
des Abendlandes» wurden.[155] Die Vorgeschichte der Französischen Revolution wurde in den Universitätsvorlesungen Burckhardts vorläufig allerdings nicht behandelt. Erst im Winter
1852/53 nahm er das Thema auf in seinen Vorträgen bzw. «Vorlesungen über die Zeit Friedrichs des Grossen».[156]

Schon bevor Burckhardt seine grosse und berühmte Vorlesung über die «Geschichte des Revolutionszeitalters» 1859/60
erstmals hielt, behandelte er die neuere Geschichte (1858/59);
er kündigte sie dann seit dem Sommersemester 1869 als «Geschichte des XVII. und XVIII. Jahrhunderts» an. Seinem Neffen Jacob Oeri schrieb Burckhardt im Oktober 1868 nach
Kreuzburg in Oberschlesien, er habe «sehr arbeitsame Jahre»
wegen neuer Kollegien und für die nächsten Jahre sei das
Schema seiner Hauptvorlesungen dieses: «Sommer: alte Geschichte mit Ausschluß der römischen; – Winter: Geschichte
von 1450 bis 1598; zweiter Sommer: Geschichte des XVII. und
XVIII. Jahrhunderts. – Zweiter Winter: Revolutionszeitalter
1789–1815.»[157] Und seinem Freund, dem Historiker Heinrich
Schreiber (1793–1872), berichtete er im Februar 1869: «Ich
meinerseits bin in sehr knechtischen Arbeiten gefangen; da ich
diesen Sommer über das XVII. und XVIII. Jahrhundert lese
und in jenen Gegenden noch gar kein ordentliches Heft habe,
muß ich, hauptsächlich mit Hülfe des alten Schlosser, einen
neuen Grund legen, was jederzeit eine widrige Arbeit ist. So
gerne ich Quellen excerpire, so ungern Bearbeitungen. Was
mich tröstet, ist daß ich mit diesem Colleg dann wenigstens
durch den ganzen Berg der Geschichte hindurch bin und Hefte
besitzen werde von Adam bis zur Schlacht von Waterloo. Bis in
die letzten beiden Jahre hatte ich einige heillose Lücken, z. B:
eine nur ganz oberflächliche alte Geschichte und gar keine
römische Geschichte; mit nächstem Sommer bin ich dann nirgends mehr ohne Trost und Hülfe. – Das Mittelalter habe ich
dafür gänzlich meinen Collegen, einem Extraordinarius und
einem Privatdocenten überlassen.»[158]

Im Kapitel «Das 17. und 18. Jahrhundert, die Idee Europas» hat Kaegi in Band V seiner Biographie Jacob Burckhardts auf hundert Seiten wie immer höchst ausführlich über die Vorlesung «Geschichte des 17. und 18. Jahrhunderts» berichtet.[159] Er teilte das Ganze in die Einleitungen und in vier Hauptgruppen von Themen ein: der Dreissigjährige Krieg von 1618 bis 1648; französische, englische und orientalische Themen; das Zeitalter Ludwigs XIV.; Russland, die deutschen Verhältnisse, französische und englische Themen, der Siebenjährige Krieg von 1756 bis 1763.[160] Im Schlussteil dieser Vorlesung kamen die Anfänge Friedrichs II. von Preussen zur Sprache, seine Politik und Beurteilung sowie die Geschichte des Siebenjährigen Krieges, der für Burckhardt «kein zufälliger Schlußpunkt» war, denn hier sah er das alte Europa «in die Brüche gehen».[161]

Das Manuskript Jacob Burckhardts zur «Geschichte des 17. und 18. Jahrhunderts» ist etwa zehn Zentimeter dick. Die eng beschriebenen Blätter im Format 17 auf 21,5 Zentimeter weisen vier verschiedene Paginierungen auf.[162] Die «Anfänge Friedrichs des Grossen (31. Mai 1740)» beginnen unter dem Obertitel «Oesterreich: Erbfolgekrieg» auf Seite vJh 26r. Im Inhaltsverzeichnis Burckhardts finden sich zu diesem Teil folgende Titel:

Blätter	26–29:	Anfänge Friedrichs des Grossen und Österreichischer Erbfolgekrieg bis zum Breslauer Frieden [1740–1742]
	30–31:	Russland mit Anna und Elisabeth, Schweden
	32:	England unter Georg II.
Beiblatt:		England überhaupt
	33–38:	Österreichischer Erbfolgekrieg bis zum Frieden von Aachen [1740–1748], Holland
	39–40:	Mittlere Zeit Ludwig XV. [König 1715–1774]
	41:	Regierung Friedrichs des Grossen
	42–43:	Vorboten des Siebenjährigen Krieges; Regierung der Maria Theresia

«Friedrich der Große dominiert nur kurz», lesen wir bei Kaegi,[163] und trotzdem widmet er diesen Passagen von Burckhardts Manuskript in der Biographie ein halbes Dutzend Seiten.[164]

Wie erwähnt, benutzte Burckhardt bei der Vorbereitung der Vorlesung über die «Geschichte des 17. und 18. Jahrhunderts» den «alten Schlosser», d. h. er hat den Grundstock auch dieses Kollegs mit Hilfe eines erstrangigen Handbuchs ausgearbeitet: Friedrich Christoph Schlosser (1776–1861) «Geschichte des achtzehnten Jahrhunderts und des neunzehnten bis zum Sturz des französischen Kaiserreichs».[165] Er exzerpierte besonders den zweiten Band «Bis zum allgemeinen Frieden um 1763» (Heidelberg 1853). Wir können in Burckhardts Manuskript anhand dieses Bandes genau verfolgen, was er «Von Friedrich's II. Thronbesteigung bis auf das Ende des siebenjährigen Krieges» dem «alten Schlosser» alles sehr sorgfältig entnommen hat.

Auf dem Blatt vJh 26r mit der Überschrift «Österreich: Erbfolgekrieg, Anfänge Friedrichs des Grossen» steht am Rand eine Literaturangabe: «Ranke, Macaulay, Carlyle». Dass Burckhardt Ranke häufig zitierte, ist erwiesen; aus den Werken der Engländer Thomas Carlyle (1795–1881) und Thomas Babington Macaulay (1800–1859) fand sich bis jetzt kein Zitat.

Mit der Zeit wurden dann sogenannte Beiblätter und Zusatzblätter ins ursprüngliche Manuskript gelegt mit Exzerpten aus Johannes von Müller (1752–1809), Leopold von Ranke (1795–1886), Jules Michelet (1798–1874), Heinrich von Sybel (1817–1895), Alfred von Arneth (1819–1897) und anderen.[166] Aus dem Werk von Onno Klopp (1822–1903) «Der König Friedrich II. von Preußen und seine Politik» (Schaffhausen 1867) hat Burckhardt einen drei Dutzend Seiten umfassenden Auszug erarbeitet; diese Notizen bilden «einen besonderen Faszikel in der Sammlung der Exzerpte», waren jedoch mitnichten die Grundlage seiner Vorlesung.[167] Kaegi schreibt am Schluss seines Kapitels: «Indem Burckhardt nun die Geschichte des siebenjährigen Krieges im Einzelnen erzählt und von Schlacht zu Schlacht, von Krise zu Krise fortschreitet, bleibt er ständig im inneren Gespräch mit den Autoren, deren Werke er konsultiert: mit Johannes von Müller, mit Ranke, mit Sybel, mit Arneth. Zuweilen wird es gegen das Ende der Vorlesung hin etwas eilig zugegangen sein. Einschübe im Manuskript werden seltener. Aber die Schlußdaten, die alle auf demselben Blatt beieinander stehen, sprechen dafür, daß die Vorlesung in der Regel bis hieher gelangt ist und er sie nicht früher abgebrochen hat, wie es im Unterricht am Paedagogium und in andern Vorlesungen so oft geschah.»[168]

Meine Kenntnis der historischen Vorlesungen Jacob Burckhardts beschränkt sich auf meine Beschäftigung mit jenen über die «Geschichte des 17. und 18. Jahrhunderts» und über die «Geschichte des Revolutionszeitalters» sowie (zumeist stenographischen) Nachschriften von Zuhörern Jacob Burckhardts. Aufgrund dieses Kenntnisstandes wage ich zu behaupten, dass vor allem die Vorlesungen Altertum, Mittelalter und Neuere Geschichte nichts besonderes bieten: «Burckhardt kochte für seine Vorlesungen zum Teil mit sehr lauwarmem Wasser, benützte, nach Werner Kaegi, ‹zweitrangige Handbücher› und seine ‹Darlegungen bieten dem heutigen Leser gewiß keine Überraschungen mehr›. Kaegi schrieb u. a., die Vorlesung über die Kultur des Mittelalters gebe ‹nicht das Bild einer neuen originalen Konzeption›, sondern bloß den ‹Eindruck einer großen, wohlgepflegten und kritisch überdachten Tradition›.»[169] Das war sicher auch ein Grund, wieso er am 24. Mai 1968 in seiner Gedenkrede zum 150. Geburtstag Jacob Burckhardts sagte, zum Glück habe sich noch keine «Forschungsgesellschaft» darangemacht, Burckhardts «unveröffentlichte Schriften herauszugeben».[170]

In den «Historischen Fragmenten» edierte Emil Dürr unvollständig ein mehr oder weniger zufällig ausgewähltes Blatt

mit dem Titel «Friedrich der Grosse».[171] Es handelt sich dabei
um ein sehr freies Exzerpt aus Leopold Rankes «Neun Bücher
Preußischer Geschichte».[172]

Wie weit es sinnvoll ist, diese Material- und Exzerpten-
sammlungen der historischen Vorlesungen in extenso zu edieren,
ist hier nicht weiter zu erörtern. «Ich habe zusammengerafft
von allen Seiten», soll Burckhardt 1896 dem Berliner Philosophen und Historiker Kurt Breysig (1866–1940) gesagt – und
hinzugefügt haben: «Ich bin ganz zufrieden, mir ist es immer
sehr gut gegangen.»[173]

Anders verhält es sich mit der grossen Vorlesung über die
«Geschichte des Revolutionszeitalters», deren erster Satz in der
Einleitung vom 6. November 1867 lautet: «Einwirkung der
Zeit, in welche jedesmal dieser Curs fällt, *der keiner ist wie die
Andern.*»[174] Jacob Burckhardt hielt diese Vorlesung zum ersten
Mal im Wintersemester 1859/60. Werner Kaegi hat sie eben-
falls in Band V der Biographie auf zweihundert Seiten kom-
mentiert;[175] 1974 kam dann meine «Rekonstruktion des gespro-
chenen Wortlautes» mit einem ausführlichen Kommentar von
rund 150 Seiten heraus und 2009 folgte die Edition von Burckhardts Manuskript aus dem Nachlass als Band 28 der Kritischen
Gesamtausgabe der Werke Jacob Burckhardts.[176]

In seinem Portrait über Jacob Burckhardt schreibt Kurt
Meyer, in der Reihe der historischen Vorlesungen bilde die
«Geschichte des Revolutionszeitalters» eine Ausnahme. «Diese
ist wieder echter, ganz originaler Burckhardt.»[177]

Horst Günther schrieb 1985 in «Die Französische Revolution»: «Die *Historischen Fragmente* sind Aufzeichnungen Burckhardts für seine Vorlesungen. Eine mustergültige ‹Rekonstruktion des gesprochenen Wortlautes› gerade der *Vorlesung über die
Geschichte des Revolutionszeitalters* hat Ernst Ziegler, Basel 1974,
vorgelegt. Die *Fragmente* sind nicht zur Veröffentlichung bestimmte Notizen, Selbstgespräche des Gelehrten, Erinnerungs-
hilfe für die Vorlesung, die Burckhardt als vertrauliche Mittei-
lung verstand, um die ‹geschichtliche Betrachtung der Welt
und Zeit› zu lehren.»[178]

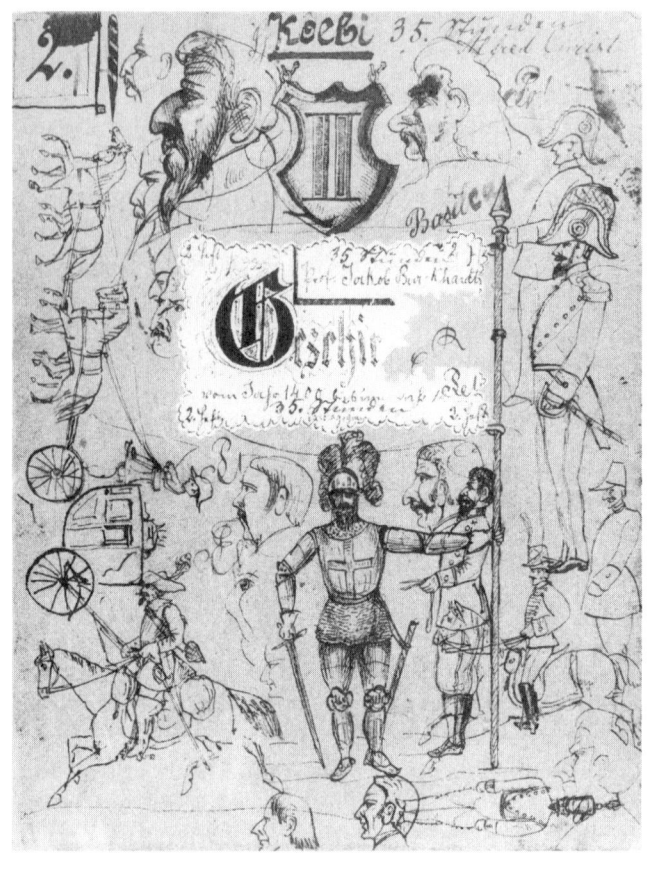

Umschlag des Schulheftes von Alfred Christ (1865–1928) aus den Geschichtsstunden bei Jacob Burckhardt, Privatbesitz Dr. Bernhard Christ, Basel.

Von 1858 bis 1883 wirkte Jacob Burckhardt auch als Lehrer im Nebenamt am Basler Pädagogium, eine Übergangsform vom Gymnasium zur Universität.[179] Werner Kaegi hat in seiner Biographie diese Lehrtätigkeit Burckhardts geschildert.[180] Von 1871 bis 1873 sass Rudolf Wackernagel (1855–1925), der spätere Staatsarchivar und Geschichtsschreiber der Stadt Basel, in Burckhardts Schulstunden. Er hat von der ersten bis zur letzten Stunde eines zweijährigen Unterrichts aufgezeichnet, «was Burckhardt sagte, und zwar nicht nur die Diktate, die man am besten aus Burckhardts eigenen Notizen kennen lernen kann, sondern sehr viel mehr: möglichst alles, was Burckhardt vor und nach dem Diktat dazugab».[181]

Rudolf Wackernagel schrieb über Friedrich den Grossen in sein Schulheft: «31. Mai 1740, Friedrich II. der Grosse in Preussen den Thron besteigend. Aufhebung der Tortur. Berühmte Kabinettsmarginalie: man soll alle Religionen gewähren lassen. Denn es war der feste Wille Friedrichs, über beide Konfessionen zu herrschen. Sogleich merkte man, dass ein neuer Wind wehte. Militärische Exekutionen. Vollkommen militärisches Regiment. – Rasch und geschwind und ohne Formalien. – Von allergrösster Stattlichkeit und Majestät, voller Geist. Seit zehn Jahren, seit jenen Schreckenszeiten mit Katte, sein Charakter völlig gereift. Damals muss er die völlige Menschenverachtung eingesogen haben. Er war innerlich frei und enorm begabt, so dass er als Denker, als beschaulicher Weiser, als Freund der Literatur und Poesie getrost hätte leben können, ohne König zu sein. Dagegen hatte ihn der Aufenthalt in Küstrin gehärtet. Er wollte vollkommen nur sich selber gehören; er isoliert sich vollkommen, achtet nur eine fremde Literatur. Und so konnte er seine Diktatur führen, die er bis zum letzten Atem festgehalten hat.

Am 20. Oktober 1740 starb Karl VI. Der Schwiegersohn noch nicht zum rex romanorum gewählt. Friedrichs Plan, Schlesien zu nehmen: Die Rechtsgründe bedenklich; papierene Ansprüche auf einen kleinen Teil Schlesiens: Jägerndorf, Liegnitz, Brieg, Wohlau. Rückt im Dezember 1740 ein; Eroberung von Schlesien. Der Einbruch des Kurfürsten von Brandenburg ins Land des Kurfürsten von Böhmen während des Interregnum! Unterwerfung Schlesiens leicht und ohne grosses Bedenken. Europa staunt. 10. April 1741 bei Mollwitz: siegt über Neipperg. Ungemeiner Schlag auf die ganze europäische Meinung.»[182]

Was Kaegi über Wackernagels Nachschriften schreibt, gilt für alle Mitschriften, die wir aus Burckhardts Schulstunden, Vorträgen und Vorlesungen besitzen: In Burckhardts eigenen Aufzeichnungen liest man nur das Diktat, das Gerippe, die Rückseite des Teppichs; in der Nachschrift hat man die Vorderseite: «einen wohl immer noch verkürzten, aber doch unmittelbaren Nachhall des gesprochenen Wortes.»[183] Diese Feststellung hat Kaegi einem Brief Burckhardts an die Dichterin Emma Brenner-Kron (1823–1875) vom 9. November 1866 entnommen: «Von meinen Vorlesungen wird nie etwas gedruckt, weil sie nur durch den Vortrag entstehen und sich daher gedruckt ganz ‹letz›, wie Teppiche von der Kehrseite, ausnehmen müßten. Ich bin jedesmal froh wenn nicht mehr davon die Rede ist.»[184]

Das «gesprochene Wort» war nun bei Burckhardt – sicher in seinen öffentlichen Vorträgen und Universitätsvorlesungen – tatsächlich ein in freier Rede eloquent gehaltener Vortrag und nicht eine nach einem Manuskript heruntergeleierte Lektüre.[185] Meines Erachtens sind drei ganz verschiedene Dinge auseinanderzuhalten: das Vorlesungs- oder Vortragsmanuskript Burckhardts als Vorbereitung für seinen Auftritt; sein völlig frei gehaltener Vortrag an der Universität oder vor einem weiteren Publikum (vielleicht ein Viertel dessen, was Burckhardt vorbereitet hat); das, was die jungen «Nachschreiber» schliesslich notiert haben (vielleicht – selbst im Stenogramm – die Hälfte dessen, was Burckhardt tatsächlich im Hörsaal gesagt hat).[186] Da Burckhardts freier Vortrag und seine Vortragskunst weder in der Kritischen Gesamtausgabe noch in der vorliegenden Publikation zur Geltung kommen, sei auf die Rekonstruktion des gesprochenen Wortlautes von Burckhardts Vorlesung über die «Geschichte des Revolutionszeitalters» verwiesen. Dort

Erste Seite des Kollegheftes von Alfred Tobler (1845–1923)
aus dem Wintersemester 1867/68: Geschichte des Revolutionszeitalters von Jacob Burckhardt, Stenographie nach dem System
von Wilhelm Stolze (Alt-Stolze oder «altpreussische Kammerstenographie»), Staatsarchiv Basel.

wurde nicht das wiedergegeben, was wir aus Burckhardts Vorlesungsnotizen beispielsweise über Friedrich den Grossen erfah-
ren und im schweren Band über die «Geschichte des Revolutionszeitalters» seit 2009 nachlesen können, sondern es wurde
rekonstruiert, was Burckhardt über den König von Preussen im
Hörsaal tatsächlich *gesagt* haben könnte.

Wir durften dies wagen, weil Werner Kaegi den «Nachhall
des gesprochenen Wortes» in seiner Burckhardt-Biographie sehr
positiv beurteilt hat. «Aus den zahlreichen, zum Teil in schwie-
rigen, sehr schwer lesbaren Stenogrammen» von Nachschriften
der Hörer Burckhardts, habe man die Möglichkeit, «nicht nur
seine Notizen und Excerpte zu studieren, sondern auch den
Widerhall seines gesprochenen Wortes zu vernehmen.» «Der
Gegensatz zwischen den beiden Fassungen desselben Gedan-
kenganges ist ein erstaunlicher. Dort, in Burckhardts eigenen
Aufzeichnungen der stillen Studierstube: höchste Konzentra-
tion, scharfe wissenschaftliche Auseinandersetzung, gespannter
Ernst. Hier, im gesprochenen Wort: gelöste Stimmung, heitere
Erzählfreude, scheinbar problemlose Einfachheit, Humor bis
zum burschikosen Ton der Studentensprache. Nie wird doziert,
aber immer gestaltet und erzählt. Nichts ahnt man mehr von
der gewaltigen Arbeit, die nun dahinten liegt. Alles scheint sich
mühelos zu ergeben, formsicher, einleuchtend, selbstverständ-
lich.

Man kann sich fragen, ob es noch einen Sinn habe, sich mit
den Notizen Burckhardts abzumühen, wenn wir nun doch
einen weitgehend zuverlässigen Wortlaut dessen besitzen, was
er wirklich gesagt hat. Aber es sind zwei verschiedene Welten.
Das Reizvolle liegt darin, daß die eine dieser Textfolgen in völlig veränderter Tonart der andern von ferne entspricht. Sodann
kommt der kritische Gedanke hinzu: gewiß trägt die Nachschrift, wenn sie von einem begabten Stenographen stammt,
den Charakter der burckhardtischen Diktion. An der Echtheit
ihrer Aussage ist im ganzen nicht zu zweifeln. Aber im einzelnen? Da und dort mag ein Hörfehler, da und dort ein Lese-
fehler der Entzifferung, da und dort eine Verkürzung des Wort-

lautes eingetreten sein. Nur die autographen Niederschriften Burckhardts selbst besitzen die volle Authentizität. Auf der andern Seite unterstehen *diese*, seine eigenen Texte, einem andersartigen Zweifel: Was ist Burckhardts persönlicher Gedanke? Was ist Excerpt? Nur die Nachschrift löst dieses Dilemma. Sie enthält ausschließlich Dinge, die aus Burckhardts Mund hervorgegangen sind. So stellt die eine dieser Textfolgen die Kritik und die Kontrolle der andern dar.

Das Schönste an den Stenogrammen liegt im Nachhall aus der Sprechweise Burckhardts.»[187]

Von den «Vorlesungen über die Zeit Friedrichs des Grossen» sind bis heute keine Nachschriften von Zuhörern bekannt. Burckhardt hat jedoch – wie erwähnt – diese Vorträge in seine Revolutions-Vorlesung sozusagen eingebaut, weshalb wir aufgrund von Nachschriften aus dieser Vorlesung auf das Gesagte in seinen Friedrich-Vorträgen schliessen können. Kaegi hat diese Vorträge unseres Erachtens zu negativ beurteilt, wenn er meinte, die Partien, die Burckhardt daraus für die nun neugestaltete Vorlesung über das Revolutionszeitalter entnommen habe, wirkten, so schön sie seien, «etwas fremdartig, als stammten sie noch aus einer andern Welt».[188]

Dabei ist zu bedenken, und es kann nicht genug betont werden, was Kaegi schon festgestellt hat: Es ist ein grosser Unterschied zwischen dem, was Burckhardt schrieb und dem, was er dann schliesslich sagte. In seinem Arbeitszimmer, wo er seine Vorlesungen erarbeitete, war er der Forscher und Gelehrte; vor den Studenten und seinen andern Zuhörern war er der Erzähler und Redner: «In den Vorlesungen sprach Burckhardt wohl viel einfacher, als er in seinen Vorlesungsvorbereitungen und Notizen formulierte und exzerpierte! In den Vorlesungs- und Vortragsmanuskripten findet sich viel Stichwortartiges und große nicht ausgeformte Abschnitte; in den Nachschriften hingegen stehen ganze Sätze, viel Ausgeformtes und ganze Abschnitte in zusammenhängendem fortlaufendem Text.»[189]

Burckhardt hat zudem aufgrund seiner Vortrags- und Vorlesungsnotizen nicht nur völlig frei geredet, sondern sich auch inhaltlich nicht strikte an seine Manuskripte gehalten – die er zu Hause gelassen hat. Das belegen unter anderem auch seine Ausführungen in den Vorlesungen der Wintersemester von 1867/68 und 1873/74 über das Revolutionszeitalter. Kurz und gut, Burckhardt hat aus dem oft dürren Gerippe seiner Notizen und den vielen Exzerpten in der freien Rede seines Vortrags etwas ganz anderes gestaltet, etwas Neues, das wir nie mehr werden vollständig erfassen können.

In den Notizen zur Vorlesung über die «Geschichte der römischen Kaiserzeit», die er im Wintersemester 1848/49 gehalten hat, steht beispielsweise, Caesar sei «der größte der Sterblichen» gewesen.[190] Über Friedrich II. notierte Burckhardt, er sei «der grösste Sohn seiner Zeit» gewesen. Napoleon, «das Hauptporträt eines mangelhaft ausgestatteten Menschen ersten Ranges», kommt nicht so gut weg, obwohl man Burckhardt nicht vorwerfen kann, «daß er die Größe Napoleons nicht gesehen und von seinem Genie nie berührt worden sei».[191] Ob Burckhardt solche Superlative in seinen Vorlesungen dann auch gebraucht hat?

Notizen Jacob Burckhardts und Rekonstruktion des gesprochenen Wortlauts aufgrund von Nachschriften seiner Zuhörer

Wie erwähnt, sprach Burckhardt bereits in seiner Vorlesung über die «Geschichte des 17. und 18. Jahrhunderts» über Friedrich II.[192] Leider sind aus dieser Vorlesung bloss zwei Nachschriften aus den Jahren 1873 und 1883 bekannt – im Gegensatz zur «Geschichte des Revolutionszeitalters» mit einem Dutzend Nachschriften, davon fünf aus dem Wintersemester 1867/68. Die Nachschrift des spätern Pfarrers Otto Hopf (1855–1927) aus dem Sommersemesters 1873 ist unvollständig. Hopf hat ausgerechnet, als Burckhardt über Friedrich sprach, Ferien gemacht und «zweimal gefehlt» sowie später «einige Stunden nicht nachgeschrieben».[193] Die Nachschrift des späteren Lehrers und Burckhardt-Biographen Otto Markwart (1861–1919) aus dem Sommersemester 1883 ist leider in einer schwer lesbaren persönlichen «Kurzschrift» gehalten, die zu entziffern bis jetzt nur zum Teil möglich war.[194]

In seinem Manuskript der Vorlesung über die «Geschichte des 17. und 18. Jahrhunderts» notierte sich Burckhardt aus Ranke, Friedrich Wilhelm I. (1688–1740) habe im Lustlager von Mühlberg an der Elbe 1730 den Kronprinzen sogar körperlich misshandelt und dazu gesagt, «wäre er von seinem Vater so behandelt worden, so hätte er sich todtgeschossen, aber Friedrich habe keine Ehre, er lasse sich alles gefallen».[195] Bald darauf habe sich Friedrich dann zur Flucht entschlossen. Auf einem Blatt mit der Überschrift «Friedrich der Grosse» lesen wir:

Nachschrift Otto Markwarts (1861–1919) aus dem
Sommersemester 1883: Geschichte des 17. und 18. Jahrhunderts
von Jacob Burckhardt, Staatsarchiv Basel.

«Die Wendung seines Charakters, die definitive Reife, muss bei den Folgen des Fluchtversuches von 1730 geschehen sein. Von da an datiert die unvermeidliche Menschenverachtung und ohne Zweifel die besondere Verachtung alles dessen, was in den preussischen Staaten lebte, während er an seinem Vater die enorme Faust des Königtums kennen lernte.»[196]

Als Randnotiz wird die Verlobung mit Elisabeth Christine von Braunschweig-Bevern 1732 vermerkt, und dann am 12. Juni 1733 «die Zwangsvermählung mit der Bevern, mit welcher er dann anstandshalber in Rheinsberg lebte».[197]

Weiter schrieb Burckhardt: «Sein Aufenthalt in Küstrin hatte den hohen Wert, seine einseitige Richtung auf geistigen Genuss zu brechen, die hernach würde seiner grossen politischen Entwicklung hinderlich geworden sein. Er lernte die Handgriffe der Verwaltung und des Militärkommandos im Kleinen. Noch als König hätte er einst gerne zu Gunsten des Prinzen Heinrich abdiziert, um mit 12 000 Talern nur den Freunden und den Wissenschaften zu leben.»[198]

Friedrichs Festhalten am Französischen, notierte Burckhardt weiter, zeige «den Willen, von seinem Staat und Volk getrennt, über demselben zu leben. Wenn ihm das Geistige auf deutsch entgegengekommen wäre, so hätte er Gefahr gelaufen, Deutschland respektieren zu müssen.»[199]

Die «Anfänge Friedrichs des Grossen» (31. Mai 1740) fasste Burckhardt nach Schlosser zusammen: «Er erbte geordnete Finanzen, einen baren Schatz von sieben Millionen Talern, ein grosses Heer und gute Generale. (80 000 oder gar 89 000 Mann. Freilich erst die Kriege entwickelten das Heer und den König. Seine schon völlig abgeschlossene fatalistische Härte und Willenkraft.) Alle andern Staaten hatten nur Geworbene, er (ausserdem!) gewaltsam Ausgehobene. Alles Dasein rechtlos, gehorsam und steuerbar. Keine drei Millionen Seelen; aber ringsum welke Staaten, die man umwerfen konnte, wenn man jeden Grundsatz der alten Zeit ‹als Vorurtheil verachte›. Frankreich hatte nur 150 000 Mann und Österreich ein tief erschüttertes Heer, und beide hatten trostlose Finanzen.

Friedrich liess sich durch die Vorurteile seines Vaters und die Formen, die dieser respektiert hatte, nicht aufhalten. Die Komplimente gegen die Orthodoxie hörten sogleich auf. Wolf, den Friedrich verachtete, doch sogleich nach Halle zurückberufen, weil er in der Mode war. Schon erschien Voltaire in Kleve und einmal in Berlin. Auflösung der Riesengarde. Aus den Tüchtigsten bildete Friedrich eine neue Garde zu Fuss. Die Riesen liess man (es waren meist Raizen und Ungarn) in Magdeburg allmählich aussterben oder davonlaufen.

Die Berliner Akademie mit Franzosen und Halbfranzosen bevölkert. Friedrich: ‹La pluspart des savants allemands étoient des manoeuvres, les français des artistes.› Die Deutschen sollten durch die Franzosen wissenschaftlich gebildet werden.»[200]

Burckhardt exzerpierte dann Friedrichs «erste Schritte gegen Mindermächtige» und «sodann die schlesischen Ansprüche».[201]

Dazu notierte Burckhardt wieder nach Ranke: «Bei der Todesnachricht Karls VI. (20. Oktober 1740) stand am ersten Tage schon sein Entschluss fest, sich Schlesiens zu bemächtigen. Nur über die Mittel fragte er Schwerin und Podewils, welche (anders als Klopp meint) den Anspruch auf Schlesien völlig billigten, nur lieber durch Verteidigung als durch Angriff Österreichs verwirklicht hätten. ‹Es war ebenfalls eine Maxime, die sich Friedrich Wilhelm und wohl die meisten Reichsfürsten aus den bisherigen Vorgängen abgezogen hatten, daß man über seine Rechte nur dann mit Vortheil unterhandle, wenn man damit beginne sie auszuüben, nur mit demjenigen Anspruch gehört werde, den man ohne Weiteres ins Werk setze.› (Das heisst die Lehre vom Fait accompli.)»[202]

Anschliessend zitierte er eine Stelle aus einem Brief Friedrichs an Heinrich von Podewils vom 15. November 1740 und erwähnte andere Schreiben: «Ich will die kühnste, unerwartetste, grösste Unternehmung beginnen, welche je ein Fürst meines Hauses gewagt hat. Zugleich aber, in Schreiben an europäische Mächte, sagte er: Preussen wolle das Haus Österreich vor dem völligen Ruin bewahren und es verhindern, sich in die Arme Frankreichs zu werfen. – An die Generalstaaten: Er wolle zuerst

seine Entschädigung in Besitz nehmen und *dann* Dienst leis-
ten.»[203]

Auf diesem Zusatzblatt stehen am Ende zwei wichtige Sätze
zu Friedrich dem Grossen: «Wenn er vorausgesehen hätte, mit
wem allem er zu tun bekommen würde, wenn er älter und er-
fahrener gewesen wäre, so hätte er es wohl kaum gewagt. – Durch
seine erste Kriegstat war dann für Friedrich II. die Notwendigkeit einer persönlichen Diktatur bis an sein Lebensende festgestellt.»[204]

Auf einem weiteren Zusatzblatt mit der Überschrift «An-
fänge Friedrichs» nennt Burckhardt seine Quelle: «Ranke II.»[205]
Hier exzerpierte er aus dem zweiten Band der «Neun Bücher
Preußischer Geschichte» aus dem Kapitel «Erste Regierungs-
handlungen Friedrichs II. im Innern» die Passage über: Audienzen der Generale und Minister, Beibehaltung des finanziellen
Systems, Abschaffung der Tortur, Toleranz, Einrichtung der
Hofhaltung, Aufenthalt des Königs in Charlottenburg, Keyser-
lingk, Jordan, Algarotti, Huldigung in Preussen, Huldigung der
Mark Brandenburg am 2. August, und aus dem Kapitel «Auswärtige Geschäfte in den ersten Monaten» die Passagen: Unterhandlungen, besonders über die bergische Angelegenheit: mit
Frankreich, mit Russland, mit Österreich, Irrungen von Her-
stall.[206]

Was Jacob Burckhardt dann aus diesen und vielen andern
verschiedenen Notizen und Exzerpten im Hörsaal der Universität schliesslich vorgetragen hat, wissen wir – wie gesagt –
nicht, und die Nachschrift Otto Markwarts hilft nicht viel, weil
sie sehr schwierig zu entziffern ist; wir bringen hier trotzdem
eine verzweifelte Kostprobe. Unter dem Titel «Friedrich der
Grosse» sudelte er in sein Schulheft:

«Viereinhalb Millionen für jetzt 130 000 Mann mussten das
Land so einrichten, dass den Leuten die Haare zu Berge standen. Er wusste, dass er keinen Freund mehr hatte, er ganz auf
sich selbst angewiesen war. Jeder Moment war dem neuen grossen Krieg gewidmet, denn er wusste, dass eine Abrechnung
kommen werde. Auf Organisation konnte er gar nicht sehen; er

war auf vollständige Diktatur angewiesen, und auf solche hat er gesehen, was er konnte; aber irgend eine Reorganisation war gar nicht möglich. Wie hätte er jetzt Zeit und Kraft gehabt, da man in den höchsten Anstrengungen auf neue Schläge: fertig in jedem Momente, was nicht verhüllt hat, dass er einige grosse Ungerechtigkeiten; aber er war der Herr und grosse Mann, und auf ihn, nicht auf Mätressen und Minister. Le prince est le premier serviteur de l'etat, und dem hat er nachgelebt.

In konfessionellen Dingen war er merkwürdig objektiv, freilich auf einer ziemlichen Verachtung der Kirchen (basiert)! Er wollte durchaus nicht einseitig protestantischer Herrscher sein, und die Katholiken behielten ihre Kirchen; mit Benedikt XIV. kam er sehr gut aus. Aus Staatsfonds hat er eine katholische Kirche gebaut, der heiligen Hedwig gewidmet. Nur seine Literatur und gegen die Wissenschaft; er hat nichts für Unwissenheit der Schulen getan; man musste für was anderes sparen. Sein geistiges Medium hat er sich selbst geschaffen; französische Geister; die Akademie: da sie keine Mittel für (sich hatte), so bekam sie das Kalenderprivileg. Da sie das Aderlassmännchen wegliessen, wurde der Kalender nicht gekauft, und Friedrich hatte nichts. Aber er wurde gedruckt und gesetzt; es war aber nachher wieder erlaubt.

Von 1750 bis 1753 Voltaire; dessen Position und äffischer Wahn in aller […] und Niederträchtigkeit hat sich offenbart; er hat auch gute Seiten gehabt; aber bei dem Aufenthalt lässt er nicht viel davon merken. So wurde er weggeschickt.

Jung hat er seinen *Antimachiavell* geschrieben, voll von moralischer Entrüstung gegen Machiavelli, wo alles auf Egoismus der Staatskunst hinausläuft. Voltaire spottet über ihn: Il crache dans le plat pour en dégoûter les autres, was auch in Betracht seiner schlesischen Kriege nicht so falsch ist. Er sagt es ja immer selbst: Ich habe das getan, weil es nützlich war. So lasse man doch die (widrigen) Rechtfertigungen; (verraten seinen Schatten, wo immer […] der Feder entsteht und täuschen musste). [unleserlich!]

In der Nationalökonomie ist es ein preussisch gebliebenes

Volkstum, das verhindern will, dass ein preussischer Batzen aus dem Land gehe. Wollte auch Maulbeerbäume pflanzen, aber die Würmer waren nicht seiner Meinung.

Nun Russland.»[207]

Nach Russland sprach Burckhardt über England und Österreich, dann über «die Ursachen des Siebenjährigen Krieges», über Friedrichs Einmarsch in Sachsen 1756 und Pirna, über d'Estrées, Soubise, Richelieu und die Schlacht bei Hastenbeck, sodann über die Einnahme von Prag sowie die Schlachten bei Kolin am 18. Juni, Rossbach am 5. November und Leuthen am 5. Dezember 1757. Weiter sprach er über Fermor, Apráxin, Bestushew sowie die Zarinnen Elisabeth und Katharina und die russischen Zustände, über England und seine «Mithilfe», über Ferdinand und Karl Wilhelm von Braunschweig und ihren Sieg über die Franzosen bei Krefeld, dann über das «neue militärische Genie» Laudon, über Choiseul und «die drei Unglücksjahre Friedrichs» (1758–1760) und schliesslich über Zorndorf, Hochkirch und Kunersdorf.

Dann sagte Burckhardt: «Neben dem Siebenjährigen Krieg, der die Welt erschütterte, lief noch parallel ein zweiter von nicht weniger grossen Folgen: der französisch-englische Kolonialkrieg, wobei Frankreich fast seine ganzen Kolonien verlor.» Er behandelte diesen «Seekrieg», wenn wir uns an Markwarts Nachschrift halten, ziemlich ausführlich, um dann rasch auf den Hubertusburger Frieden zuzusteuern: «Laudon mit 20 000 Mann Tschernitscheffs erstürmt Schweidnitz, wichtigste Festung nach Magdeburg; Colberg bestürmt. Da plötzlich ein Lichtblick, dadurch, dass am 5. Januar 1762 Elisabeth starb [...] und Peter konnte nun seine volle Begeisterung für Friedrich loslassen.» Markwart hat die letzten Ausführungen Burckhardts nur noch rudimentär mitgeschrieben.[208] Burckhardt notierte auf der letzten Seite seiner Vorlesungsvorbereitung unter dem Titel «Der Hubertusburger Friede» nur: «Friedrich II. kam selber nach dem Schloss Hubertusburg unweit Leipzig im Dezember 1762. Er gab nach hinsichtlich der Wahl des Erzherzogs Joseph zum römischen König; Österreich gab nach hinsichtlich der

Grafschaft Glatz und des Heimfalls von Anspach und Bayreuth an Brandenburg; im übrigen konnte der Friede am 15. Februar 1763 völlig auf Grund des Breslauer und Dresdener Friedens abgeschlossen werden ohne irgend eine Territorialveränderung. (Sachsen hatte bloss an Friedrich II. 50 Millionen Taler Kontributionen bezahlt und um 100 000 Seelen abgenommen; viele Städte und Dörfer zerstört; fast alles Vieh war weggestorben. Unter Zurüstungen zu einer neuen grossen Oper starb August III., 5. Oktober 1763. Brühl abdizierte und starb ebenfalls 28. Oktober. Er hinterliess nur noch 1 ½ Millionen Taler.)»[209]

Nach Burckhardt gibt es eigentlich «kein Zeitalter Friedrichs II.»; trotzdem setzte er über seinen Vorlesungszyklus den Titel «Vorlesungen über die Zeit Friedrichs des Grossen» – vermutlich weil Burckhardt Friedrich für «die grösste Erscheinung», für «den grössten Sohn seiner Zeit» hielt. Obwohl Burckhardt den «glänzenden Kriegsruhm Friedrichs» kannte, wollte er sich damit jedoch wegen des «Misslichen der Kriegsgeschichte» nicht befassen. Für Friedrich im Ganzen war die Zeit nach dem Frieden von Hubertusburg 1763 «die Zeit des politischen Genusses», und er spielte «le rôle glorieux d'arbitre de la déstinée et de la balance de l'Europe».[210] Friedrich II. ist nach dem Siebenjährigen Krieg (1756–1763) der «Hersteller seines Landes»; Preussen wird protestantische Grossmacht und eben Vermittler in Europa. Aus dem Siebenjährigen Krieg zog der König von Preussen «unermesslichen politisch-militärischen Kredit», obwohl er nur das behalten konnte, was er schon hatte. Er war jetzt 51 Jahre alt, «physisch erschüttert» und befand sich in einer verzweifelten Lage. Schon vor dem Krieg gerierte sich Friedrich als «der erste Diener seines Staates» – aber Burckhardt kennt auch – vermutlich vor allem aus dem Werk von Onno Klopp – die «Schattenseiten» in Friedrichs Persönlichkeit.[211]

Wir wollen hier innehalten und im folgenden nun Jacob Burckhardt, den vielgepriesenen glänzenden Redner, zu Wort kommen lassen. Die folgenden Abschnitte sind dem «gesprochenen Wortlaut» entnommen, wie er in der Vorlesung über die «Geschichte des Revolutionszeitalters» im ersten Kapitel «Vorgeschichte der Revolution» rekonstruiert wurde. Burck-hardt hat im Wintersemester 1867/68, «fünfstündig», vor etwa 45 Studenten und «einer Anzahl Zuhörern aus der Stadt» über Preussen etwa das Folgende vorgetragen.[212]

Friedrich der Grosse und der Siebenjährige Krieg

Das Zeitalter der Revolution beginnt nicht mit den Türken, sondern mit Deutschland, mit der Zeit des Siebenjährigen Krieges. Friedrich der Grosse war aus diesen Kämpfen hervorgegangen, ohne ein einziges Dorf gewonnen zu haben; aber für ihn war es ein Kampf gegen Frankreich, Österreich, Russland und Schweden gewesen, aus welchem er mit unsterblichem Ruhm bei der Nachwelt, als Sieger über Europa hervorgegangen war. Die Folge dieses Krieges war der Beginn des Revolutionszeitalters.

Das Herz Europas, Deutschland, wurde anders organisiert. Man wusste jetzt, dass das Kaisertum ohnmächtig sei, dass die Fürsten souverän geworden seien. Deutschland war eine Republik von autonomen Staaten. Jetzt wurde ein zweites Zentrum neben Österreich geschaffen: Preussen. Es begann die 103 Jahre dauernde Periode des Dualismus, in der sich Preussen und Österreich in Deutschland das Gleichgewicht hielten. Sie dauerte bis 1866; dann wurde Preussen das alleinige Zentrum. Dies alles hängt von Friedrich dem Grossen ab. Bei den Friedensschlüssen zu Hubertusburg (1763) handelte es sich nicht um Erwerb, sondern darum, wie die Weltlage verändert werde durch neuaufgekommene Kräfte. Für Friedrich waren die Niederlagen so ruhmvoll wie seine Siege, weil er sich immer wieder fasste und sammelte. Kolin (18. Juni 1757), Hochkirch und Kunersdorf waren so glorreich wie die Siege bei Rossbach, Leuthen, Zorndorf, Liegnitz und Torgau (3. November 1760). Denn er, ein Mensch mit einer riesigen Willenskraft, hatte sich zuletzt behauptet – und dies will doch ungeheuer viel sagen!

Nach einem Scheinfrieden von sieben Jahren brach der Siebenjährige Krieg aus. Was führte den Krieg herbei? Nach Friedrichs Angabe

Bedrohung Preussens durch die verschworenen Fürsten Europas, die ihn hätten stürzen wollen. Der Siebenjährige Krieg ist aber die Folge seiner Eroberung Schlesiens, für welche es keine Gründe, nur Vorwände gab. Friedrich selbst war bedroht; Maria Theresia hatte ihm Schlesien wieder nehmen wollen. Preussen besass viele, doch weit auseinanderliegende Territorien, was beweist, dass sie angerafft worden waren! Der abgetrennte Osten wurde bei jedem Anlass von Feinden besetzt.

Friedrich war erfüllt vom Gefühl der Macht und begierig nach Macht; er musste vorwärts treiben. So gab er vor, 1756 bedroht gewesen zu sein: Es habe eine grosse Verschwörung stattgefunden unter den drei Mächten Österreich, Frankreich und Russland, ihn seiner Länder zu berauben – er habe ihnen lediglich zuvorkommen müssen! Kursachsen wurde die erste Beute. Als er den sehr wenigen vertrauten, sehr willkürlichen Entschluss tat, rieten ihm seine Minister ab; nur einer seiner Räte war für ihn. Der König selber unternahm also den Krieg gegen den Rat seiner Umgebung. Sein vertrauter Minister Ewald Friedrich von Hertzberg legte 1756 den Rechtsgrund des Siebenjährigen Krieges dar. Es ist gewiss, dass Pläne zur Teilung des preussischen Staates bestanden haben, allerdings bloss für den Fall, dass der König von Preussen selbst den Krieg beginnen sollte. Es wird zu entscheiden bleiben, was besser gewesen wäre, zu warten oder anzugreifen. Auf jeden Fall nannte Friedrich seinen Krieg einen Verteidigungskrieg und behauptete, dazu gezwungen worden zu sein, weil er habe zuvorkommen müssen – und die Welt schrieb ihms nach! Er musste sein Reich, das sehr verzettelt war, vereinigen. Seine Mittel sind zum Teil haarsträubender Art: Brandschatzung, Abholzung ganzer Länder, Misshandlung der gefangenen Fürsten usw. Er kannte eben nur sein Ziel und setzte alles daran.

Friedrich der Grosse hatte die Klugheit, sein eigener, guter Geschichtsschreiber zu sein. Er ist aber im ganzen nicht angenehm zu lesen, der Ton hat auf die Länge etwas höchst Ermüdendes. Erst nach seinem Tode durfte ein klein wenig von der Wahrheit laut werden.

Kursachsen stand in keiner Verbindung gegen ihn und dachte nicht daran, ihn zu reizen. Es wollte neutral bleiben und hätte seine Neutralität wohl behaupten können, wenn der Kurfürst und seine

Minister kräftiger gewesen wären. Friedrich August II., der Kurfürst von Sachsen, war ein beschränkter Kopf mit Perücken, Pasteten und Kokotten aus Paris. Er tat das Äusserste, sich zu verblenden. Als der König von Preussen in Sachsen einbrach, haben die Sachsen sich gesteift. Dennoch musste die Armee bei Pirna kapitulieren, und nun suchte Friedrich diese Truppen mit Zwang für sich zum Eide zu nötigen. Viele Sachsen desertierten. Die Königin von Sachsen-Polen behandelte er wie eine Marketenderin, so dass sie im folgenden Jahr aus Gram darüber starb. Er hatte gegen Kursachsen eine eigentliche Feindschaft und dehnte sie auf alle Weise aus. Er liess Wälder niederschlagen und verkaufen und bezog aus Sachsen, was er nur konnte; Leipzig z. B. musste achtzehn Tonnen Gold bezahlen. Obwohl das Land schrecklich gebrandschatzt wurde, sollte es doch erhalten bleiben. Sein Preis: Friedrich wollte Böhmen und Mähren nehmen und dem Fürsten Friedrich August geben, damit er Sachsen behalten könne.

Die inneren Verhältnisse in Preussen

König Friedrich strengte sein Land überaus an; er machte Pflichten aus allem und benützte seine Stellung als Protestant, um gegen Katholiken zu streiten. Zudem beraubte er die Untertanen von allem und jeglichem. In Ost-Preussen kamen 33 000 Menschen um, teils wurden sie direkt getötet wegen Einmarsches der Russen, teils starben sie vor Hunger. In seiner äussersten Not führte der König die Münzverschlechterung durch. Er soll es getan haben, um die Steuern zu erleichtern!

Frankreich stand nach Rossbach (5. November 1757) nie mehr Preussen gegenüber. Frankreich und Spanien sahen es gern, wenn Friedrich Österreich im Zaum hielt. Österreich konnte nicht auf Russland zählen, und Schweden war nicht gewillt, gegen Preussen zu kämpfen; es konnte nicht mehr als verwüsten helfen. Sympathien hatte Friedrich nie, nur Bewunderer; seine Gegner waren geteilt und vom Hof gehemmt; unter den Verbündeten herrschte keine Einigkeit mehr. Aber wenn auch Friedrichs Gegner nicht mehr so gewichtig waren, so dürfen wir doch diesem wundersamen Dynasten unsere

Achtung nicht versagen: Sein Krieg ist ein Wunder; er ist aber zugleich ein grosses Glück, nachdem doch einmal der Krieg angefangen war – ob nicht dieser besser unterblieben wäre, ist eine andere Frage. Friedrich der Grosse leistete, was keiner vor ihm, und vollbrachte Kriege, die die höchste Bewunderung für ihn entzünden mussten. Vor dem Krieg wurden immense Rüstungen unternommen. Wenn Friedrich nicht gesiegt hätte, wären Ostpreussen, Belgien etc. verloren gewesen. Der Zustand war überall auf die Armee gegründet: 200 000 Soldaten (circa 160 000 Inländer) standen in seinen Diensten, bei einer Einwohnerzahl von fünfeinhalb Millionen – und das nicht nur eine Zeitlang, sondern für das gesamte Leben! Seine Einnahmen betrugen 21 Millionen, davon gab er 16 Millionen für die Armee aus, zwei Millionen gingen in den Kriegsschatz und der kleine Rest auf die Verwaltung. Jetzt war jeder dreiunddreissigste Mann Soldat; dafür gab es nach dem Krieg die Masse von Krüppeln! Für die Invaliden war gar nicht gesorgt; viele lagen nach den Schlachten ihm fluchend an den Strassen. Er soll lieber einen Toten als einen Invaliden gehabt und deshalb die Amputationen nicht gerne gesehen haben. Malmesbury ist nicht unbedingt zu glauben, dass Friedrich den Chirurgen geheim befohlen hätte, sie möchten lieber einen Soldaten sterben lassen, als dem Staat einen Invaliden aufhalsen. Überhaupt sehen seine Heldentaten in der Nähe anders aus als jetzt; man muss die Zeitgenossen hören!

Die erdrückenden Steuern verwandte er nicht zum Luxus, sondern zur Beehrung des meist armen Adels auf Kosten des Landmannes. Der Adel war ihm verpflichtet; er blieb zwar arm, und Friedrich gab ihm auch nicht zu viele Rechte. Der Hof kostete ihn nichts, weil er nichts auf Glanz gab. Das ist wohl begreiflich, denn er war ja sehr menschenfeindlich. Seine Minister und Diener hielt er bescheiden und untertänig, damit ihm keiner über den Kopf wachse. Von Pathos machte er selten Gebrauch, dazu verachtete er die Menschen allzusehr. Einmal bloss, vor Leuthen, hielt er eine Rede. Tat und Politik sind ihm alles, fürs Pathos hätte er die Menschen mehr achten müssen. Sein letztes Wort: «Ich bin es müde, über Sklaven zu herrschen!» Vergleiche Lessing, die Preussen seien das sklavischste Volk unserer Zeit – gilt wohl noch heute! Er wünschte lediglich, gut bedient zu werden. Von den Künsten begünstigte er nur das Theater; im Theater weinte er gerne, und da liess der sich rühren, der sonst so fürchterlich eisern war, der seinen Bruder August Wilhelm tödlich gekränkt hatte. Es war dies übrigens die Folge unglücklicher Operationen; «man ist doch Mensch», sagte er irgendwo. Der arme Adel lieferte dem König die Offiziere; er unterstützte darum auch den Adeligen und nicht den Landmann. In der Völkerbeglückung war er nicht besonders glücklich. Die Provinzen mussten den Zivildienst, also den Beamtenstand, noch besonders bezahlen. Für den Bauernstand war unter Friedrich wenig zu hoffen, obwohl er Vermehrung der Population wünschte und dem Ackerbau gerne nachgeholfen hätte. Seine Kolonisationen schlugen gänzlich fehl; man täuschte ihn auf seinen Reisen durch verkleidete Bauern. Von den vielen Kolonisten, die ins Land kamen, wurde er oft betrogen.

Seine Liebhaberei waren die Manufakturen, und durch Kunstfleiss glaubte er Preussen reich machen zu können. Den Handel wünschte er durch Monopole auszubeuten und versuchte, zwei neue Erwerbszweige zu schaffen: Seidenraupenzucht – er pflanzte Maulbeerbäume in Pommern – und Porzellanfabrikation. Er wollte auch eine Uhrenfabrik errichten, wobei ihn ein Schwindler anführte. Trotz allem gelang es nicht, gewinnbringenden Handel zu erzwingen, weil der König dem Händler eben keine Freiheit, die erste Grundbedingung des Handels, liess. Er wünschte die grösste Zwangsanstalt und doch freien Handel; das ging eben nicht zusammen. Was er neues gründete, war meistens hinfällig. Die Lebensmittel trieb er ungeheuer in die Höhe, ebenso Kaffee und Tabak. Die Folge davon war der unverschämteste Schmuggel an der weitläufigen Grenze, der sehr im Schwange war. Um dem Schmuggel abzuhelfen, zwang er jede Familie, pro Kopf zwei Scheffel Salz zu kaufen – sie mochte es essen oder nicht! Seiner Porzellanfabrikation schaffte er Abnehmer dadurch, dass jeder Schutzjude, wenn er heiratete, für einige hundert Taler Porzellan aus seiner Manufaktur kaufen und es dann im Ausland absetzen musste. Auf solche Weise half Friedrich seinen Fabriken nach! Sodann führte er Kaffeebrennscheine ein. Einige Hundert Invalide dressierte man darauf, Kaffeeschnüffler zu sein: Wo sich das Kaffeerösten der Nase verriet, drangen sie ein und forderten die Kaffee-

brennscheine. *Die Invalidenhäuser sind mehr Zierden der Städte als dem Bedürfnis entsprechende Anstalten; das pompöse «Laeso et invicto militi»²¹³ am Berliner Invalidenhaus fand sehr beschränkte Verwirklichung. Das Institut, wodurch er sich aber am meisten verhasst machte, war die Regie. Helvétius hatte ihm diese Idee eingegeben. Er gab sie einer Schar Franzosen in die Hände. Die Beamten der Regie musste er enorm besolden; sie waren hochbezahlt, damit sie nicht stehlen sollten! Franzosen, weil die eigenen Leute zu habsüchtig gewesen seien! Bei Tag und Nacht durfte fortan jeder dazu Beorderte mit Steuerzetteln in die Häuser eindringen, um die Steuern einzutreiben. Friedrich machte sich dadurch bei seinem eigenen Volk verhasst. Die Regie wurde unter seinen Nachfolgern aufgehoben. Dergleichen Druck bis ins Detail musste ungeheuren Hass erregen, und Friedrichs endlicher Tod erregte mehr Freude als Schmerz – ganz anders als wirs uns vorstellen! Aber item, er schuf aus einem bedeutungslosen Volk von fünfeinhalb Millionen Seelen eine Weltmacht, die Deutschlands Mittelpunkt werden sollte. Wo stünden wir jetzt ohne ihn?*

Friedrichs Aussenpolitik

Der König von Preussen empfand allmählich, dass er ohne jede Allianz war. Mit Österreich wollte er kein Bündnis eingehen, weil er sich weitere Angriffe vorbehielt. England stand mit Friedrich in sonderbarem Verhältnis. Es hatte eine parlamentarische Verfassung und war nicht gewillt, sich mit Preussen zu verbünden, zudem hasste Georg II. Friedrich. So blieb denn nur Russland übrig, von dem er sagte: Wir müssen uns mit der Nation verbünden, die uns die schwersten Schläge beibringen kann! Er brauchte Russland gegen Polen und Schweden. Der Angriff auf Polen und Schweden war das Objekt, um dessentwillen man sich verbünden musste. Das Beklagenswerteste an Friedrichs Regierung ist vielleicht, dass er Russland so stark in die europäischen Händel hineinzog, so dass es seinen fürchterlichen Keil bis Kalisch in Europa hineintreiben konnte. Sein persönliches Verhältnis zu Katharina ist unklar: Er und sie sollen in einem solchen Ton geschrieben haben, dass man die Korrespondenz nicht gerne veröffent-

Friedrichs Verhältnis zur Religion

Friedrich war in religiösen Dingen gleichgültig und zugleich einseitig. «In meinen Staaten kann jeder nach seiner Fasson selig werden.»
Trotz dieses Ausspruchs aber hielt er die Gleichberechtigung der Religionen nicht aufrecht. Seit dem Besitz von Schlesien herrschte er auch
über Katholiken. Sie liess er nicht in die höheren Ämter eintreten.
Den Katholizismus fand er unbequem, weil er nicht so botmässig sei.
Dagegen hielt er den Protestantismus unter allen Sekten für die am
wenigsten schädliche. Er hielt sich für das Ideal eines philosophischen
Fürsten. In seiner Korrespondenz mit Voltaire kann man sich leicht
einen Begriff von der Religiosität Friedrichs machen; siehe auch seinen Briefwechsel mit den französischen Hommes de lettres. Mit seiner
eigenen Religion geben wir uns nicht ab. Wer solche Kriege macht wie
er 1740 Krieg führte, wer solche Dinge tut, solche Härte zeigt, um
dessen Religion bekümmere ich mich nicht viel, an dem interessiert
uns nicht, was er geglaubt habe, oder sich einbildete, geglaubt zu haben!

Vom Menschen hatte Friedrich keinen guten Begriff; er meinte,
der Aberglaube sei ihm inhärent, und er fand die Rasse der Menschen
höchst ungenügend. So missachtete er die menschliche Würde, obwohl
er sagte, er sei es müde, über Sklaven zu herrschen. Er unterschied die
Religion weniger Weiser und jene des grossen Haufens. Dem weniger
Weisen verzieh er den Aberglauben, den grossen Männern die Nut-
zung desselben. Den Perfektibilitätsglauben seines Jahrhunderts teilte
er nicht. Den Protestantismus liess er bestehen, weil er ihn, wie gesagt,
für am wenigsten gefährlich hielt. Allein von oben wurde den Menschen bedeutet, dass es mit allem Überirdischen nichts sei. Doch gou-
tierte er dann wieder die Seite der Religion als Geisterglauben und
Wahrsagerei! Nun war Friedrich aber zugleich Landesbischof und das
Fürstenhaus calvinisch, trotzdem genierte ihn sein protestantisches
Kirchentum gar nicht. Es ist dies der kenntliche Atem des vorigen

Jahrhunderts! Von Zeit zu Zeit konvenierte es ihm gar, seinen Krieg als Religionskrieg gegen den Katholizismus gelten zu lassen; er benutzte die Religion also zum Vorwand für Kriege.

Friedrichs Verhältnis zu Wissenschaft und Bildung

Sein Verhältnis zu Wissenschaft und Bildung ist überschätzt worden; Friedrich der Grosse selbst hat es überschätzt, denn in der Tat leistete er sehr wenig für Unterricht, Universitäten usw. – soviel er sich auch den Franzosen gegenüber, die es weiter schrieben, dessen rühmte. Die Volksschulen glaubte er zu heben, indem er hundert seiner Invaliden dazu brauchte, Schulmeister zu sein: Leute, die weder schreiben noch lesen konnten! Die Universitäten liess er bestehen, verachtete sie aber. Während die übrigen Herrscher die Jesuiten verbannt und der Papst den Orden aufgehoben hatte, war ihre Beschützung durch den König von Preussen in Schlesien zum allgemeinen Ärger offenkundig. Was sollte er tun? Friedrich fand ihre Unterrichtsmethode vortrefflich, und sie hatten sehr gute Köpfe. (Voltaire war Jesuitenschüler und hatte dem Jesuitenideal ein gutes Andenken bewahrt.) Man sagte, der Orden erspare dem König Unterrichtsanstalten. Zudem soll er gehofft haben, der Orden würde dann seine sonstigen liquiden Güter nach Schlesien bringen. Was er dann wohl getan hätte? Als er sah, dass er durch die Begünstigung der Jesuiten die Philosophen ärgerte, beschäftigte er sie nur noch mehr. Soll man es in Verbindung bringen mit der geheimen Furcht, die er vor den Folgen der Philosophie überhaupt empfand? Oder wollte er ein Gegengewicht zur Philosophie? Oder hatte er die Setzlinge der nützlichen Pflanze für spätere Zeiten sparen wollen?

Die Akademie von Berlin war ganz nach französischem Muster gehalten. Der König musste hier sein auswärtiges Volk haben. Vom Monopol des Kalenders lebte die Akademie, damit besoldete sie die Lehrer – wenn fünfeinhalb Millionen sich einen Kalender anschaffen müssen, so macht das schon etwas aus. 1769 wagte die Akademie zu behaupten, sie könne es nicht mehr über ihr akademisches Herz bringen, den Kalender mit roten Tagen und Aderlassmännlein zu druk-

ken, und so erschien er nur schwarz gedruckt und ohne Männlein und Lettern. Da setzten sie nur halb so viele Kalender ab, so dass im nächsten Jahr die roten Tage und das Aderlassmännlein wieder hineingesetzt werden mussten.

Friedrichs persönlicher Umgang bestand aus schlauen gelehrten Leuten, die es jedoch selten lange bei ihm aushielten. Die Philosophen wurden ihm untreu, z. B. Voltaire in grossem Zorn; er knüpfte später jedoch wieder mit ihm an. Voltaire hat keine Zeile geschrieben, die nicht den Stempel seines Wesens trüge. D'Alembert hat sich fesseln lassen, war aber nicht glücklich am preussischen Hof. Länger hielt es d'Argens aus; allein er wurde melancholisch in der Nähe des Königs; ebenso Algarotti (Denkmal in Florenz). Friedrich hatte eben furchtbare Momente; es lag auch gar zu viel auf ihm, und in Friedrich ging furchtbar Vieles vor. Von verschiedenen Seiten kamen Störungen auf ihn zu. Er war ungeheuer eifersüchtig auf seine Macht. Er hat, da er ein Herrscher von der ältesten Art war, sich sehr viel ausgesprochen, so wie es nicht viele getan haben. Die Rechnung freilich hat er niemals bezahlt.

Die letzten Lebensjahre

In seinen letzten Jahren sah sich der König ziemlich vereinsamt, besonders seit circa 1775, der Zeit der Verdunkelung. Er lag kränklich darnieder, alles erwartete seinen Tod, und er merkte, dass das Volk eine andere Regierung verlangte. Er musste erleben, wie seine Dienerschaft bei einer scheinbar tödlichen Krankheit ihn verliess. Den Thronfolger hatte er von den Staatsangelegenheiten, für die er in seinen späteren Jahren noch zweieinhalb Stunden im Tag verwendete, ausgeschlossen und es aus lauter Eifersucht versäumt, diesen talentvollen Mann, seinen Neffen Friedrich Wilhelm II., heranzuziehen. Erst in den allerletzten Jahren benahm sich sein Thronfolger unabhängiger gegen ihn.

In seinen letzten Jahren nahmen die Steuern ab, die Bevölkerung wollte nicht wachsen, das Wohlergehen nahm nicht nach des Königs Wunsche zu – es zeigten sich die Folgen seiner Regierungsweise: Er *hatte eine soldatische Pflanzschule geschaffen und der Staat, in dem das Wichtigste, der Handel, nicht gedieh, war von der Bürokratie beherrscht. Friedrich II. starb am 17. August 1786 (Mirabeau: De la monarchie prussienne sous Frédéric le Grand). Das Volk war seiner Regierung satt, und doch begann schon einige Monate nachher die Mythenbildung um die Gestalt des «Grossen Fritz»; seine Persönlichkeit war eben gewaltig gewesen. Das beweist auch, unter welchem Druck das Volk damals lebte. Friedrich der Grosse ist der Prototyp des Reformators, der seinen Staat erneuert und umgestaltet. Er hat den Staat ganz nach seiner Weise eingerichtet. Das Volk erwartete alle Verbesserungen aus der Hand des Herrschers. Man war jetzt der Monarchie gewohnt und liess den höheren Ständen nur Ehrenrechte, und das verwirklichte sich in Frieden. Das Merkwürdigste ist am ganzen Geschehen die Wirkung Friedrichs auf Österreich.[214]*

Im Wintersemester 1873/74 las Burckhardt wiederum vor etwa 45 Studenten und «mehreren Zuhörern aus der Stadt». Sind aus dem Semester 1867/68 immerhin noch fünf Nachschriften erhalten geblieben, existieren vom Wintersemester 1873/74 bloss zwei Mitschriften von Studenten. Deren Rekonstruktion ergibt den folgenden Text.[215]

Preussen und Friedrich der Grosse

Friedrich der Grosse und der Siebenjährige Krieg

Beginnen wir mit Friedrich II. von Preussen. Er begann 1740 seine Laufbahn damit, von Österreich Schlesien wegzunehmen; dadurch wird die folgende Geschichte bedingt. Der Siebenjährige Krieg brachte ihm unendlichen Ruhm. Er hat den Krieg begonnen, als schon ein Seekrieg zwischen England und Frankreich in vollem Gange war – mit der Invasion in Sachsen.[216] Er hatte einen grossen Teil des Deutschen Reichs gegen sich, und der Krieg brach aus. Es ist ein Ringen und Kämpfen ohnegleichen, wo sich der Genius des Königs aufs Schönste zeigte. Er gewöhnte sich alltäglich an das Schrecklichste.

Nachschrift Otto Hopfs (1855–1927) aus dem
Wintersemester 1873/74: Geschichte des Revolutionszeitalters von
Jacob Burckhardt, Staatsarchiv Basel.

Er hat schlechtes Geld gebracht, zwei Fünftel des Wertes. Freilich hat er Mittel der äussersten Not gebrauchen müssen.

Im Februar 1763 wurde der Friede von Hubertusburg geschlossen. Friedrich war schon gealtert, doch noch unerschüttert, und sein Ruhm war ein europäischer gewesen. Es glückte ihm sein Vorhaben nicht; er gewann kein einziges Dorf mehr. Aber sein Ruhm war so gross, dass man wusste, dass er der grösste Mann war.

Es war nun entschieden, dass Deutschland an einen Dualismus gekettet sei. Das Reich war aufgelöst; zwei Zentren waren gegeneinander: Österreich und Preussen. Das musste gebüsst werden, indem Russland so mächtig wurde, dass Frankreich dann mit seinen republikanischen Heeren soviel ausrichtete. Friedrichs Verluste waren bedeutend, wenn er auch mit klingendem Spiel aus dem Krieg, mit der grössten Ehre daraus gekommen war. Er hatte 200 000 Soldaten verloren; sechzehn Schlachten hatte er kommandiert.

Sein Staat nahm um eine weitere halbe Million Menschen ab. Die Franzosen verloren 160 000, die Österreicher 100 000 Menschen. Die Verluste waren überall gross; aber für Friedrich besonders empfindlich, weil er kleine, weit auseinandergelegene Lande hatte, was er tief beklagte. Seine Lande waren nicht bloss viel kleiner, sondern auch unglücklich gelegen und konnten dann sukzessive leicht besetzt werden und litten sehr darunter. In der Mitte die Marken, Schlesien, Pommern, dann Kleve, Mark, Elberfeld, Bielefeld. Russen und Österreicher kamen bis nach Berlin, dann Ostpreussen besetzt; in Kleve die Franzosen. Der König sagt es selbst in seinen Oeuvres – briefweise mitgeteilt –: ganze Städte verödet, Dörfer verschwunden. Er musste die ganze folgende Zeit zum Heilen brauchen. Im Frieden wandte er alle Mittel zur Heilung an; aber der Friede war immer eine Kriegsvorbereitung.

Friedrich wird auf alle Weise geschildert; er war voll Originalität, wo er sich blicken liess. Aber er entzog sich sehr den Menschen; dennoch gibt es viele Anekdoten über ihn. Er war ausdauerhaft und stattlich. Später war sein Gesicht verzogen und voll merkwürdiger Ecken und Falten. Sein blauforschendes Auge hatte eher etwas schreckendes. Zuletzt sah er schrecklich aus. Er war nicht nur der «Grosse Fritz», sondern auch Friedrich der Einzige.

In Versailles war Mirabeau. Er kam einmal nach Berlin und sammelte den Stoff zur «Monarchie prussienne»; dann aber seine typische «Histoire secrète de la cour de Berlin». Er hat oft mit Friedrich gesprochen; die beiden sind die gewaltigsten Köpfe. Der König ist immer noch der Philosoph von Sanssouci, ja er wurde es erst jetzt recht. Der geistreiche französische Kreis um ihn starb nach und nach aus, und viele Genossen sind von ihm gewichen. Doch blieb ihm noch seine Korrespondenz, besonders mit Voltaire; diese dauerte von 1736 an. Voltaire ist zum König gekommen. Er verscherzte durch allemöglichen Indiskretionen die Gunst des Königs. 1753 erfolgte der öffentliche skandalöse Bruch mit dem König und die Flucht, Unterbrechung des Verkehrs. Während des Siebenjährigen Kriegs schimpfte Voltaire gegen den König und legte alles, was er von Friedrich wusste und nicht wusste, so billig aus, dass jeder andere mit ihm auf ewig gebrochen hätte. Doch nach dem Krieg kamen sie sich brieflich wieder näher und korrespondierten miteinander bis ins Greisenalter. Genau genommen achtete Friedrich den Voltaire wenig – wie er denn ohnehin voll Menschenhass war. Das kommt von der Menschenverachtung Friedrichs, die sich in seinen Schreiben zeigt: «Le gros de notre espèce est sot et mechant.»[217] Er verachtete darum auch das Gekrächze von Voltaire, wie er ihm selbst sagte. Er hat eben auch viel durchmachen müssen; darum konnte er kein Engel sein. (Er sagte auch: «Ich bin es müde, über Sklaven zu herrschen.» Aber er war auch daran schuld, dass es Sklaven waren!)

Auch war Friedrich einer der bestbetrogensten Menschen. Nicht nur für Russland gilt das Sprichwort: «Der Himmel ist hoch und der Zar ist weit.» Merkt doch in einem Hause einer oft nicht alles, was geht, geschweige in einem solchen Reich.

222 000 Taler durfte der Hof kosten und nicht mehr im Jahr; er war sehr ökonomisch. Aber der Thronfolger musste bei fremden Gesandten manchmal pumpen.

Bald nach dem Kriege bot ihm Maria Theresia eine gegenseitige Entwaffnung an. Seine Armee war im Jahr 195 000 Mann im Frieden; es waren viele auswärts Geworbene. Er hat es auch gemacht wie sein Vater mit den Werbungen. Ein eigentlich weiser Regent war Friedrich nicht; es war ein militärisches Regiment über eine Festung.

Der Zustand war drückend. Er hob aus nach dem Kantonnements-System [Cantonnement = Distrikt, Werbekreise]; man war auf Lebenszeit gebunden. Die Eltern und Verwandten der Desertierten mussten für diese büssen.

Friedrich hielt daher darauf, dass die Offiziere nur vom Adel seien; Adel und Offiziersstand war für ihn identisch. Doch hatte er wenig eigenen Adel im Lande; er hatte meistens armen Adel, welcher gerne diente; er hatte das Junkertum. Die Lage des Landmannes ward nicht gemildert, denn der Landmann war Gemeiner unter seinem Junker. Die Bauern mussten die Kavalleriepferde grasen lassen. Aber die Offiziere verachtete er nicht wie andere Menschen; ihre Ehre und deren Wort sollten etwas gelten.

Nun hatte Friedrich immer wieder Geld nötig und zwar als Kriegsschatz. Er hat zwar auch gebaut; aber das meiste war schon von früher her, z. B. Sanssouci. Später hat er wenig mehr gebaut; das Geld wurde meistens vom Militärwesen verschlungen. Die Einnahmen des Staates waren 21 Millionen Taler, davon kam viel in den Kriegsschatz. So lebte alles im Hinblick auf baldigen Losbruch. Aber man wollte eben Frieden und den hatte man auf diese Weise.

Im Handel hatte er eingerostete Ansichten: Maulbeerbaumpflanzungen in Pommern zur Seidenraupenzucht und Weinpflanzungen, wo nur ein Krätzer wachsen konnte. Es existierten, hoch bezahlt, die Schutzjuden. Diese mussten Porzellan in der königlichen Fabrik kaufen, damit sie doch auch etwas einnahm. Das war seine Achillesferse. Der Handel und die Industrie taugten nichts. Er war darin viel zu befangen. Mirabeau u. a. waren erstaunt über seine Befangenheit in dieser Sache. Seine kommerziellen Torheiten gehen ins Unendliche. Er wollte eben, dass das Geld im Lande bleibe, auch wenn's gar nicht möglich war.

In anderen Sachen dagegen war er merkwürdig emanzipiert, so in der Religion: «In meinem Staat kann jeder nach seiner Fasson selig werden.» Dann sagte er, Luther und Calvin seien armselige Leute, hätten aber den Fürsten durch den Pfaffensturz viel Geld gebracht. Aber er wollte keine Aufklärung des Volkes; dieses sollte die alte Lehre behalten, und er wollte den Protestantismus nicht tilgen. Es sei ganz unnötig, dem Volk die Superstition zu nehmen, denn das Volk, sagte

er, falle immer wieder in den Aberglauben zurück. Voltaire antwortete darauf noch viel gemeiner; er denkt, die grosse Masse sei eine
Kanaille. (Auch keinen Dank für die Soldaten; er schnautzte sie an,
während sie ihn liebten und verehrten. Er war schroff und seine Ver-
schlossenheit nahm zu.)

Er wünschte keine Sekte und sagte, der Protestantismus sei die
für einen Fürsten nützlichste Sekte. Die Katholiken hasste er im geheimen, doch unterstützte er sie nach aussen; also darin war er objektiv! Er duldete die Jesuiten in Schlesien und beschützte sie. Daher der
scheinbare Vorwurf von Pius VI. Er hoffte wohl, die Jesuiten würden
ihr Geld nach Schlesien bringen und dann? Auch ersetzten sie ihm die
Schullehrer, denn er hat nichts für die Schulen getan.

Er verachtete die Universitäten, aber duldete sie, denn er hatte
nicht Zeit, etwas anders an ihre Stelle zu setzen. Auch die Literatur
beschützte er nicht. Mirabeau sagte, es sei schade, dass der deutsche
Caesar nicht auch ein Augustus sei. Doch Friedrich selber sagte zu
Mirabeau – und er wusste nicht einmal, wie wahr diese Aussage sei –:
«Könnte ich den deutschen Schriftstellern einen grösseren Gefallen
tun, als dass ich ihre Werke nicht lese?» Man schickte ihm die erste
Ausgabe des Nibelungenliedes durch Myller; er sagte, es sei keinen
Schuss Pulver wert![218]

Das Ärgste war das Bündnis mit Russland gegen Polen. Er sagte,
mein Staat muss sich mit dem Staat verbinden, der uns die grössten
Schläge geben kann und kleine Staaten müssen immer im Schwung
sein.

Friedrich musste immer mehr Geld einziehen. Er zog sich am
Ende den Ruf eines hartherzigen Tyrannen zu, besonders weil er die
Regie einführte, da die Steuern nicht genügten. Es war eine Weg-
gebung einiger der wichtigsten Zölle und anderer Abgaben an eine
französische Kompanie. Es erschien Helvétius bei ihm. Salz, Tabak,
Kaffee und einige bedeutende Zölle wurden den Franzosen gegeben,
und 1500 Franzosen wurden ins Land gezogen und jeder bekam viel
Geld, damit er nicht stehlen musste. Ihnen wurde eine Menge von
Spionen zur Seite gegeben. Sie durften in alle Häuser dringen und die
Zettel der Quittung holen. Von da an sah man in Friedrich nicht
mehr den gütigen Herrscher, sondern den Tyrannen; er wurde sehr

verhasst. Aber er war abgehärtet. Aber das verdunkelte seine letzte Zeit. Mirabeau sagte, es sei keine Trauer bei seinem Tod gewesen. An seinem Todestag war alles sehr beschäftigt, aber völlig ruhig; ein einziger Offizier weinte. Man war sein Regiment müde bis zum Abscheu.

Er schrieb an seinen Bruder, Russland bedürfe seiner Allianz nicht. Preussen sei ein Vorposten Russlands, das musste er sich sagen lassen.

Zu dieser Edition

Edition im Sinne der «Weltgeschichtlichen Betrachtungen»

Ich habe vor über vierzig Jahren Jacob Burckhardts Vorlesungs-Manuskript «Über das Studium der Geschichte» mit dem von Jakob Oeri herausgegebenen Text der «Weltgeschichtlichen Betrachtungen» im Auftrag des Burckhardt-Biographen Werner Kaegi (1901–1979) verglichen und Ende 1969 darüber in einem mehrseitigen Schreiben berichtet.

Im Zusammenhang mit der Bearbeitung der «Vorlesungen über die Zeit Friedrichs des Grossen» für die Kritische Gesamtausgabe der Werke Jacob Burckhardts (JBW) habe ich das von mir damals bearbeitete Material wieder zur Hand genommen – und kann heute bloss bestätigen, was ich 1969 geschrieben habe: Oeris Ausgabe ist ein «Zwischen», nicht mehr ganz Burckhardt, aber auch nicht nur Oeri. Dieser war überzeugt: «Hätte Burckhardt sich gegen Ende seines Lebens noch mit diesen Ausführungen beschäftigt und nicht schon 1873 die letzten Zusätze dazu geschrieben, so dürfte er auch einiges schärfer formuliert haben, und wir würden dies und jenes, das uns jetzt lückenhaft erscheint, ausgefüllt, Verschiedenes auch anders beurteilt sehen.»[219]

Als dann 1982 Peter Ganz Burckhardts Vorlesungs-Manuskript «Über das Studium der Geschichte» herausgab, wurde das Buch mit Vorbehalten aufgenommen und bemerkt, «der spezifisch Interessierte» vor allem würde es mit Gewinn benutzen. «Wer hingegen die ‹Weltgeschichtlichen Betrachtungen› lesen will, besorge sich Oeris Text; es gibt keinen andern.»[220] Horst Günther schrieb 1997 in seinem Buch «Über Jacob Burckhardt» mit dem schönen Titel «Der Geist ist ein Wühler» im Zusammenhang mit den «Weltgeschichtlichen Betrachtungen»: «Eine neue Edition hat (verdienstvoll für die Forschung, aber nicht sehr glücklich für den Studienanfänger) den Text der *Weltgeschichtlichen Betrachtungen*, den früher ein Student der Geschichte mit Begeisterung beinahe in einem Zuge und dann immer mal wieder lesen konnte, fast unlesbar gemacht. Man muß sich durch die Notizen aus verschiedenen Zeiten, durch Wiederholungen und Varianten hindurchwühlen, um dem Gedanken auf die Spur zu kommen.»[221]

Im Jahr 2000 kamen «Über das Studium der Geschichte» und die «Weltgeschichtlichen Betrachtungen» im Band 10 der Kritischen Gesamtausgabe der Werke Jacob Burckhardts heraus; Gustav Seibt setzte über eine Rezension den Titel: «Am Nullpunkt des Edierens». Er hat sich damals «gegen die strengst-wissenschaftlichen Varianten ausgesprochen» und verlangte ein Zurück «zur verantwortlichen (und daher auch entscheidungsfreudigen) Herstellung lesbarer Texte». Kurz und bündig stellte er fest: «Im Übrigen ist der wichtigste Unterschied von Oeri und Ganz: Oeri kann man lesen, Ganz nicht.»[222]

Dass es sich bei der im Erscheinen begriffenen Kritischen Gesamtausgabe von Burckhardts Werken nicht gerade um eine «strengst-wissenschaftliche», aber doch um eine «streng-wissenschaftliche» Angelegenheit handelt, dürfte bekannt sein. Weniger bekannt, aber für eine korrekte Beschäftigung mit Jacob Burckhardt wichtig ist jener Satz, den er seinem Schüler Arnold von Salis (1847–1923) einst anvertraute: «Ich liebe das Wissenschaftliche; aber nicht das Streng-Wissenschaftliche!»[223]

Für die hier vorliegende Edition, die sich «an eine grössere Leserschaft» richten sollte, wurden Jakob Oeris «Weltgeschichtliche Betrachtungen» zum Vorbild genommen. Dabei kam mir der erwähnte seinerzeitige Textvergleich sehr zu Hilfe, wie übrigens auch die Transkription von drei Hörernachschriften der

Vorlesung «Über das Studium der Geschichte», die ich im Auftrag Werner Kaegis von 1969 bis 1970 unternommen habe.[224] Hilfreich war zudem, dass ich seinerzeit Burckhardts Vorlesung über die «Geschichte des Revolutionszeitalters» aufgrund von Nachschriften seiner Zuhörer rekonstruiert habe.[225]

Da ich seit 2003 immer wieder Stenogramme und andere Nachschriften von Studenten transkribiere, die in Burckhardts Vorlesungen (Kultur des Mittelalters, Neuere Geschichte, Geschichte des 17. und 18. Jahrhunderts) aufgenommen wurden, habe ich seine Redeweise – soweit das überhaupt möglich ist – irgendwie «im Ohr». (In diesem Zusammenhang sei erwähnt, dass ich ausser mir niemanden kenne, der die sogenannte «altpreussische Kammerstenographie» heute noch entziffern kann.)

Die Vorlesungen oder Vorträge über die Zeit Friedrichs des Grossen

Im Winter 1852/53 hielt Jacob Burckhardt im Auftrag der Freiwilligen Akademischen Gesellschaft achtzehn öffentliche «Vorlesungen über die Zeit Friedrichs des Grossen». Dazu schrieb Werner Kaegi in seiner Burckhardt-Biographie: «Die Geschichte Friedrichs des Großen stellt nur gerade einen Rahmen dar: sie beschäftigt Burckhardt in der ersten und in der letzten der achtzehn Vorlesungen dieses Winters von 1852/53. Im Zentrum stehen drei Vorträge über Frankreich am Vorabend der Revolution. Auf sie hin leiten je ein Vortrag über Maria Theresia, über Rußland seit Peter dem Großen, über den Untergang Polens, über die Türkei, über Skandinavien und über das Zeitalter Goethes in Deutschland. Vom französischen Hauptthema zum Ende hin führen Vorlesungen über Italien in der Epoche Alfieris, über Spanien, über das Papsttum und die Aufhebung des Jesuitenordens, über Joseph II. und den Gang seiner Reformen.»[226]

Diese Vorträge fanden in der Aula des 1849 eröffneten Museums an der Augustinergasse vor etwa 200 Zuhörern statt.

Burckhardt war damals 34 Jahre alt. Der Sanktgaller Historiker Hermann Wartmann (1835–1929) beschrieb Burckhardt, der 1856 in Zürich sein Lehrer war und den er oft über die Mittagszeit in der Badeanstalt antraf, als einen geradezu schönen Menschen mit jugendfrischem Antlitz, schönem, leichtgewelltem, braunem Haupthaar und einem wohlgepflegten Schnäuzchen. Aber schon mit gut vierzig Jahren hatte Burckhardt weisse Haare, die er ganz kurz geschnitten trug. Mit seinen markigen Gesichtszügen und der schlanken, muskulösen Gestalt glich er einem robusten Handwerksmeister.[227]

Auf dem Titelblatt seines Manuskripts schrieb Burckhardt zwar von «Vorlesungen über die Zeit Friedrichs des Grossen», es handelt sich jedoch um öffentliche Vorträge zu denen sogar Damen zugelassen waren. Zu Weihnachten 1849 schrieb er an Emma von Baeyer (1831–1902): «Die Leute verlangen nur, daß ich mich alle acht Tage, Freitags von 7 bis 8, auf einer Art Schaffot in ganzer Figur zeige und ihnen was vorschwatze; da sehen sie mich an und gehen wieder. Und das thut der feinste Flor der hiesigen Damen! Jeder Anwesende, auch der Geringste, ist glücklicher als ich, denn mir bleibt nichts übrig, als während des Redens die Augen gen Himmel zu heben, wenn mich nicht der großartige Anblick von circa 150 Damen außer Fassung bringen soll. Die Herren sitzen so, daß sie die Damen im Profil sehen; freilich behalten die meisten Damen die Hüte auf.»[228]

Seine eigentlichen Vorlesungen hielt Burckhardt in der alten Universität am Rheinsprung in einem «freundlich gegen den Rhein gelegenen Zimmer», im Hörsaal Nummer 3. Nach 1858 sassen je nachdem zwischen zwanzig und siebzig Zuhörer in den Vorlesungen: Studenten, Kollegen, Bürger der Stadt. Oft war der Andrang im zu kleinen Raum derart, dass wer zu spät kam, stehen oder sich aufs Fenstergesimse setzen musste. Unter den «Zuhörern aus der Stadt» befanden sich viele Lehrer, für die Burckhardt seine grosse Vorlesung auf den Nachmittag zwischen vier und fünf gelegt hatte. Von «Herren Zuhörern aus der Stadt» ist in verschiedenen Abwandlungen in den Seme-

Jacob Burckhardt, Bleistiftzeichnung von unbekannter Hand,
vielleicht von Luise Kugler (1811–1884), um 1847,
Universitäts-Bibliothek Basel.

sterberichten immer wieder die Rede; beispielsweise steht 1858 nach der namentlichen Nennung von 18 Herren Studenten: «nebst mehrern andern Studirenden und einigen geehrten Herren Collegen und Bürgern». Im Bericht über das Wintersemester 1852/53 schrieb Burckhardt: «Außerdem waren sämmtliche Studirende zu den öffentlichen Vorlesungen des Docenten *über die Zeit Friedrichs des Großen* mit freiem Eintritt eingeladen.»[229]

Burckhardt hielt diese Vorträge jeweils dienstags und begann damit am 2. November 1852; die weiteren Vorträge fanden vermutlich statt am 9., 16., 23. und 30. November, am 7., 14. und 21. Dezember 1852 sowie am 4., 11., 18. und 25. Januar, am 1., 8. und 22. Februar sowie am 1., 8. und 15. März 1853. Auf dem Schlussblatt des Manuskripts schrieb Burckhardt ein gut mittelalterliches «Explicit feliciter 15 Mart 1853».[230] Das Vorlesungsmanuskript Burckhardts wird im Staatsarchiv Basel-Stadt aufbewahrt (PA 207, 171) und besteht aus 36 gefalteten und vierseitig beschriebenen Bogen, also 144 bzw. mit den zusätzlich eingelegten Blättern 157 Seiten.[231]

Jacob Burckhardt arbeitete ohne Zweifel «wissenschaftlich», aber nicht «streng-wissenschaftlich». Er zitierte zum Einen wörtlich und/oder sinngemäss aus Quellen und Literatur meistens ohne Anführungs- und Schlusszeichen, ohne Seitenangaben und oft nur mit vagen Hinweisen. Ein Beleg dafür, dass Burckhardt «das Wissenschaftliche» liebte, ist die Feststellung, dass er seine Zitate wortgetreu und in der Regel sehr sorgfältig abschrieb. Das hat schon Werner Kaegi in seiner Burckhardt-Biographie festgestellt: «Man kann die Excerpte Burckhardts mit den Texten im ersten Band Lanfreys […] vergleichen und findet genaue Übereinstimmung.»[232] Zum Andern gibt es neben den mehr oder weniger eindeutigen Quellen- und Literaturhinweisen noch viele Passagen, die Burckhardt sinngemäss oder wörtlich aus Becker, Johannes von Müller, Ranke, Saint-Priest, Schlosser, Wachsmuth usw. abschrieb. Es ist in der Regel eher Zufall, wenn solche «stillen Exzerpte» erkannt und nachgewiesen werden können.

Die vorliegende Edition vermeidet alles «Streng-Wissen- 187
schaftliche» und versucht, Burckhardts Text lesbar zu machen.
«Die Knappheit der Notizen und Exzerpte» Burckhardts sind
im Original teilweise so gut ausformuliert, dass sie mit Eingrif-
fen à la Oeri veröffentlicht werden können und wir auf diese
Weise trotzdem «ein Dokument aus der Werkstatt des Histori-
kers» besitzen.[233]

Die oben erwähnte Feststellung Oeris gilt auch für die Vorlesungen über die Zeit Friedrichs des Grossen. Wir haben in
Burckhardts Manuskript eingegriffen und es nicht diplomatisch-
getreu transkribiert, sondern eine «leserfreundliche» Edition
hergestellt – in der Meinung, dergestalt Burckhardts Stil und
Diktion am besten erhalten und weitergeben zu können.

Erwähnt werden muss, dass es sich bei diesem Text um die
Publikation von Vorbereitungen oder Notizen für Vorlesungen
bzw. *Vorträge* Jacob Burckhardts handelt, die er so nie gehalten
hat. Anhand seiner Notizen memorierte er den Inhalt des jeweiligen Vortrags, den er dann in der Aula des Museums völlig frei
halten konnte – wie übrigens auch alle seine Vorlesungen an der
Universität.[234] (Nur nebenbei sei erwähnt, dass Jacob Burckhardt als glänzender Redner in seinen Universitätsvorlesungen
und den öffentlichen Vorträgen in der neuen Kritischen Gesamtausgabe überhaupt nicht gewürdigt wird.)

Schon während meiner Arbeit an Jacob Burckhardts Vorlesung über die Geschichte des Revolutionszeitalters (1965–1974)
habe ich mich mit den Vorträgen über die Zeit Friedrichs des
Grossen befasst, und als ich 1989 den Plan, diese zu edieren,
wieder aufnahm, verglich Max Burckhardt (1910–1993), der
Herausgeber der Briefe Jacob Burckhardts, meine Situation mit
derjenigen Jacob Oeris. In zahlreichen Gesprächen und Briefen
(auch mit Vorschlägen der Bearbeitung) versuchten Max Burckhardt und ich eine wissenschaftlich vertretbare Lösung zu
finden. Leider konnte vor zwanzig Jahren der Plan aus verschiedenen Gründen nicht ausgeführt werden.

Als Mitherausgeber von Band 28 der JBW, der «Geschichte
des Revolutionszeitalters», begann ich mit der Arbeit an den

Vorlesungen über die Zeit Friedrichs des Grossen im Jahr 2003
von neuem, sollten diese doch ursprünglich dem betreffenden
Band vorangestellt werden. Als der Verlag Schwabe in Basel mir
2009 dann «freie Hand für die Publikation in einem anderen
Verlag» der Vorlesungen gab, knüpfte er daran folgende Bedin-
gungen: «Der Text muss sich wesentlich von der für die JBW
vorbereiteten Version unterscheiden d. h. eben ‹verzieglert› sein.
Und der ebenfalls für die JBW vorbereitete Apparat und Kommentar dürfen nicht in diese separate Ausgabe einfliessen, weil
sonst die JBW konkurrenziert würde.»[235] Der ausführliche
Kommentar und die textkritischen Anmerkungen bleiben der
Edition von Burckhardts Vorlesungs-Notizen in einem späteren
Band der JBW vorbehalten, wo dann dereinst auch der ganze
Vorlesungstext «streng-wissenschaftlich» und kritisch ediert wer-
den wird.

Für die nun vorliegende Ausgabe wurden Jacob Burckhardts
Orthographie, Gross- und Kleinschreibung sowie die Zeichen-
setzung dem heutigen Gebrauch angeglichen und seine vor-
wiegend französischen Zitate übersetzt. (Anhand von Hörernachschriften aus Vorlesungen kann vermutet werden, dass
Burckhardt die in seinen Vorlesungsmanuskripten in einer
Fremdsprache notierten Stellen im mündlichen freien Vortrag
deutsch referiert hat.) Die Einteilung in Abschnitte wurde sinngemäss gestaltet; die Interlinear- und Randzusätze wurden
stillschweigend in den Text eingefügt. Weil Burckhardt seine
«Vorlesungen über die Zeit Friedrichs des Grossen» in der Revolutions-Vorlesung verwendet hat und an vielen Stellen seines
Manuskripts auf deren Blätter und Bogen verweist, wurde die
Bogen-Zählung in unserer Ausgabe erwähnt.

Im Zuge der Recherchen für den Kommentar zu den Vorlesungen wurden Besprechungen von Burckhardts Vorträgen
über die Zeit Friedrichs des Grossen in Basler Zeitungen ge-
sucht. Die *Allgemeine Schweizer Zeitung*, die *Schweizer Grenzpost*
und der *Schweizerische Volksfreund* sind nach Auskunft des Staatsarchivs Basel-Stadt für 1852/53 nicht vorhanden. In der *Basler
Zeitung*, im *Intelligenzblatt der Stadt Basel* und im *Tagblatt der*

Stadt Basel wurde bis jetzt kein sogenanntes Zeitungsreferat gefunden.

Gustav Seibt schrieb in der erwähnten Besprechung: «Im Zeitalter der digitalen Informationstechnik lassen sich im Übrigen alle Materialien, die eine minutiöse Nachprüfung sämtlicher editorischer Entscheidungen erlauben, bequem bereitstellen. Warum sollte man nicht die Handschriften der großen Denker und Dichter in großem Umfang auf CD-Rom publizieren? Jeder, der zitiert, könnte dann seine Zweifel durch Mausklick überprüfen. Vorher aber muss es einen Text geben, der sinnvolles Zweifeln überhaupt erst ermöglicht.» Jacob Burckhardts Notizen seiner Vorlesungen über die Zeit Friedrichs des Grossen sind zwar nicht digitalisiert; dafür existiert aber eine «streng-wissenschaftliche» Fassung (Transkription und Konstitution) mit ausführlichem Kommentar, die jederzeit in Basel (Staatsarchiv), Berlin (Humboldt-Universität) oder St. Gallen (Stadtarchiv) eingesehen werden kann.

Friedrich
der Andere

Johann Wilhelm Ludwig Gleim war ein bedeutender Förderer deutscher Dichter und Dichtung. Als Poet von Hirtenliedern und Trinkgesängen war er mittelmäßig. In seinen Kampfliedern stimmte der Kanonikus von Halberstadt und Parteigänger Friedrichs des Großen Töne an, deren Brachialität weiterhin erschrecken:

> Ein Held fall ich; noch sterbend droht
> Mein Säbel in der Hand!
> Unsterblich macht der Helden Tod,
> Der Tod fürs Vaterland!

Die Verse von 1756 deuten auf einen erstarkenden Nationalismus und zunehmend totalitäre Kriege hin. Ludwig Gleim hinterließ beim Tod des Preußenkönigs 1786 aber auch einen gereimten Gedankengang, der Friedrichs bleibende Ausstrahlung und Rätselhaftigkeit in wenige Zeilen faßt:

> Von diesem Einzigen wird man wie ein Gedicht
> Einst die Geschichte lesen;
> Denn wahr, was sie erzählt, ist alles zwar gewesen,
> Wahrscheinlich aber nicht!

Wahr und unverrückbar sind alle äußerlichen Fakten im Leben Friedrichs II. *König in Preussen, Markgraf zu Brandenburg, des*

Heiligen Römischen Reiches Erz-Cämmerer und Churfürst etc. Geboren wurde der Hohenzollernprinz als dritter und überlebender Sohn Friedrich Wilhelms I. und seiner welfischen Gemahlin Sophie Dorothea am 24. Januar 1712 in Berlin. Nach einer oft unglücklichen Kindheit und Jugend unter dem ebenso rohen wie frömmelnden Regiment seines Vaters, nach der Hinrichtung seines Seelengefährten Hans Hermann Katte 1730, strengen Ausbildungsjahren, sodann zwangsverehelicht mit Elisabeth Christine von Braunschweig-Bevern und nach wenigen glücklichen Kronprinzensommern in Rheinsberg bestieg Friedrich 1740 den preußischen Thron.

In jenem Jahr war auch, wie ein großer öffentlicher Auftritt im geistigen Leben, sein Buch *Der Antimachiavell* erschienen, in dem er gegen die Rechtfertigung von Heimtücke oder vorteilhaftem Vertragsbruch im politischen Leben durch den florentiner Staatstheoretiker Niccolò Machiavelli aufs Entschiedenste Position bezog: «Ich setze die Vernunft und die Gerechtigkeit dem Betrug und dem Laster entgegen.»

Zu den entsprechenden frühen und wegweisenden Amtshandlungen als junger König gehörten die Abschaffung der Folter, ausgenommen bei Hochverratsprozessen, die Lockerung von staatlicher Zensur, Anordnungen zur freien Religionsausübung, das Verbot von Hexenprozessen und die Verbesserung der Stellung von Frauen im Scheidungsrecht. Europaweit wurde er als *Salomon des Nordens* bestaunt.

Zugleich stockte der junge Monarch die für sein Land ohnehin überdimensionierte Kriegsstreitmacht seines Vaters auf, so daß Zeitgenossen alsbald nicht von einer «Armee für den Staat, sondern einem Staat für eine Armee» sprachen. In drei Kriegen, deren ersten Friedrich wie aus heiterem Himmel begann, behaupteten er und Preußen den Besitz des von Österreich geraubten Schlesien. Mit fast einer halben Million Toten, verwüsteten und ruinierten Landschaften, französischen, englischen und russischen Invasoren in Deutschland wurden die drei Schlesischen Kriege, deren letzter sich zum Siebenjährigen Krieg auswuchs, eine furchtbare Heimsuchung der Epoche. Eines ihrer

Resultate war der Aufstieg Preußens zur europäischen Großmacht und die Demütigung des Hauses Österreich, dessen
Kaiser nur noch geschwächt den Obliegenheiten des Heiligen
Römischen Reichs deutscher Nation vorstehen konnten. Die
von Friedrich ausgelösten Schlesischen Kriege waren Bruder-
kriege innerhalb der deutschen Grenzen, wobei Friedrich sich
auch auf deutsche Freiheitsrechte berief und Habsburg immer
vergeblicher die Unterordnung unter alte Reichsgesetze verlangte. Der blutige Kampf verstärkte und beschleunigte eine Zersplitterung des ebenso ehrwürdigen wie komplizierten deutschen
Staatensystems.

Nach den Verheerungen des Kriegs, gezeichnet von persönlichen Verlusten und Gebrechen verschrieb sich Friedrich dem
Wiederaufbau seines Landes. Er bereiste als *Alter Fritz* die Provinzen oder zog sich, mit stetem Arbeitseifer, nach Potsdam
zurück, wo er als «Eremit von Sanssouci», als Staatsvorsteher,
Zyniker und als zärtlicher Umsorger seiner Windhunde legen-
där wurde. Bei seinem Tod war Friedrich – von seinen Anhän-
gern als «der Einzige» verherrlicht – eine welthistorische Gestalt.
Er und seine Truppen hatten einer erdrückenden Übermacht von
Feinden standgehalten. Sein geschundenes Land war durch
strenge Verwaltung, Sparsamkeit und Aufopferung wieder zu
Wohlstand gelangt.

Aber Friedrich ging nicht nur als neuer Alexander, Kriegs-
gott Mars in die Geschichte ein. Der preußische Einzelgänger
hatte sich auch in zahllosen Schriften als intellektuelle und
philosophische Kapazität erwiesen. Er und sein Wirken hinter-
ließen in Architektur, Malerei und Musik das preußische Rokoko.
Ein Apoll seiner Staaten wollte der König sein, und in der Tat
blieben ihm auch und gerade in seinen bedrückendsten Tagen
das durchaus meisterliche Musizieren, Komponieren und Dichten lebensnotwendig.

Zweigeteilt sind das Wesen Friedrichs des Großen und sein
Nachruhm. Sowohl der unerbittliche Krieger als auch der streng
fürsorgliche Landesvater konnten glorifiziert werden. Aus einem
anderen und wohl weltläufigeren Blickwinkel heraus fasziniert

weiterhin der Freigeist, dessen Denken oft den Nihilismus streifte, der Verehrer des Schönen und der Witz eines nonkonformen Mächtigen, der sich über seine eigenen Schwächen und Marotten amüsieren konnte: «Sie fragen mich», schreibt er im Alter an seinen Lieblingsfranzosen Voltaire, «was Geist sei? Ach! Ich zähle Ihnen alles auf, was er nicht ist: ich selbst besitze so wenig davon, daß mich seine Definition in einige Verlegenheit brächte.»

Friedrich kann insgesamt in vielfacher Hinsicht bestaunt, verehrt oder gescholten werden. Doch angesichts seines zerklüfteten Wesens und Handelns erfaßt keine Verherrlichung oder Verdammung ihn, gottlob, ganz. Sein Kriegsruhm wirkt zu blutig. Seine Kunstsinnigkeit bleibt von zu lautem Schlachtlärm untermalt. Zum deutschen Nationalhelden taugt Friedrich nicht: Er rebellierte gegen das angestammte, ihm übergeordnete Kaiserhaus, und eine spezifisch deutsche Kultur nahm er aus vielerlei Gründen nicht wahr. Wer den Freigeist lobt, müßte die gnadenlose Disziplin, die er einforderte, mit seinem Trachten nach Toleranz harmonisieren können. Der charmante Plauderer der Tafelrunde erscheint mit dem Feldherren, der von seinen Soldaten verlangte, «Mauern aus Leibern» zu bauen, unvereinbar. Der Landesvater war fast ein Landeszerstörer, der deutsche Held ein französischer Schöngeist. In der Theorie verwarf er die politischen Verstellungskünste, die Machiavell als notwendig anempfohlen hatte. In der Praxis erwies Friedrich sich als gewiefter Taktiker, der äußerte: «Ich fange mit Eroberungen an, und Gelehrte werden mir später bestätigen, daß ich im Recht war.»

Friedrich der Einzige, als der er ohne seine Planung und oft in fataler Weise verherrlicht wurde, gebührte eher die Bezeichnung Friedrich der Einzigartige, denn noch im nachhinein entzieht sich der apollinische Mars, der Frauenverächter, der inniglich an seinen Schwestern hing, der Preuße, der kein Reichsdeutscher sein wollte, der klaren Einordnung. Er residiert weiterhin in Sanssouci, verblüfft und gibt Rätsel auf. Wer ihn zu Lebzeiten und danach einseitig bejubelte oder verdammte, verging sich an den Facetten seines Charakters, der durch seine

Position im Licht der Zeiten bleibt. Friedrich war auch immer ein anderer, der durch viele Schicksalswendungen janusköpfig wurde.

Gerade letzteres hatte der Dichter Ludwig Gleim in seinem Epitaph angedeutet: Manche Beweggründe, Geschehnisse und Ziele in Friedrichs Leben sind voller Unwahrscheinlichkeiten und erregend ungewöhnlich.

Enorme Begabungen sowohl im logischen Denken wie im künstlerischen Empfinden werden Friedrich angeboren gewesen sein. Er fiel deutlich aus dem Rahmen der zahlreichen deutschen Thronanwärter und europäischen Fürsten. Dafür waren seine jungen Jahre von zu schweren Bedrängnissen geprägt. Frühzeitig und massiver als andere war Friedrich mit dem eigenen Untergang konfrontiert und mußte Strategien der Selbsterhaltung entwickeln. Hinlänglich bekannt ist das erzieherisch gutgemeinte, doch erdrückende Schreckensregiment, das sein Vater, der Soldatenkönig, auf seinen Sohn und Nachfolger ausübte. Mit Trommelwirbel wurde Friedrich geweckt und seit Kindesbeinen in Uniformen gesteckt. Scheinbar unnützes Musizieren wurde ihm verboten. Die Mahlzeiten an der königlichen Tafel fielen oft karger aus als in Bürgerhäusern. Und der jähzornige Vater schlug und erdrosselte beinahe den Sohn, wenn dieser sich aus der martialischen Zucht in die Künste flüchtete, heimlich die Uniform, den «Sterbekittel», gegen elegante Kleidung vertauschte. Es ist klar, daß der Kronprinz durch solche Unterdrückung traumatisiert wurde und um so inständiger von einer helleren und galanten Welt träumte. Was ihm, der allein seinem Vater unterworfen war, als Überlebensmethode zur Verfügung stand, war ein Wechselspiel aus Gehorsam, latentem Eigenwillen und Verstellung, die er einübte. Ein Gott half dem Bedrängten offenbar nicht. «Sein einziges Gesetz war», erkennt Jakob Burckhardt, «sein inneres.»

Mehrfach plante Friedrich die Flucht aus dem verhaßten Vaterstaat, dessen effiziente Verwaltung er gleichwohl erkannte und verinnerlichte. Zum bleibenden Schrecken mit vielen Nach-

wirkungen wurde für den jungen Mann sein gescheiterter Flucht-
versuch von 1730, in dessen Folge sein Seelenvertrauter und
vielleicht Geliebter Hans Hermann Katte vor Friedrichs Augen
hingerichtet wurde. Der inhaftierte und schließlich bußwillige
Kronprinz vergaß den Schmerz und die Erniedrigung nie und
mochte seit dem Küstriner Kerker auch ein unerbittliches
Grauen als Teil des Lebens akzeptiert haben. Die Sehnsucht
nach Heil, Wohlfahrt, nach freier Freude und die Vertrautheit
mit der Macht des Fatums fanden zusammen. Um so beeindruk-
kender bleibt, daß Friedrich nach und trotz dieser äußersten
Zumutung die staatspolitische Tüchtigkeit des Vaters anerkannte
und sich geradezu bereitwillig in die anbefohlene Verwaltungs-
schulung rettete. Für ihn gab es kein anderes Entkommen. Der
knapp Zwanzigjährige kannte sich in Fragen der Landwirtschaft,
Bodenverbesserung, Vermessungstechnik und der Besiedlungs-
vorhaben bald besser aus als mancher Beamter oder gar Stan-
desgenosse. Der Alte Fritz als «erster Diener des Staates» war
im Jüngling angelegt.

Drei Jahre nach dem Drama von Küstrin willigte der Kronprinz in seine Verehelichung mit der braunschweigischen Prin-
zessin Elisabeth Christine ein. «Nun wird es eine unglückliche
Fürstin mehr in der Welt geben», kommentierte er diese Hei-
rat, die auf braunschweigischem Boden in Schloß Salzdahlum
stattfand. Bereits Zeitgenossen hegten keinerlei Zweifel daran
oder hüllten sich in Schweigen darüber, daß Friedrich der Män-
nerliebe zugetan war und im Laufe seines Lebens wechselnde
Favoriten hatte, seien es Dietrich Graf von Keyserling, sein
«Caesarion» und «Liebling», für lange Jahre der mit allen
möglichen Aufgaben betraute Michael Gabriel Fredersdorf,
geradezu eine Graue Eminenz Preußens, oder Heinrich von
der Marwitz, um den es mit Friedrichs gleichfalls homosexuel-
lem Bruder Heinrich zu giftigen Rivalitäten kam. Die Neigung
soldatisch-musischer Naturen zum gleichen Geschlecht teilten
die Hohenzollern-Brüder mit zahlreichen illustren Vorgängern,
seien es Alexander der Große, Caesar, der Prinz Eugen oder
dessen französischer Gegenspieler, der Marschall de Vendôme.

Das jungvermählte Thronfolgerehepaar, das vermutlich nie intime Kontakte pflegte, bezog 1736 Schloß Rheinsberg, das der kränkelnde Soldatenkönig seinem Sohn geschenkt hatte. In Rheinsberg versammelte Friedrich endlich seinen ersehnten Musenhof, zu dem der Baumeister Wenzel von Knobelsdorff, der Maler Antoine Pesne und der Komponist Carl Heinrich Graun zählten. Im idyllischen Schloß wurde erstmals unbehelligt musiziert, getanzt und freigeistige Literatur debattiert. Auf Friedrichs Wunsch schien sich ein preußischer Traum zu erfüllen, das zwanglos musische Leben.

Zwei Fenster zu solch sonnigem Dasein hatten sich dem Kronprinzen früh aufgetan. Im Jahr 1728 hatte Friedrich seinen Vater zu einer Staatsvisite nach Dresden begleiten dürfen. Obwohl dort streng beaufsichtigt und auch vor aller Augen von seinem Vater gezüchtigt, scheint sich die sächsische Metropole mit ihrem Glanz und Reichtum auf geradezu fatale Weise dem Sechzehnjährigen eingeprägt zu haben. In Dresden, der Hauptstadt des florierenden Kurfürstentums Sachsen, erlebte Friedrich einen der prunkvollsten europäischen Höfe, freizügige Sitten, Oper und Ball. Im vergleichsweise ärmlichen Brandenburg-Preußen – das mochte bereits der Jüngling gewußt haben – wäre eine Entsprechung, gar noch größerer Glanz kaum zu inszenieren. Vielleicht läßt sich seit diesem Besuch in jungen Jahren bei Friedrich sogar von einem Dresden-Syndrom sprechen. Die Stadt an der Elbe bekräftigte sein Verlangen, auch Berlin und Potsdam zu einem Kulturzentrum zu erheben. Zugleich schien der Preuße zeitlebens von einem besonderen Neidhaß auf alle sächsische Leichtlebigkeit beseelt geblieben zu sein. Ohne Kriegserklärung überfiel er 1756 den südlichen Nachbarn, sieben Jahre lang plünderte er Sachsen, als Finanzbasis für seinen Krieg, bis aufs Mark aus. Friedrich ließ die Schlösser seines sächsischen Widersachers, des Ministers Heinrich Graf von Brühl, systematisch verwüsten und die sächsisch-polnische Kurfürstin-Königin Josepha, eine gebürtige Habsburgerin und überdies Tante Maria Theresias, von Grenadieren in Gewahrsam nehmen. Solche unerhörten Gewaltakte, die auch einer Rache an sorglosem Wohlleben glichen, machten die europäische Öffentlichkeit fassungslos und verdunkelten nachhaltig Friedrichs Bild als eines zivilen Schöngeists.

Neben Dresden, als Ort und Vision eines lockend-bedrohlichen Müßiggangs, war das zweite Fenster, durch das Friedrich in die Welt blickte, die Literatur, die französische. Die Tragödien Corneilles und Racines, deren Klarheit und Sprachklang, hatten Friedrich von jung auf bezaubert. Viele der fünfaktigen Dramen kannte er auswendig, und wer gesprächsweise auf einen von ihm eingestreuten Vers mit Folgeversen reagieren konnte, gewann in Sanssouci oder im Feldlager seine Wertschätzung. Markant und ungewöhnlich waren die Fährnisse von Friedrichs Jugend gewesen, die ihn zum findigen Einzelkämpfer gemacht hatten. Ohne Beispiel war auch sein Unterfangen, als vierundzwanzigjähriger und wenig bekannter Prinz mit dem Star der europäischen Literatur in Kontakt zu treten, mit Voltaire. Der Aufklärer aus Paris, der selbst von den Autoriäten seiner Zeit, von Staat und Kirche, verfolgt wurde, war lange Zeit und wurde immer wieder Friedrichs Abgott. Voltaires stilistische Eleganz, die Weltläufigkeit seiner Schriften, sein Kampf gegen Aberglauben und Unfreiheit faszinierten Friedrich. Der Briefwechsel, der sich zwischen beiden entspann und über zweiundvierzig Jahre bis zu Voltaires Tod währte, entwickelte sich zur vielleicht lebhaftesten und geistreichsten Korrespondenz der Weltliteratur. Als Prinz und König erwies sich Friedrich in hunderten von Briefen als brillanter Stilist, als nachdenklicher Mann, der sich über Ruhm und Ehre keinerlei Illusionen hingab. Geständnisse der Verzweiflung, besonders im Kriegsunglück, dann wieder lebensnotwendiger Witz, die supranationale und oft auch zänkische Verbundenheit mit Voltaire weisen Friedrich als Lebensphilosophen und Weltgeist aus, der sich in kein teutonisches Korsett zwängen läßt. Womöglich wurden nie beschwingtere Zeilen zu Papier gebracht als vom preußischen König, der Voltaire zur Übersiedlung nach Potsdam aufmunterte und schon aus der Ferne begrüßte: «Mögen die Wagenpferde des Achilleus Sie ziehen, mögen sich die krum-

men Pfade vor Ihnen ebnen! mögen die Herbergen Deutschlands sich für Sie zu Palästen verwandeln! mögen die Äols-Winde
in den Schläuchen des Odysseus eingesperrt bleiben, möge der
regnerische Orion weichen, und mögen die Nymphen unserer
Gemüsegärten zu Göttinnen werden, auf daß Ihre Reise und
Ihr Empfang dem Verfasser der Henriade würdig seien!»

Voltaire verbrachte alsdann drei Jahre als Mitglied der geistig annähernd tabulosen Tafelrunde in Sanssouci, die einer
königlich beschirmten Akademie der Freidenker glich, ehe es
zwischen ihm und Friedrich zu rachsüchtigem Gezänk kam, das
aber alsbald wieder verlosch. Dem Franzosen vertraute Friedrich nach Katastrophen des Siebenjährigen Kriegs den Irrwitz
von Schlachtengemetzeln, sein Verzagen und auch seine Selbst-
mordabsichten an: «Für die Anteilnahme an den Abenteuern
des Don Quichotte des Nordens bin ich dem Einsiedler von Les
Délices zu großem Dank verpflichtet. Dieser Don Quichotte
führt das Leben eines Wanderkomödianten, spielt bald auf
diesem Theater, bald auf jenem, wird manchmal ausgepfiffen,
erntet manchmal Applaus. Das letzte Stück, in dem er gespielt
hat, war die Thébaide (die Schlacht von Hochkirch, 1758), kaum
der Kerzenlöscher blieb am Leben ... Sie, der Sie Zuschauer dieses bluttriefenden Stückes sind, das man spielt, Sie dürfen uns
samt und sonders auspfeifen. Damit täten Sie etwas Gutes!»

Und Voltaire weiß den geschlagenen Preußenkönig zu trö-
sten: «Die Catos und Othos, deren Tod Ew. Majestät schön finden, hatten kaum die Wahl zwischen Unterjochung und Tod.
Unsere Gebräuche und Ihre Lage sind weit davon entfernt,
derartige Entscheidungen zu verlangen; mit einem Wort, Ihr
Leben wird sehr gebraucht. Sie wissen, daß die europäischen
Angelegenheiten niemals lange auf der Stelle treten und daß ein
Mann wie Sie die Pflicht hat, für das Kommende bereit zu
sein.» – Es ist nicht ohne Reiz, daß ein betagter französischer
Zivilist den preußischen Oberbefehlshaber an seine Pflichten
gemahnt. Nach dem Siebenjährigen Krieg nahm Friedrich
Franzosen bei sich auf, denen aufgrund von Gotteslästerung in
Frankreich die Todesstrafe oder Galeere drohte, und die Vol-

taire in kostspieligen Prozessen freigekämpft hatte. Im Alter dann tauschten die berühmten und ebenbürtigen Briefpartner Diätempfehlungen und Rheumamittel aus. Eine solche Nähe und ein solches Zusammenwirken von Geist und Macht, über die Grenzen hinweg, sind einzigartig. Wir lernen in diesen Schreiben einen zartfühlenden König kennen.

Friedrich wird mit leicht berlinischem Tonfall gesprochen haben. Sein Schriftdeutsch war bekanntermaßen miserabel. Dieser Umstand steigert aber beinahe noch die Intensität jener Briefe, die er tagtäglich an seinen langjährigen und zumeist kränkelnden Gefährten Michael Gabriel Fredersdorf richtete, den er in Küstriner Zeiten kennengelernt hatte. Anrührende Sorge um den geliebten Menschen ist in fast allen Zeilen dieses spät publik gewordenen Austauschs spürbar: «Bleibe um gottes Willen noch in der Camer und thue nicht die Tohrheit, so tzeitig auszugehen. Künftige Woche komme ich nach berlin und werde Sehen, wie es mit Dihr ist. gottbewahre Dihr! Fch». In diesen persönlichen bis intimen Schreiben kommen auch die diversen Gebrechen zur Sprache, die Friedrich zeitlebens plagten und die er möglichst unauffällig zu bezwingen hatte, häufige Erkältungen, Zahnleiden, recht früh die Gicht und immer wieder: «Ich habe gestern die Lauffende hemeroiden gekrigt; weilen es aber nach einem Clistir war, so weis ich nicht, ob es nicht wol daher Kömt, daß das Röhrchen was durch stosen hat. ich befinde mihr doch heüte beser.» Fredersdorf teilte alle Sorgen und war bis zu seinem frühen Tod 1758 die Seele der preußischen Hofhaltung.

Friedrichs gesundheitliche Anfälligkeit ist mitzubedenken, wenn man die Pflichterfüllung, die er auch anderen abverlangte, bestaunt. Sein Tagwerk begann zwischen vier und sechs Uhr früh. Er kleidete sich selbst an. Und noch im Alter wohnte er bei Wind und Wetter und zu Pferd den Manövern seiner Truppen bei, bewundert auch von einer Heerschar ausländischer Zuschauer. Daß für Frauen und ein womöglich diffuses Familienleben in solchem Umfeld kein Platz war, ist augenscheinlich. Die Königin residierte – im übrigen auch von sich

aus recht antriebslos – in Niederschönhausen und sah Potsdam
nur einmal auf ihrer Flucht vor den Österreichern nach Magdeburg.

Die Schärfe des vielleicht reflektiertesten Monarchen, den Europa besaß, äußert sich jedoch nicht allein in Selbstdisziplinierung, klaren Kommandostrukturen, sondern eben auch in einer Gesamtweltsicht Friedrichs. Im Einklang mit Philosophen, die er schätzte und als Gäste empfing, zum Beispiel die Franzosen Pierre-Louis de Maupertuis oder Julien-Offray de La Mettrie, betrachtete er sich als eine empfindende, seltsam beseelte körperliche Maschine, der eine gewisse Daseinsfrist zugestanden war, während derer sie Pflichten und gelegentliche Vergnügen verbinden sollte: «Kein Mensch taugt ohne Freude.»

Friedrich glaubte vielleicht an eine höhere Macht, doch wußte der Mensch nichts über sie, und kirchliche Glaubensregeln waren für ihn Lug und Trug, die schlichten Menschen, dem Volk einen gewissen Halt spenden konnten. Milde Religion, gleich welcher Couleur, erschien ihm zivilisatorisch; anmaßende Glaubensrichter waren dem nüchternen Geist zuwider. Aus dieser Haltung verfaßte er – und niemand seines Standes konnte an Geistesschärfe mit ihm konkurrieren – die zugleich witzigsten und ätzendsten Schriften, die sich gegen Glaubenssicherheit zu Papier bringen ließen. Zu diesen Werken zählt das tollkühne *Totengespräch zwischen Madame de Pompadour und der Jungfrau Maria*, das Friedrich zu seinem Amüsement 1772 ersann und in kleiner Auflage drucken ließ. In diesem Dialog, der nicht seinesgleichen hat, parliert die verstorbene Mätresse Ludwigs XV. mit der gleichfalls ins Jenseits geratenen Gottesmutter:

«Pompadour: Man sagt, Euer Ältester sei berühmt geworden?

Die Jungfrau: Leider! Ja, er wurde aufgehängt, aber das begründete seine Karriere.

Pompadour: Aus dem Grunde ist mir die Lust vergangen, Söhne zu haben.

Die Jungfrau: Ihr habt keine erhabene Seele. In diesem Aufhängen liegt das Mysterium.

Pompadour: Ihr sucht Mysterien, wo es keiner bedarf. Ist es denn so ungewöhnlich, daß der Sohn eines Zimmermanns oder eines römischen Legionärs aufgehängt wird, weil er das Volk aufwiegeln wollte?

Die Jungfrau: Aber wißt Ihr denn nicht, daß Gott mir den Heiligen Geist sandte und daß mir der himmlische Samen von ihm eingegossen wurde?

Pompadour: Eure Reden erregen mir Grauen. Ihr lästert Gott …»

Einer breiten gläubigen Öffentlichkeit ist solcher Gedankenzeitvertreib Friedrichs des Großen wahrscheinlich noch heute nicht zumutbar. In zahlreichen anderen Schriften verbindet er seinen Skeptizismus gegenüber Religion und Metaphysik mit der Pflicht zu einem tüchtigen und humanen Wirken des Menschen während seiner Erdentage. Mustergültig dafür ist der Schluß seiner *Abhandlung über die Gründe für das Erlassen und Außerkraftsetzen der Gesetze*: «Sich einzubilden, daß die Menschen insgesamt Unholde sind, und sie mit Grausamkeit zu verfolgen, entspringt der Betrachtung eines bösartigen Menschenfeindes. Zu vermuten, daß alle Menschen Engel sind, und ihnen die Zügel ganz abzunehmen, ist der Traum eines einfältigen Kapuziners. Anzunehmen, daß sie weder allesamt gut noch allesamt schlecht sind, die guten Taten über ihren Wert hinaus zu belohnen, die bösen geringer, als sie es verdienten, zu bestrafen, Nachsicht gegenüber den Schwachen zu zeigen und Menschlichkeit gegenüber allen walten zu lassen, das ist es, was ein vernunftbegabter Mensch gegen den Menschen tun sollte.»

Eine vergleichbar humane Absichtserklärung aus Fürstenhand wird man kaum finden; desgleichen nicht einen Kurzrapport, in dem Friedrich aus seinem Friedenswalten höchst konkret mitteilt: «Ich war in Preußen, um die Leibeigenschaft aufzuheben, barbarische Gesetze zu reformieren und vernünftigere zu verkünden, um einen Kanal einzuweihen, der Weichsel,

Netze, Warthe, Oder und Elbe verbindet, um seit der Pest von
1709 darniederliegende Städte wieder aufzubauen, zwanzig
Meilen Sumpf trockenzulegen und um in einer Gegend, wo sogar der Begriff unbekannt war, ein wenig Verwaltung einzuführen.» In diesem Sinne lautet ein schönes umfassendes Credo
des Königs: «Leben und leben lassen.»

Die große Frage bleibt.

Was trieb den musisch gestimmten Hohenzollern wenige
Monate nach seiner Thronbesteigung, einen Krieg vom Zaun
zu brechen, dessen Ausgang mehr als ungewiß sein mußte? Gewiß, Landgewinn, ein Zuwachs an Steuerzahlern und Ressour-
cen mußten dem kargen Brandenburg-Preußen willkommen
sein. Und Österreich befand sich 1740 in einem Zustand der
Schwäche, als Maria Theresia in einer nur schütter gesicherten
Erbfolge zur gleichen Zeit den Thron bestieg. Doch der krie-
gerisch noch unerfahrene Friedrich, dessen Rechtsansprüche
auf einige Gebiete Schlesiens fraglich waren, nahm es gleichwohl mit einer Großmacht auf.

Jugendlicher Eifer und Gefühle von Heroismus mögen eine
Rolle gespielt haben: «Ich kann mich einer Sache nicht halb
ergeben, ich muß immer kopfüber hinein.» Schlagartig trat er
durch seinen Sturmlauf überdies aus dem Schatten seines Vaters
heraus. *Ruhm* war allzeit ein Lockmittel. Für Friedrich erfüllte
er eine zusätzliche Aufgabe: Kinder würde er aller Wahrschein-
lichkeit nicht zeugen und somit seine Pflicht zur dynastischen
Erbfolge nicht erfüllen. An die Stelle dieser herrscherlichen
Grundvoraussetzung konnten Ruhm und Schaffensdrang treten. Sein Kind und faßliches Vermächtnis würden Schlesien
und die *Arrondierung* der preußischen Territorien sein.

Staunend hatte Europa die liberalen Reformen des jungen
Monarchen erlebt. Perplex nahm es seinen Angriff auf Habsburg wahr. Gleich Alexander, der gen Persien zog, oder Caesar,
der den Rubikon überschritt, setzte Friedrich seine Armee-
kolonnen in Marsch. Die antiken Vorbilder hatte er in Tragödien genossen und inhaliert. Ein Vierteljahrhundert lang, bis
zum Frieden von Hubertusburg 1763, verblüffte Friedrich seine

Mitwelt durch Entschlußkraft, Mut, der oft an Tollkühnheit grenzte, durch seine Zähigkeit in verzweifelten Lagen. Auch sein kriegerisches Verhalten sprengte den Codex der Gebräuche. Höchstselbst setzte sich der Monarch dem feindlichen Kugelhagel aus und brachte die Stabilität des Staates in Gefahr. Er mischte sich unprätentiös unter sein Heervolk, in ruhelosen Jahren weilte er nur einmal in seiner Hauptstadt. Er leistete sich sogar eine äußerliche Verwilderung: «Ich liebe weder das Gepränge, noch glänzende Äußerlichkeiten, noch die Eitelkeit. Eins freilich könnte besser sein, daß nämlich mein Gesicht nicht immer mit spanischem Tabak besudelt ist. Nicht wahr, ich sehe ein bißchen aus wie ein Schwein?»

Friedrichs strategisches Genie wurde mehrmals durch unvorhersehbares Glück ergänzt, so daß sich der fatale Begriff der glückhaften «Vorsehung» in sein Handeln schlich. Eine Rettung für ihn und sein Land bedeutete beispielsweise der Wechsel Rußlands aus der gegnerischen Koalition in die Neutralität. Neben Friedrichs Beharren auf Disziplin und *Durchhalten* wurde das zwangsläufige Vertrauen auf günstige Schicksalswendungen im nachhinein, als der preußische Mars zum deutschen Nationalhelden stilisiert wurde, am übelsten mißbraucht.

Einer spezifisch *deutschen Sache* hat er nie gedient; er kämpfte bravourös in wechselnden Allianzen, besiegte Franzosen, aber überließ Russen auch jahrelang Ostpreußen.

Am nächsten kommt man seiner Persönlichkeit mit all ihren Facetten in den Erinnerungen seines Schweizer Sekretärs Henri de Catt, dem sich Friedrich in den Feldlagern am rückhaltlosesten offenbarte. Der Greuel des Kriegs ist sich der König stets bewußt: «Ach, zum Teufel, das ist ein schöner Ruhm: Brennende Dörfer, eingeäscherte Städte, Tausende von unglücklichen Menschen, so viele Metzeleien und Schrecknisse aller Art, das eigene Ende schließlich – sprechen wir nicht mehr davon; die Haare stehen mir zu Berge!»

Auf ein für ihn fast magisches Thema, auf seine Giftvorräte und den erlösenden Freitod, kam der immer wieder gejagte Jäger mehrmals und detailliert zu sprechen: «Früher trug ich die Dose in einer Tasche meiner Beinkleider; aber nachdem ich überlegt hatte, daß die, die mich gefangennehmen, vielleicht so große Schurken wären, daß sie mich durchsuchten, da ließ ich an meiner Dose einen kleinen Ring anbringen, durch den ich mein Band gezogen habe, das nun vom Halse auf meine Brust niederhängt.» Verdrängen möchte man noch im nachhinein die Order, Schwerverwundete nicht zu bergen und zu versorgen, falls dadurch die Gefechtsbereitschaft leiden und die Zahl späterer kostspieliger Invaliden in die Höhe schnellen würden.

Der Einsatz eines Herrschers auf Leben und Tod ließ Friedrichs Gegner blasser, aber auch ziviler wirken. Doch aus seiner Mischung von Härte und Fürsorge heraus lobte der Musterpreuße seinem Sekretär de Catt gegenüber die bürgerliche Tugend des unermüdlichen Fleißes während aller Zeitläufte: «Die glückliche Gewohnheit zu arbeiten, für alle Menschen so nützlich, ist besonders für die Fürsten wertvoll, die ihren Untertanen den geordneten Gebrauch eines jeden Augenblicks schulden; alles wird ihnen leicht, wenn sie die Arbeit lieben, und diese geliebte Arbeit ist die Hüterin ihrer Sitten, wie sie auch die Beschützerin derer ist, die jene Fürsten durch ihr gutes Beispiel regieren.»

Aus dem Mitbegründer preußischer Tugenden wie Fleiß, Ordnungssinn, Aufopferung konnte später ein gnadenloser Zuchtmeister zurechtgeschnitzt werden, dessen Gerechtigkeitssinn dann oft genug hintan gestellt wurde. Trotz der Schrecken des Kriegs vergaß Friedrich, als Grandseigneur des 18. Jahrhunderts, keineswegs das Lebenswerte, wie der Graf von Lehndorff 1759 festhielt: «Alle (gefangenen) russischen Offiziere, die nach Spandau gebracht worden waren, sind jetzt in Magdeburg, da der König ihnen Annehmlichkeiten verschaffen wollte, die in Magdeburg leichter als in Spandau zu finden sind.»

Zu einer Schlüsselszene der spannungsgeladenen Verschränkung von Weltzugewandtheit und harscher Feldherrenmentalität gerät in Henri de Catts Aufzeichnungen ein nächtliches Geschehnis im Feldlager: ««Neben dem Studium habe ich die Übungen nicht vernachlässigt, die dem Körper Kraft, Geschicklichkeit und Anmut verleihen; ich habe tanzen gelernt und ich tanze für meine Verhältnisse ziemlich gut; zur Not könnte ich sogar Luftsprünge machen›. Und der König führte mir sogleich fünf oder sechs vor, die ihn ein wenig außer Atem brachten. Nach einem Augenblick des Ausruhens wiederholte er sie und sagte, ich sollte einige Menuettschritte ausführen und ihm die Hand reichen. Er berichtigte meine Schritte und zeigte mir, wie ich es besser machen könnte.»

Zwischen Schlachten ein nächtlicher Tanz mit dem Sekretär – Friedrich erwies sich als exquisiter Hasardeur. Der oft abrupte Wechsel zwischen gestrengem Monarchen und unverstelltem Menschen hielt in Atem und faszinierte sogar den einfachen Soldaten, der zweifelsohne einem Exzentriker in den Kampf folgte, welcher zwischendurch bekannte: «Alles in der Welt ist Torheit, nur nicht die Heiterkeit.» Auch Maria Theresia, die Hauptgegnerin, war verblüfft über einen solchen Mann, der seinerseits seiner unbeugsamen Gegnerin chevalereksen Respekt zollte. Die deutsche Kaiserin in Schönbrunn eignete sich natürlich weniger zur Legendenbildung als ein deutscher König auf dem Feldherrnhügel. Verteidiger strahlen oder blenden weniger als Angreifer. Und mit Friedrichs Geistesblitzen konnte es ohnehin kaum jemand aufnehmen: «Die Krone ist lediglich ein Hut, in den es hineinregnet.» Eine schlimme Hinterlassenschaft der Kriegszeiten sind Friedrichs Aufrufe zur völligen Selbstopferung, der *Kadavergehorsam*, die Gebote, daß es sich um Kämpfe um Sein oder Nichtsein handle: «Man muß für sein Vaterland kämpfen und fallen, wenn man es retten kann, und wenn nicht, ist's Schimpf, es zu überleben.»

Menschen und Land standen geradezu nihilistisch zur Disposition. Friedrich und Preußen hielten in dem Kräftemessen stand. Das schien die unerhörte Totalisierung nachträglich zu rechtfertigen, die auf Napoleon und andere Eroberer abfärbte.

Henri de Catt hielt jedoch auch, inmitten des Kriegs, die verträglichen Visionen des preußischen Nationalhelden fest, die nicht biedersinnig, sondern gediegen privat sind: «Und, mein Freund, wenn ich eines Tages von dieser schrecklichen

Plackerei loskommen könnte, so möchte ich den Rest der Tage, die mir das Schicksal gewährt, folgendermaßen verbringen: Ich behielte mir eine Provinz vor, deren Einkünfte sich auf hunderttausend Taler beliefen; ich erwählte mir einige ehrliche, aufgeklärte, gefällige Freunde, die keine niedrige Schmeichelei kennen; ich machte mir es zum unverletzlichen Gesetz, daß jeder frei wäre. Jeden Fremden, sofern er ein geselliger, sittlich hochstehender, geistvoller oder irgendwie bekannter Mensch ist, nähme ich mit offenen Armen auf. So streute ich noch einige Blumen auf das Stückchen Weg, das mir zu gehen zu bleibt.»

1763 sah Berlin einen vereinsamten, gesundheitlich angeschlagenen Mann in die Hauptstadt heimkehren, den *Alten Fritz*. Eine Großmacht hatte er geschaffen, und provozierte Zerstörung suchte er zu heilen. Friedrich lebte fortan gleichzeitig als Legende, und jedes Wort und jede Geste konnten kolportiert und beraunt werden. Zum Zeichen, daß sein erschöpftes Land nicht vollends darniederlag, ließ er das Neue Palais in Potsdam errichten, einen wenig genutzten Prunkbau, dessen metallene Kuppel aus heutiger Sicht dem Geschützturm eines Panzers nicht unnähnlich sieht. Die Aufklärung in Preußen schien sich, angesichts einer strengen Befehlshierarchie und beflissener Beamtenschaft, zunehmend auf Friedrichs Privatsphäre zu beschränken, so daß Burckhardt ihn als «Oberkontrolleur» seines Staates bezeichnen kann. Über diese wenig anheimelnde «wohl funktionierende Maschine», so der Kulturhistoriker weiter, befand Gotthold Ephraim Lessing in einem Brief an seinen Schriftstellerfreund Friedrich Nicolai: «Die Berlinische Freiheit (...) reduziert sich einzig und allein auf die Freiheit, gegen die Religion soviel Sottisen zu Markte zu bringen, als man will. (...) Lassen Sie einen in Berlin auftreten, der für die Rechte der Untertanen, der gegen Aussaugung und Despotismus seine Stimme erheben wollte, wie es itzt sogar in Frankreich und Dänemark geschieht: und Sie werden bald die Erfahrung haben, welches Land bis auf den heutigen Tag das sklavischste Land von Europa ist.»

Das *Allgemeine Preußische Landrecht*, mit dem Friedrich eine größere Rechtssicherheit im Lande schuf und die Justiz überprüfbar machte, befand sich zu dieser Zeit noch vor seiner Vollendung. Neuartig und wegweisend für eine Monarchie war überdies Friedrichs strikte Trennung zwischen dem allgemeinen Staatsvermögen und seinen privaten Einnahmen und Ausgaben.

Für das geistige Deutschland wirkte Friedrich der Große vor seinem Lebensende gleichwohl wie versteinert. Er lebte weiterhin in der Welt der französischen Klassik. Wenn er auch mutmaßte, daß die deutsche Literatur und Kultur in der Zukunft lebendig und bedeutend sein könnten – «solche schönen Tage meines Vaterlandes werde ich nicht mehr erleben» –, so nahm er doch Frühklassik und Sturm und Drang nicht wahr. Doch welcher deutsche Mächtige tat das? Kaum einer. Die Ansprüche an Friedrich den Großen, der die Freigeisterrunde von Sanssouci initiiert hatte, waren von vornherein höher als die an andere Herrscherkollegen und Duodezfürsten.

Friedrichs Tod am 17. August 1786 schien – wie das Ableben vieler Monarchen, die lange über Schicksal und Stimmung ihres Landes bestimmt hatten – ein erfrischtes Leben für das mächtig gewordene Preußen zu bedeuten. Statt dessen folgten eine Art religiös-mystischer Diktatur und die Mätressenwirtschaft seines Neffen Friedrich Wilhelm II. Doch für seine Nachfolger und Kommendes, das er nicht beeinflussen konnte, hatte Friedrich sich ohnehin nie sonderlich interessiert: «Wir haben nur eine kurze Frist, die es zu nutzen gilt. Die Vergangenheit ist nur ein Traum, die Zukunft ungewiß.»

Will man gerecht sein und nichts aus den Augen verlieren, so muß man neben dem Schöngeist Friedrich, der die Künste in Preußen heimischer machte, den Mann des schrecklichen Blutzolls mitdenken. In dem einen Friedrich rumorte auch stets ein anderer. Will man mit Geschichte jedoch versöhnlich und förderlich umgehen – gleichsam als privates Privileg –, so mögen Friedrich und die Kämpfenden der Kriege in Frieden ruhen, und jenes Leben-und-Leben-Lassen als friderizianische Vision, mit vielen reichen Momenten, den Vorrang genießen. Preußen ist von der Landkarte verschwunden, die Gärten Potsdams, die er schuf, können weiterhin zum Glück einladen.

Dank

Mein herzlicher Dank gilt Monika Rüegger, die mein – manu propria – Manuskript in den Computer eingab und es dergestalt zum bequemen Druck beförderte.

Zu danken habe ich des weitern den beiden Burckhardt-Herausgebern Bernd Klesmann und Philipp Müller, die wesentlich an der Konstituierung und Bearbeitung des Textes und besonders des Kommentars beteiligt waren.

Klaus Harpprecht, Kurt Meyer und Markus Ritter haben das Manuskript teilweise kritisch durchgelesen; für ihre wertvollen Hinweise und Ratschläge danke ich bestens.

Der Kantonsbibliothek St.Gallen (Cornel Dora) danke ich für die Quellen und Literatur, zu denen ich stets freien Zugang hatte, sowie für die Herbeischaffung zahlreicher in St. Gallen fehlender Werke, dem Stadtarchiv St. Gallen (Stefan Sonderegger) für das grosszügige Gastrecht und zahlreiche höchst willkommene Hilfeleistungen. Meiner Frau Maria Hufenus und meinem Sohn Stephan Ziegler schliesslich danke ich für allergattig «Computerhülfe» und Beschaffung von nützlichen Büchern aus ganz Europa.

Ein besonderer Dank geht an Hans Pleschinski für seinen gehaltvollen und eleganten Essay über Friedrich «den Anderen» sowie an Detlef Felken vom Verlag C.H.Beck für seine wichtigen Anregungen und die sorgfältige Betreuung dieses Bandes.

St.Gallen, im November 2011/EZ

Anhang

Anmerkungen

1 Das ß, dessen Gebrauch wir nicht kennen, wurde nur in jenen Zitaten gesetzt, wo es in Quellen und Literatur verwendet ist.
Auf Bogen 1 steht oben auf der Seite QBFFQS mit drei Sternen davor; diese antike Segnungsformel lautet: Quod Bonum Faustum Felix Fortunatumque sit: Was gut und günstig, glücklich und gedeihlich sei! Die drei Sterne setzte Burckhardt jeweils an den Anfang jeder neuen Vorlesung – wie auch eine Anrede H.V. (wohl für Hochansehnliche Versammlung); die Sterne wurden in unserer Edition weggelassen.

2 In einer Einleitung zur Vorlesung über die «Geschichte des Revolutionszeitalters» schrieb Burckhardt um 1870, das Revolutionszeitalter dauere noch an und die Zeit von 1815 bis 1848 sei nur eine Pause gewesen. «Allein 1763–1815 bildet schon ein Abgeschloßnes und in manchem Betracht Typisches für das Seitherige.»
JBW 28, S. 24, S. 25.

3 Siege und Niederlagen Preussens zwischen 1741 und 1759: Siege bei Mollwitz, Hohenfriedberg, Prag, Rossbach, Leuthen 1741, 1745, 1757; Niederlagen bei Collin, Hochkirch, Cunersdorf 1757, 1758, 1759.

4 Vgl. Droysen, Johann Gustav: Das Leben des Feldmarschalls Grafen York von Wartenburg, Berlin 1851, Bd. 1, S. 438.
Brief Friedrichs an seinen Bruder August Wilhelm (1722–1758) vom 19. Februar 1756: «Dieses Jahr glaube ich gewonnen zu haben, es ist mir ebenso wertvoll wie fünf der letzten Jahre, und wenn ich in der Folge als Vermittler zwischen den kriegsführenden Mächten dienen kann, habe ich Preußen die größte Rolle verschafft, die es in Friedenszeiten spielen kann.»

Friedrich der Grosse, hg. von Otto Bardong, S. 340.
Von «als Schiedsrichter der großen europäischen Angelegenheiten dastehen und für das Gleichgewicht zwischen den Mächten den Ausschlag geben», schrieb 1759 auch der dänische Kriegsminister Johann Hartwig Ernst Graf Bernstorff (1712–1772). Mendelssohn-Bartholdy, Gustav: Der König, Friedrich der Große in seinen Briefen und Erlassen sowie zeitgenössischen Briefen, Berichten und Anekdoten, Mit biographischen Verbindungen, Bielefeld 1954, S. 298.

5   Saint-Priest, Alexis de: Histoire de la chute des jésuites au XVIIIe siècle (1750–1782), Paris 1844, chapitre III.

6   Als «Emser Punktation» werden die am 25. August 1786 unterschriebenen Beschlüsse des Emser Kongresses bezeichnet, der im Sommer 1786 zu Bad Ems zur Wahrung der Gerechtsame des deutschen Episkopats den Übergriffen der päpstlichen Gewalt gegenüber zusammengetreten und von den Erzbischöfen von Mainz, Trier, Köln und Salzburg beschickt worden war. Den Anlass zum Streit gab die Errichtung einer päpstlichen Nuntiatur in München und die fast gleichzeitige Neubesetzung der seit länger erledigten Nuntiatur in Köln.

7   Die «Pragmatische Sanktion» war das grundlegende habsburgische Hausgesetz und von Kaiser Karl VI. am 19. April 1713 verkündet worden. Es setzte die Unteilbarkeit der habsburgischen Länder und die Regelung der Erbfolge nach dem Erstgeburtsrecht im männlichen und weiblichen Stamm fest; die Töchter Karls VI. sollten vor denen seines älteren Bruders (Joseph I.) den Vorrang haben. Durch Zugeständnisse erreichte Karl VI. die Zustimmung der europäischen Mächte. Dennoch musste Maria Theresia ihr Erbe im Österreichischen Erbfolgekrieg verteidigen.
Die französische Intervention hing zusammen mit dem Protest Karl Albrechts gegen die Pragmatische Sanktion. Karl Albrecht war Kurfürst von Bayern; als Schwiegersohn Kaiser (1705–1711) Josephs I. erhob er nach dem Tod Kaiser (1711–1740) Karls VI. Erbansprüche, eröffnete den Österreichischen Erbfolgekrieg (1740–1748) und wurde 1742 von den Gegnern Habsburgs zum Kaiser gewählt. Die Franzosen waren seine Bundesgenossen. Ausgelöst worden war der Österreichische Erbfolgekrieg durch den Einmarsch Friedrichs II. in Schlesien.

8   Brief Friedrichs an William Pitt, Graf von Chatham, (1708–

1778) vom 3. Juli 1761: «Wenn ich den Anschlägen der Königin von Ungarn und meiner Feinde zuvorgekommen bin, so geschah es darum, weil ich von ihren Plänen unterrichtet war, weil ich die beglaubigten Schriftstücke über dieselben in der Hand hatte, und um den bekannten Grundsatz zu befolgen: praevenire quam praeveniri. Ohne Zweifel wird jedermann, wenn er nur ein wenig vernünftig ist, seinen Feinden nicht Zeit lassen, ruhig alle Vorbereitungen zu treffen, um ihn zu vernichten, und wird seinen Vorsprung benutzen, um sich in den Vorteil zu setzen.» Friedrich der Grosse, hg. von Otto Bardong, S. 411.

praevenire quam praeveniri: Es ist besser zuvorzukommen, als zuvorkommen zu lassen.

9 Das Politische Testament von 1752: «Der Herrscher ist der erste Diener des Staates.»
Friedrich der Grosse, hg. von Otto Bardong, S. 205.
Vgl. dazu Friedrich der Grosse: Essai sur les formes de gouvernement et sur les devoirs des souverains, Berlin 1777: «Er ist nichts, als der erste Diener des Staates und ist verbunden, mit aller Rechtschaffenheit, Weisheit und Uneigennützigkeit zu verfahren, als wenn er jeden Augenblick seinen Mitbürgern über seine Staatsverwaltung Rechenschaft ablegen sollte. So ist er strafwürdig, wenn er das Geld seines Volks, welches durch die Auflagen einkommt, in Aufwand, in Pomp und zu Ausschweifungen verschwendet [...].»
Friedrich der Grosse, 1986, S. 299.

10 Das Generaldirektorium von 1723 («General-Ober-Finanz-Kriegs- und Domänen-Direktorium») war die zentrale Verwaltungsbehörde und eine Schöpfung König Friedrich Wilhelms I. Am 20. Mai 1748 erliess Friedrich II. eine neue Dienstvorschrift.
Vgl. Friedrich der Grosse, 1986, S. 105–106.
«In Wirtschaft und Verwaltung hielt sich Friedrich weitgehend an die Methoden seines Vaters. Friedrich Wilhelm hatte 1723 die beiden großen Bereiche der staatlichen Verwaltung, Domänenverwaltung und (Kriegs-)Steuerverwaltung, vereinigt. Er hatte in den Provinzen Kriegs- und Domänenkammern und in Berlin das ‹General-Ober-Finanz-Kriegs- und Domänendirektorium› (Generaldirektorium) gegründet. Das Generaldirektorium war in Provinzialressorts aufgeteilt, die leitenden Minister hatten jeweils eine Gruppe von Provinzen zu betreuen, neben einigen Fachressorts wie dem Post- und Münzwesen. Friedrich schuf zusätzlich

neue Fachressorts für Handel und Gewerbe sowie für das Berg-, Hütten- und Forstwesen. In den neuerworbenen Provinzen Schlesien und zeitweise auch Westpreußen wurden demgegenüber selbständige Provinzialminister eingesetzt, die in den Provinzen residierten und unmittelbar mit dem König verkehrten. Weitere Zentralbehörden waren das Justizdepartement und das Kultusdepartement mit eigenen Unterbehörden in den Provinzen.»

Friedrich der Grosse, hg. von Otto Bardong, S. 5–6.

11 Werke, 5. Bd., Denkwürdigkeiten vom Hubertusburger Frieden bis zum Ende der Polnischen Teilung, S. 56–57.

Vgl. dazu Hinterlassene Werke Friedrichs II., Königs von Preussen, Kempten 1789, Fünfter Band: Denkwürdigkeiten seit dem hubertusburger Frieden 1763 bis zur beendigten Theilung von Polen 1775, S. 102–103.

Über vollständig verwüstete Gegenden, zerstörte Städte und Häuser sowie die 60 000 Pferde, die in der Landwirtschaft fehlten, klagte Friedrich in einem Brief an Voltaire vom 24. Oktober [1766] über den Wiederaufbau in Schlesien, Pommern und in der Neumark (14 500 Häuser): «Fanatismus und rasender Ehrgeiz haben blühende Gefilde meines Landes verwüstet. Falls Sie wissen wollen, wieviel insgesamt zerstört wurde, so sollen Sie hören, daß ich achttausend Häuser in Schlesien wiederaufbauen ließ; in Pommern und in der Neumark sechstausendfünfhundert; das macht, nach Newton und d'Alembert, vierzehntausendfünfhundert Behausungen.»

Aus dem Briefwechsel, S. 433–435, S. 434.

12 Droysen, Johann Gustav: Friedrich Wilhelm I., König von Preußen, Leipzig 1869 (Geschichte der Preußischen Politik, Vierter Theil, Zweite Abtheilung, Erster Band) S. 198: «Ich komme zu meinem Zweck und stabiliere die Souverainetät und setze die Krone fest wie einen rocher von bronce, und lasse den Herren Junkers den Wind von Landtag. Man lasse den Leuten Wind, wenn man zum Zweck kommt.»

Droysen, Johann Gustav: Vorlesungen über die Freiheitskriege, Erster Theil, Kiel 1846, S. 55–56: «Von Friedrich Wilhelm I., demselben herrischen Monarchen, der gegen ‹die Junkers ihre Autorität› seine Souveränetät wie einen ‹rocher von bronce› stabiliren wollte, hat man den Ausspruch: ‹er denke wie ein Republikaner›.»

Zu «rocher de bronze» vgl. auch Klopp, Onno: Der König Friedrich II. von Preußen und seine Politik, Schaffhausen 1867, S. 44, S. 45, S. 48.

13 Droysen: Vorlesungen über die Freiheitskriege, Erster Theil, S. 57ff. ist unter «Die preußische Monarchie» die Rede von der «unumschränkten Monarchie», davon, dass Preussen «ein kleiner, armer Staat von zerrissenem Gebiet, mit fast offenen Grenzen» sei, wo «Jeder nach seiner Façon selig werden» könne, weiter vom König, der «nur der erste Soldat» sei, von der «Spießruthen-disciplin» usw.
Die «Spießruthen» waren eine im Zuge der verschärften Militärdisziplin eingeführte Prügelstrafe.

14 Claude-Adrien Helvétius, 1715–1771, französischer Philosoph; Traitant = Pächter öffentlicher Gefälle, hier Leiter des Zoll- und Akzisewesens, Akzise = indirekte Verbrauchs- und Verkehrssteuer. «Die Bürger brachten den größten Teil der Steuerlast durch indirekte Steuern (Akzise) auf. Handel und Gewerbe wurden ihnen vorbehalten und vielfach gefördert, aber auch außerordentlich stark gelenkt. [...] Die Verwaltung der indirekten Steuern durch die staatliche Regie, die 1766 eingeführt und vornehmlich mit Franzosen besetzt wurde, stieß auf starke Ablehnung in der Bevölkerung, ebenso wie die Errichtung des staatlichen Kaffee- und Tabakmonopols.»
Friedrich der Grosse, hg. von Otto Bardong, S. 7.

15 Unter «Kaffeeriecherei» wurde das Aufspüren nicht genehmigter Kaffeeröstereien nach dem sich verbreitenden Geruch verstanden.

16 Betreffend Friedrichs «Naivitäten über die deutsche Barbarei» finden sich Stellen beispielsweise in seinen Briefen an Voltaire vom 6. Juli 1737, 13. August 1766 und 24. Juli 1775.
Brief Friedrichs an Voltaire vom 6. Juli 1737: «Die Deutschen sind tüchtig und gedankentief; haben sie sich einmal einer Sache angenommen, dann erweisen sie sich als beharrlich. Ihre Bücher sind von betäubender Konfusion. Wenn man ihre Schwere ein wenig behöbe und sie ein wenig mit den Grazien aussöhnen könnte, so zweifelte ich nicht daran, daß auch meine Nation bedeutende Gestalten hervorzubringen vermöchte. Dennoch gibt es eine Kalamität, die auf immer verhindern wird, daß wir in unserer Sprache gute Bücher bekommen; der Gebrauch der Worte ist nicht festgelegt; und da Deutschland unter eine Unmenge

von Souveränen aufgeteilt ist, wird sich kein Mittel finden, daß sie sich den Entscheidungen einer Akademie unterwerfen.»
Aus dem Briefwechsel, S. 69.
Immanuel Kant sammelte bereits seit 1772 erste Gedanken zu seiner «Kritik der reinen Vernunft», die 1781 erschien.

17 «Die Erhaltung der Rechte der Konfessionen hatten schon der Große Kurfürst und Friedrich Wilhelm I. ihren Nachfolgern empfohlen. Friedrich II., der selbst einem religiösen Deismus zugewandt war, verkündete bei erster Gelegenheit gleich nach seiner Thronbesteigung seinen Grundsatz religiöser Duldsamkeit: ‹Die Religionen müsen alle Tolleriret werden und Mus der fiscal das auge darauf haben, das Keine der andern abruch tuhe, den hier mus ain jeder nach Seiner Faßon Selich werden.›
Anlaß waren Reibereien im Bereich der katholischen Schulen; diese Streitigkeiten sollten nach der neuen Anweisung beigelegt werden. In dem überwiegend evangelischen Preußen lebten außer in den Westprovinzen zu dieser Zeit nur wenige katholische Einwohner; um so stärkere Bedeutung erlangte das Prinzip der Duldung schon bald nach der Besitzergreifung Schlesiens im folgenden Winter. Dort saß in Oberschlesien eine mehrheitlich katholische Bevölkerung.»
Eigenhändige Bemerkung des Königs für einen Generalfiskal am Rande des Berichts eines Ministers vom 22. Juni 1740.
Friedrich der Grosse, 1986, S. 64.

18 Im Politischen Testament von 1752 Friedrichs des Grossen steht: «Ich bin gewissermaßen der Papst der Lutheraner und das kirchliche Haupt der Reformierten.»
Friedrich der Grosse, hg. von Otto Bardong, S. 200.

19 Der Fürstenbund war eine Vereinigung deutscher Reichsfürsten, die Friedrich der Grosse 1785 gegen Kaiser Joseph II. zustande gebracht hatte. Kursachsen, Hannover und Preussen sowie zahlreiche andere deutschen Fürsten gehörten diesem Verteidigungsbündnis an, das bis 1791 bestand.

20 Westfälischer Kreis, Niederrheinisch-Westfälischer Kreis; Kreisverfassung, Verwaltungseinrichtung der Kreise: Einteilung des alten Deutschen Reiches in Bezirke (Kreise). Die Regimentsordnung von 1500 bildete sechs Kreise (fränkischen, bayrischen, schwäbischen, oberrheinischen, niederrheinisch-westfälischen, niedersächsischen). Die kaiserlichen Erblande und Gebiete der Kurfürsten wurden erst 1512 eingekreist, als vier neue Kreise

(der österreichische, burgundische, kurrheinische und obersächsische) hinzukamen. Eine bessere Abgrenzung bestand von 1521 bis 1803. An der Spitze jedes Kreises stand ein Kreishauptmann, für Kriegszwecke ein Kreisoberst; die zu einem Kreise gehörigen Reichsstände waren zugleich Kreisstände. Besonders Münzwesen, Polizei und Heerwesen wurden innerhalb der Kreise geregelt, auch die Beisitzer zum Reichskammergericht gewählt.

21 Johann Wolfgang Goethe: Aus meinem Leben, Dichtung und Wahrheit, München 1962, Erster Teil, Zweites Buch (dtv-Gesamtausgabe, Bd. 22) , S. 41 ff.: «Und so war ich denn auch preußisch, oder um richtiger zu reden, Fritzisch gesinnt: denn was ging uns Preußen an. Es war die Persönlichkeit des großen Königs, die auf alle Gemüter wirkte.»

22 Geschichte meiner Zeit, Werke, 2. Bd.; Geschichte des Siebenjährigen Krieges, Werke, 3. und 4. Bd.; Denkwürdigkeiten vom Hubertusburger Frieden bis zum Ende der Polnischen Teilung (1763–1774), Die wichtigsten Begebenheiten von 1774 bis 1778, Der Bayrische Erbfolgekrieg (1778/79), Werke, 5. Bd.
Die 1766 in Berlin erschienene Schrift «Les matinées royales de Frédéric II roi de Prusse, Écrites par lui-même» geht nicht auf Friedrich II. zurück.

23 Prinz Friedrich Heinrich Ludwig von Preussen war General und immer «auf den Status und die – wie er meinte – unverdienten Erfolge seines Bruders, besonders im Siebenjährigen Krieg, eifersüchtig. Der unansehnliche, in seiner nach außen tretenden Persönlichkeit reduzierte Prinz, der wegen seiner humanen Menschenführung und seines strategischen Talents bei den Soldaten beliebt war, zweifelte an den militärischen und politischen Fähigkeiten seines Bruders und wünschte dessen Sturz.»
Leuschner: Friedrich der Grosse, S. 88.
«Von den Brüdern Friedrichs des Großen war Heinrich unzweifelhaft der begabteste und fähigste. Friedrich und Heinrich glichen einander in vielen Zügen ihrer Persönlichkeit. Schon früh ließ Heinrich eine hohe militärische Begabung erkennen, und als Diplomat hat er für Preußen bei der Erwerbung Westpreußens und anderen Gelegenheiten Hervorragendes geleistet. Heinrich war aber kühler und überlegter als Friedrich, in der Kriegsführung mehr der Methode der Zeit aufgeschlossen und daher der Schlacht abgeneigt, ein Mann des Positionskrieges und hierin außerordentlich geschickt. Andererseits hat er die Notwendig-

keit, die Friedrich oft zwang, dem Gegner eine Schlacht zu
liefern, nicht erkannt und hätte an erster Stelle den Siebenjährigen Krieg seinem Temperament und Naturell nach wohl kaum
so durchgestanden. Der König verließ sich in kritischen Lagen
aber auf seinen Bruder, und er konnte dies tun, denn bei aller An-
lage zur Kritik an Friedrich, die oft fast gehässige Züge annehmen konnte, hat Heinrich seine Dienste immer zum Wohl des
Staates geleistet und sich untergeordnet. Friedrich blieb ihm gegenüber auch bei Zerwürfnissen im ganzen großzügig und bei
gelegentlicher Einzelkritik wie 1778 doch großmütig. Ihm galt
Heinrich als ‹fehlerloser Feldherr›. Nach Kolin vertraute er
Heinrich Planung und Durchführung des Rückzugs von Prag
an.»
Friedrich der Grosse, 1986, S. 180.
Klaus Harpprecht schreibt in «Die Gräfin, Marion Dönhoff,
Eine Biographie» (Reinbek bei Hamburg 2009), S. 44–45: «Friedrich Dönhoff verband sich nach dieser groben Zurechtweisung
lieber mit dem ungeliebten Bruder des Monarchen, dem heite-
ren Prinzen Heinrich, der seine Homosexualität weniger ängst-
lich tarnte als der Monarch und sich ziemlich unbekümmert im
idyllischen Rheinsberg mit galanten Spielen, Maskenfesten und
den aufgeputzten Knaben seines Hofstaats vergnügte.»

24 Das fingierte «Mandement» (Verfügung) des Erzbischofs von
Aix, das in krudester Form d'Argens' Verbannung aus der Provence verfügte, wurde von Friedrich II. 1766 in Umlauf gesetzt,
um d'Argens zur Rückkehr nach Preussen zu bewegen.
Der Tod d'Argens' tat Friedrich vermutlich deshalb leid, weil
dieser – trotz seiner Geschwätzigkeit – doch ein sehr nützlicher
Gottloser für seine «gute Sache» war.
«1764 reiste d'Argens in Erbschaftsangelegenheiten nach Hause.
Auf dem Rückweg nach Potsdam erschreckte Friedrich ihn
durch gefälschte Hirtenbriefe des ‹Bischofs von Aix›, die er in
den Poststationen an seiner Route verteilen ließ und in denen vor
d'Argens' Gottlosigkeit gewarnt wurde. 1767 verspottete Friedrich in einer anonym erschienenen Eloge über die Faulheit den
Marquis, der gern lange schlief, auf boshafte Weise. Diese und
andere Vorfälle verärgerten d'Argens sehr, und er bat 1768 um
seine Entlassung: Er wolle seine alten Tage in einem milderen
Klima verbringen. Zornig lehnte der König ab. D'Argens brach
dennoch auf. Briefe wurden gewechselt, in denen sich allmählich

eine Versöhnung anbahnte. Doch vor der Rückkehr nach Potsdam starb d'Argens im Schloß seiner Schwester.»
Leuschner: Friedrich der Grosse, S. 54.

25 «Voltaire an Mme Denis, 24. Juli 52: ‹Maupertuis hat unter der Hand verbreitet, ich fände die Werke des Königs sehr schlecht; er beschuldigt mich, gegen eine gefährliche Macht, die Eigenliebe, zu konspirieren; er tuschelt, daß ich, als der König mir seine Verse zum Korrigieren schickte, geantwortet hätte: Wird er es nie müde, mir seine schmutzige Wäsche zum Waschen zu bringen?›»
Memoiren, S. 109 und S. 111 (Anmerkungen).

26 Marie-Louise Mignot, verwitwete Denis, 1717–1790, Nichte Voltaires, zu der er noch zu Lebzeiten seiner Freundin Emilie du Châtelet in engste Beziehung getreten war.
Vgl. den Brief Friedrichs an Voltaire vom 12. Mai 1760: «Lassen Sie sich das gesagt sein, und auch, daß ich nichts mehr von Ihrer Nichte hören will, die mich langweilt und die nicht so viele Verdienste hat wie ihr Onkel, der damit seine Fehler bemänteln kann. Man spricht von Molières Dienstmagd, doch Voltaires Nichte wird niemand erwähnen.»
Memoiren, S. 117–118. Aus dem Briefwechsel, S. 420.

27 Mit dem höhnischen Brief an Choiseul ist der Brief Voltaires an César Gabriel Choiseul vom 28. Dezember 1761 gemeint, der seinen Vetter Etienne François de Choiseul als Aussenminister abgelöst hatte. Angespielt wird auf das im August 1761 geschlossene französisch-spanische Bündnis im Krieg gegen England und Preussen sowie auf Voltaires Komödie «L'écueil du sage» (Uraufführung im Januar 1762), die wegen Bedenken der Zensurbehörden nicht unter dem Titel «Le droit du seigneur» gespielt werden durfte.

28 Aus dem Briefwechsel, S. 412.

29 Art de la guerre, Die Kriegskunst, Ein Lehrgedicht, Werke, 6. Bd., S. 383–433; vgl. dazu Aus dem Briefwechsel, S. 353–354.
Das Schändliche, Niederträchtige, Gemeine zermalmen. Friedrich benutzte Voltaires berühmtes Codewort für die Kirche im weitesten Sinne.
Friedrich an Voltaire, 1. Januar 1765: «Ich glaubte Sie so tüchtig damit beschäftigt, *l'infâme* zu zerquetschen, daß ich nicht annahm, Sie könnten auch noch an anderes denken.»
Im Manuskript Burckhardts folgt ein Verweis auf verschiedene

Stellen aus dem Briefwechsel zwischen Friedrich dem Grossen und Voltaire.

30 Aus dem Briefwechsel, S. 493, S. 480, S. 459.

31 Johann Wilhelm Ludwig Gleim, 1719–1803, bekundete vielfach Bewunderung für Friedrich II. und verfasste u. a. «Preußische Kriegslieder in den Feldzügen 1756 und 1757, von einem Grenadier», Berlin 1757, 1758.

32 «Im Essen und Trinken war der Kaiser mäßig, Wein nahm er fast nie. Den Verkehr mit Frauen liebte er sehr, und Abends nach dem Theater war er fast täglich ein Gast der Obersthofmeisterin seiner Gemalin, der Gräfin Marie Karoline von Fuchs. Diese damals schon hochbejahrte Frau, aus dem nun ausgestorbenen Geschlechte der Grafen von Mollart, war in ihrer Jugend Hofdame bei der Erzherzogin Marianne, der zweitgebornen Tochter des Kaisers Leopold I. Als die Erzherzogin nach Portugal vermählt wurde, durfte die Gräfin Mollart sie nicht dorthin begleiten, da man bei deren Vorliebe für sie einen übergroßen Einfluß der Gräfin besorgte. Im Jahre 1710 mit dem Grafen Christoph von Fuchs, würzburgischem Gesandten am Kaiserhofe vermählt, und neun Jahre später verwitwet, wurde sie zur Aja der Erzherzoginnen Maria Theresia und Marianne ernannt. Als solche war die Gräfin Fuchs die eifrige Begünstigerin des Liebesverhältnisses der älteren Erzherzogin mit Franz Stephan von Lothringen, und dafür hat ihr dieser bis an das Ende ihres Lebens die dankbarste Anhänglichkeit bewahrt.» Vgl. Arneth, Alfred Ritter von: Maria Theresia nach dem Erbfolgekriege, 1748–1756, Wien 1870 (Geschichte Maria Theresia's, Vierter Band, 1748–1756), S. 148.

33 Maria Theresia, ihr Staat und ihr Hof im Jahre 1755, Aus den Papieren des Großkanzler von Fürst, in: Historisch-politische Zeitschrift, hg. von Leopold Ranke, Berlin 1833–1836, 2. Bd., S. 723.

34 Ebenda, S. 673.

35 Ebenda, S. 674.

36 Ebenda, S. 690.

37 Ramshorn, Carl: Kaiser Joseph II. und seine Zeit, Leipzig 1845, S. 89–90.

38 Raskolniken, in der Sprache der russischen Kirche Bezeichnung aller Sektierer und Dissidenten, zerfielen staatsrechtlich in Altgläubige, häretische und solche Sektierer, die kriminalrechtlich

vom Staat verfolgt wurden. Ihren Hauptsitz hatten sie zwischen den Grossen Seen und dem Weissen Meer. Die mit der 1654 durch den Patriarchen Nikon vorgenommenen Revision der Kirchenbücher unzufriedenen Altgläubigen (Starowerzen) trennten sich bald in Popowzi (Priesterliche) und Bespopowzi (Priesterlose), die Priestertum und Sakramente verwarfen.

39 «Er erhielt, außer den großen Besoldungen seiner Aemter und außer den Einkünften seiner reichen Güter, ein jährliches Gehalt von 100 000 Rubel, an jedem seiner Geburts- und Namenstage eben so viel; dabei wurde seine Tafel noch aus dem kaiserlichen Hofstaat mit besonderen ansehnlichen Summen und aus den kaiserlichen Kellern mit Weinen und Getränken versehen. Er durfte auf seinen bloßen Namen Summen aus kaiserlichen Kassen nehmen, und trug kein Bedenken, Gelder, die für anderweitige Staatszwecke bestimmt waren, zu seinem Nutzen zu verwenden.»
Karl Friedrich Becker's Weltgeschichte, hg. von Adolf Schmidt, Mit einer Fortsetzung von Eduard Arnd, Leipzig 1867, 13. Bd., Neuere Geschichte V, S. 172.

40 Vgl. dazu Montefiore, Simon Sebag: Katharina die Grosse und Fürst Potemkin, Eine kaiserliche Affäre, Frankfurt am Main 2009, S. 208–212.

41 Masson C[harles] F[rançois] P[hilibert]: Mémoires secrets sur la Russie pendant les règnes de Catherine II et de Paul Ier, avec avant-propos et notes par M. Fs. Barrière, Paris 1863 (Bibliothèque des mémoires relatifs à l'histoire de France pendant le 18e siècle, Tome XXII), S. 79.

42 Potemkin baute Cherson und benannte die Stadt «Ruhm der Katharina».
«[…] in Cherson über das nach der Türkei hingewendete Thor die Inschrift setzen ließ: ‹Hier geht der Weg nach Constantinopel.›»
Ramshorn: Kaiser Joseph II. und seine Zeit, S. 362.

43 Vgl. die Äusserungen Benjamin Disraelis in «The Times» vom 14. Juli 1866: «England is no longer a mere European power; she is the metropolis of a great maritime empire […] she interferes in Asia, because she is really more an Asiatic power than a European.»

44 Alignement bedeutet Richtungslinie, Richtung bzw. die Abstekkung der Bauflucht für die an öffentliche Land- oder Wasserstrassen stossenden Grundstücke sowie diese Bauflucht selbst

und in noch weiterm Sinne die Lehre vom Bauen längs öffentlicher Strassen überhaupt, und Pfahl, Pfahlbürger, soviel wie Ausbürger, d. h. Personen, die nicht in einer Stadt wohnten und doch deren Bürgerrecht besassen.

45 Nach seinem Regierungsantritt 1796 führte Paul I. durch innen- wie aussenpolitische Massnahmen einen Bruch mit der Regierungsweise seiner Mutter herbei.

46 In der Mitte des 19. Jahrhunderts war das Verhältnis Griechenlands zu Grossbritannien, welches das Zunehmen des russischen Einflusses nicht gleichgültig hinnahm, immer schlechter geworden. Endlich griff Henry John Temple Palmerston gewaltsam durch. Am 15. Januar 1850 überreichte der englische Vizeadmiral Sir William Parker, der mit einem Geschwader im Piräus erschienen war, mehrere Entschädigungsforderungen für angebliche Verletzungen britischer Untertanen. Auch sollten zwei Inseln abgetreten werden. Als das Ministerium diese Forderungen als ungerechtfertigt ablehnte, schritt Parker zu Blockademassregeln und liess griechische Kauffahrer und Kriegsschiffe aufbringen und fortnehmen. Der griechischen Regierung blieb nichts anderes übrig, als gegen die Gewalttat zu protestieren und die Hilfe der Schutzmächte anzurufen. Da deren Vermittlungsvorschläge von England verworfen wurden, gab Griechenland den englischen Forderungen nach.

47 Wenn Katharina II. nachsichtig in der Liebe, aber unerbittlich in der Politik war, weil der Stolz ihre stärkste Leidenschaft war, ist zu bedenken, dass sie fähig war, «die Politik von persönlichen Gefühlen zu trennen». Als Kaiserin dominierte sie stets die Liebhaberin, die sie auch war.
Vgl. dazu Montefiore: Katharina die Grosse und Fürst Potemkin, S. 243: «Die Behauptung des Schweizer Hauslehrers Masson war nicht völlig an den Haaren herbeigezogen: ‹Katharina verhielt sich nachgiebig in der Liebe, doch unversöhnlich in der Politik.›» Masson: Mémoires secrets sur la Russie pendant les règnes de Catherine II et de Paul Ier, S. 100.

48 Konföderationen waren bewaffnete Adelsbündnisse, die sich im Widerstand gegen den als Werkzeug Russlands betrachteten König wie auch gegen den Sejm (Reichstag) formierten, der durch Missbrauch des Liberum Veto zunehmend blockiert war. Mit dem Liberum Veto konnte eine einzige widersprechende Stimme eine Beschlussfassung des Reichstags unmöglich machen.

49 «Als die Landboten vor ihm erschienen, ihm die von den Russen geschehene Gefangennehmung ihrer angesehensten Männer klagend und trauernd zu berichten, fanden sie ihn an seinem Schreibtische, umgeben von Farbetöpfen, um das Muster zu einem Staatskleide am Jahrestage seiner Krönung zu entwerfen; und eine französische Schauspielergesellschaft war der Gegenstand seiner Sorgen, zu einer Zeit, wo das Vaterland in allgemeine Trauer versunken war.»
Karl Friedrich Becker's Weltgeschichte, 13. Bd., S. 68.

50 Müller, Johannes von: Vier und zwanzig Bücher Allgemeiner Geschichten besonders der Europäischen Menschheit, hg. durch Johann Georg Müller, Stuttgart und Tübingen 1817, 3. Aufl., 3. Bd., S. 393.

51 Müller: Vier und zwanzig Bücher Allgemeiner Geschichten, 3. Bd., S. 403.

52 Otto Magnus von Stackelberg vertrat als Gesandter die Interessen Katharinas II.

53 Der Kanal wurde 1804 fertiggestellt und verband über Nebenflüsse den Pripjet mit der Memel (Niemen). Über den Dnjepr wurde so die Schiffahrt zwischen Ostsee und Schwarzem Meer ermöglicht.

54 Das Resultat war Rousseaus Schrift «Considérations sur le gouvernement de la Pologne et sur sa réformation projetée», die 1770/71 entstand und 1782 erstmals vollständig im Druck erschien.

55 Timar war eine Kleinpfründe bis zu einem Jahreseinkommen von 19 999 Asper, vornehmlich zur Versorgung der Provinzialreiterei, der Reitersoldaten (Spahis); Asper war die im Osmanischen Reich gültige Geldeinheit; siehe Matuz, Josef: Das Osmanische Reich, Grundlinien seiner Geschichte, Darmstadt 1994, S. 39ff., S. 105, S. 338.

56 Kizlar Aga, Kislar Agassi, «Hauptmann der Mädchen», türkisch, schwarzer Obereunuch des Sultans, Oberaufseher im Harem; hatte grossen Einfluss und Vortritt vor dem Grosswesir, dem Vorsteher der gesamten Staatsverwaltung.

57 Die Janitscharen waren Angehörige der pforten-unmittelbaren Fusstruppen; zuerst der Palast des Sultans und später die Regierung des Osmanischen Reiches wurden «Pforte» genannt.

58 Kadi: muslimischer Richter, Vorsteher eines Kaza oder Gerichtsbezirks. Hospodar: Titel der Fürsten der Moldau und Walachei;

sie wurden vom 17. bis 19. Jh. von der Pforte ernannt oder bestätigt. Pascha: Titel höchster osmanischer Würdenträger; in der Spätzeit General. Bey, türkisch Beg, hat dieselbe Bedeutung wie der arabische Titel Emir: Fürst.

59 Baschi-Bozuk, türkisch Tollkopf; irreguläre osmanische Truppen, die wegen ihrer Zuchtlosigkeit berüchtigt waren. Mameluk bedeutet «die im Besitz befindlichen»; Bezeichnung für die militärische Oberschicht in Ägypten. Derebeys oder Derebegs, «Talfürsten», waren türkische Vasallenfürsten, deren Macht Mahmud II. (1785–1839) vernichtete. Ein Ferman war ein Erlass eines osmanischen Herrschers. Die Fetwa war ein durch einen Mufti (Rechtsgelehrter) erstelltes islamisches Rechtsgutachten. Raya, Hintersasse, war die Bezeichnung für die steuerpflichtigen Untertanen; in der Spätzeit nur noch für die christlichen Untertanen verwendet; auch Terminus für sämtliche Steuerpflichtigen.

60 Gemeint ist der vierte österreichisch-russische Türkenkrieg von 1737 bis zum Frieden von Belgrad 1739.

61 Mainottenkorps waren Verbände aus griechischen Soldaten.

62 Die Festung der Sieben Türme (Yedikule) an der ehemaligen «Porta Aurea» in Konstantinopel wurde als Gefängnis genutzt.

63 «Katharina empfand über diesen gräßlichen Sieg eine außerordentliche Freude. Alle Officiere und Soldaten des Belagerungsheeres erhielten goldene und silberne Denkmünzen; Potemkin, außer einem kostbaren Degen, das gewünschte große Band des Georgordens, das ihm zu allen Ordensbändern Europa's noch fehlte, weil es nur Dem ertheilt werden konnte, der eine Hauptschlacht gewonnen oder eine Hauptfestung erobert hatte. Noch größere Belohnungen kamen ihm in Petersburg entgegen. Mehrere Nächte hindurch ließ die Kaiserin, weil seine Ankunft nicht bestimmt war, einen Weg von beinahe drei deutschen Meilen in der Nähe der Hauptstadt mit großen Kosten erleuchten. Potemkin, unerachtet er dies unterwegs erfuhr, ward dadurch nicht zur Beschleunigung seiner Reise bewogen. Als er endlich angekommen war, machte ihm die Kaiserin den ersten Besuch. Sein Aufenthalt dauerte bis zum ersten Ostertage. An diesem Feste pflegte sich der Hof um Mitternacht in der Kapelle des Winterpalastes zum Gottesdienst zu versammeln. Als nach dem Hauptmomente desselben die allgemeine Begrüßung mit den Worten ‹Christus ist erstanden› statt fand, umarmte ihn Katharina, dankte ihm mit lauter Stimme für die wichtigen Dienste,

die er ihr und ihrem Reiche geleistet, und schenkte ihm als
Oster-Ei ein Ordenszeichen mit Diamanten von dem größten
Werth besetzt. Zugleich ertheilt er sechs Millionen Rubel, ohne
die er nicht hatte abreisen wollen.»
Karl Friedrich Becker's Weltgeschichte, 13. Band, S. 178–179.

64 Das Taurische Palais wurde zwischen 1783 und 1788 für Potemkin erbaut und war später Sitz der Duma.
«Potemkin kam 11. März nach Petersburg. Hier nun ehrte die
Zarin den Uebermächtigen wie den ersten Mann des Reichs
durch Feste; Potemkin überbot sie durch das gigantische Fest,
welches er 9. Mai 1791 in seinem taurischen Palast, einem Ge-
schenke Katharina's, gab. Es brannten 20 000 Wachskerzen und
200 000 Lampen; der Aufwand, wo nach gewohnter Weise Potemkins die Zahlung zu den letzten Sorgen gehörte, ward auf
200 000 Rubel geschätzt. Einen Fußfall Potemkins zum Danke
für die Wohlthaten der Kaiserin erwiederte diese mit einer Um-
armung; er schien gerührt, sie ließ Thränen fließen.»
Wachsmuth, Wilhelm: Das Zeitalter der Revolution, Geschichte
der Fürsten und Völker Europa's seit dem Ausgange der Zeit
Friedrichs des Großen, Leipzig 1846, 1. Bd., S. 235–236.

65 Gemeint ist der Staatsstreich Napoleons III. am 2. Dezember
1851.

66 Gustav IV. wurde nach der Niederlage gegen Frankreich im
März 1809 abgesetzt und starb nach unstetem Wanderleben, das
ihn auch für mehrere Jahre nach Basel geführt hatte, 1837 in St.
Gallen.

67 Am 9. Februar 1801 wurde zwischen Frankreich und Österreich
der Friede von Lunéville abgeschlossen (auch für das Deutsche
Reich) und damit der zweite Koalitionskrieg beendet. Frankreich
erlangte die Anerkennung der Batavischen, Helvetischen und
Ligurischen Republik und erhielt das linke Rheinufer. Die deutschen Fürsten wurden für die linksrheinischen Gebietsverluste
im Reichsdeputationshauptschluss entschädigt.

68 Joseph Ben Issachar Süsskind Oppenheim wirkte als Finanz-
minister des Herzogs Karl Alexander und wurde nach dessen Tod
auf Betreiben der Landstände wegen angeblicher Münzfälschung
angeklagt und hingerichtet.

69 Schlosser, Friedrich Christoph: Geschichte des achtzehnten Jahrhunderts und des neunzehnten bis zum Sturz des französischen
Kaiserreichs, Mit besonderer Rücksicht auf geistige Bildung,

4.Aufl., 3.Bd.: Bis auf den Anfang des Kriegs zwischen Frankreich und England um 1778, Heidelberg 1853, S. 283.
Friedrich Schiller: Kabale und Liebe, zweiter Akt, zweite und dritte Szene sowie vierter Akt, neunte Szene.

70 Der Krummstab als Symbol der geistlichen Gerichtsbarkeit der Bischöfe und Äbte steht im Zusammenhang mit der Vorstellung vom Hirtenamt der Kirche. Das Rechtssprichwort «unter dem Krummstab ist gut leben» spielt auf die gelinde Regierungsart der Bischöfe und Äbte an.

71 Maximilian Franz, der jüngste Sohn Maria Theresias, wurde trotz Friedrichs des Grossen Widerstand 1780 in Köln und Münster zum Koadjutor gewählt, seit 1784 Kurfürst-Erzbischof von Köln und Fürstbischof von Münster.
«Anderswo aber suchte Joseph die geistliche Herrschaft für sein Haus zu erwerben; sein Bruder Max Franz, schon unter Maria Theresia Coadjutor von Köln, wurde es jetzt auch von Münster und Hoch- und Deutschmeister; schon sprach man auch für ihn von Hildesheim, ja von Salzburg, und für Söhne Leopolds von Freisingen, Augsburg und Constanz.»
JWB 28, S. 173.

72 Die Kongregation von S. Maur wurde 1618 von französischen Benediktinerklöstern gestiftet und durch bedeutende theologische und kirchengeschichtliche Studien berühmt.

73 Lessing veröffentlichte ab 1774 offenbarungskritische Schriften aus dem Nachlass des Hamburger Orientalisten Hermann Samuel Reimarus als anonyme Fragmente aus der Wolfenbütteler Bibliothek.

74 1768 erschien in Hamburg von Johann Bernhard Basedow seine «Vorstellung an Menschenfreunde und vermögende Männer über Schulen, Studien und ihren Einfluss in die öffentliche Wohlfahrt, mit einem Plane eines Elementarbuchs der menschlichen Erkenntnis» und 1774 in Dessau und Leipzig das «Elementarwerk» in vier Bänden mit 100 Kupfertafeln. Im gleichen Jahr eröffnete Basedow in Dessau die Musterschule «Philanthropinum».

75 Die von Basedow 1774 gegründete Anstalt in Dessau war das «Philanthropinum».

76 Die «Briefe, antiquarischen Inhalts» erschienen 1768/69 in Berlin.

77 «Hermanns Schlacht» (1769), «Hermann und die Fürsten» (1784), «Hermanns Tod» (1787).

78 «Den oberen Göttern lieb und den untern» oder «in dem Reich
der Tiefe wie auch im Himmel», Horaz: Oden 1,10.

79 Ein Roué ist ein vornehmer Wüstling, ein durchtriebener, ge-
wissenloser Mensch und war seit der Regentschaft Philipps von
Orléans die Bezeichnung für höfische Libertins.

80 Die Einnahme Algiers durch französische Truppen am 4.Juli
1830 gelang wenige Tage vor Ausbruch der Julirevolution, die
Karl X. zur Abdankung zwang.

81 Schlacht von Fontenoy bei Tournai am 11.Mai 1745, Sieg der
französischen über die englische Armee im Österreichischen
Erbfolgekrieg.

82 Roture, Roturier = Nichtadeliger, Bürgerlicher.

83 Ségur schildert in den Memoiren seinen Streit mit Karl von
Nassau-Siegen während eines Abendessens, dessen Verlauf dieser
tags darauf vergessen hatte, als Ségur zum Duell erschien. Die
Kontrahenten brachen den Zweikampf schliesslich ab und ge-
lobten sich ewige Freundschaft. Durch Vermittlung Ségurs avan-
cierte Nassau-Siegen später zum Admiral im Dienst Katharinas II.
Vgl. Denkwürdigkeiten, Rückerinnerungen und Anekdoten aus
dem Leben des Grafen von Segür, Aus dem Französischen übersetzt durch O.v.W., 3 Teile, Stuttgart 1825–1827, 1.Teil, S.43–44,
S.37–38, S.130–131.

84 Henri-Louis Lekain war der berühmteste Schauspieler seiner
Zeit und wurde von Voltaire gefördert; «Voltaire, qui fut, pour
ainsi dire, son maître». Er spielte 1772 und 1776 in Ferney und
auch am französischen Hof. Claire Leris de la Tarde, genannt
Mademoiselle Clairon, spielte Hauptrollen im Theater in Ferney.

85 Voltaire schrieb am 21.September 1772 an Charles-Augustin
Ferriol, Comte d'Argental: «All unsere Genfer haben vor
Schmerz und Vergnügen geweint, manche Frauen fielen in Ohn-
macht, was sie sehr genossen haben. Vor Lekain hatte ich keiner-
lei Vorstellung von der wahren Tragödie.» Vgl. Lepape, Pierre:
Voltaire, Oder die Geburt der Intellektuellen im Zeitalter der
Aufklärung, Frankfurt, New York 1996, S.312.
Der streng calvinistische Rat von Genf verbot seinem Neu-
bürger das Aufführen von zumeist eigenen Theaterstücken und
damit auch das Mitspielen darin. Voltaire informierte darüber
Paris: «Ich korrumpiere die gesamte Jugend der schulmeister-
lichen Stadt Genf, ich kreiere Vergnügen, die Prediger rasen.»
Aus dem Briefwechsel, S.394.

86 Das Parlament von Toulouse verurteilte 1762 den Vater der protestantischen Familie Calas wegen Mordes an seinem Sohn zum
Tod. Voltaire verfasste fiktive Verteidigungsschriften im Namen
der Familienangehörigen, für die er die Unterstützung der
öffentlichen Meinung in Anspruch nahm.

87 Die strenggläubigen Genfer Calvinisten fanden die Schauspiel-
aufführungen in dem eigens für solchen Zweck erbauten Theater
vermutlich ebenso anmassend und anstössig, wie die Inschrift
«deo erexit Voltaire» (Gott von Voltaire errichtet), die der Herr
von Ferney an der Kirche anbringen liess.
Vgl. Holmsten, Georg: Voltaire mit Selbstzeugnissen und Bild-
dokumenten, Reinbek bei Hamburg 2002 (rowolts monogra-
phien), S. 135–137.

88 Briefe Friedrichs an Voltaire vom 7. Juli 1770 und vom 28. Februar 1767.

89 Montesquieu: Vom Geist der Gesetze, eingel., ausgew. und übers.
von Kurt Weigand, Stuttgart 1965 (Reclam, Universal-Biblio-
thek), S. 106, S. 379.

90 Brief an Chrétien Guillaume de Lamoignon de Malesherbes
vom 4. Januar 1762.
J. J. Rousseau, Die Krisis der Kultur, Die Werke ausgewählt von
Paul Sakmann, Leipzig 1931 (Kröners Taschenbuchausgabe
Bd. 85), S. 329.

91 Die Bemerkung bezieht sich auf die von Rousseau vorgeschlagene Prozedur für die Königswahl in seinem Verfassungsentwurf
für Polen, in dem er Los- und Wahlelemente verband.

92 In seinem Brief vom 12. November 1764 an Le Breton beklagte
sich Diderot über dessen eigenmächtige Eingriffe in den Text
der Enzyklopädie.
Vgl. Denis Diderot, Briefe, 1742–1781, Ausgew. und hg. von
Hans Hinterhäuser, Frankfurt a. M. 1984, S. 185–190.

93 «Ruy Blas», Drama in fünf Akten und in Versen von Victor
Hugo, geschrieben anlässlich der Eröffnung des Theaters de la
Renaissance 1838. Die Handlung spielt am spanischen Hof zu
Ende des 17. Jahrhunderts.

94 Nicolas-Joseph-Laurent Gilbert starb nach einem Sturz vom
Pferd gegen Ende Oktober 1780. Man transportierte ihn mit of-
fenem Schädel in ein Spital, wo ihn ein berühmter Chirurg ohne
Erfolg trepanierte. Er starb dann am 12. November mit 29 Jahren in seiner Wohnung.

Nouvelle Biographie générale, Paris 1857, tome vingtième,
col. 499.

95 Tocqueville, Alexis de: L'ancien régime et la Révolution, édité par
J.-P. Mayer, Édition revue et corrigée, [Paris] 1967: livre III, chapitre 1: Comment, vers le milieu du XVIIIe siècle, les hommes de
lettres devinrent les principaux hommes politiques du pays, et
des effets qui en résultèrent, p. 229 ss.

96 Diese geistreichen Kreise dienten nicht der Freundschaft; während Jahren lebte man dort eng beieinander, man pflegte sogar
intime Freundschaft, ohne einander zu lieben, gar ohne einander
zu achten.

97 Charles Palissot de Montenoy verhöhnte in der Komödie «Le
cercle» (1755) Rousseau und im Lustspiel «Les philosophes»
(1760) die Enzyklopädisten.

98 Diese etwas komplizierte Stelle lautet im Original wie folgt: Man
druckte im Ausland, oder insgeheim, oder brachte durch Protec-
tion Alles durch; oder man druckte in der Provinz; man sagte:
das Manuscript sei nur für eignen Gebrauch geschrieben, aber
gestohlen worden. So Diderot; der Garde des sceaux sagte: Eh
bien, Monsieur, je vous défends d'être volé. – Condé sagte: Le
garde des sceaux est bien hardi; il a osé comparaître devant Diderot. (Zeitweise Grausamkeiten der Behörden: Pelletan, Déca-
dence p. 384ss.).
Dazwischen kamen etwa Sarcasmen von Ferney: Il est assez plaisant, d'envoyer du pied des alpes à Paris des fusées volantes, qui
crèvent sur la tête des sots. – Parlament und Hof gönnten bisweilen dem Clerus eine Lection. – Bei verbotenen oder bedenklichen Theaterstücken half man sich durch Vorlesen; Laharpe las
seine Religieuse mehr als einen Monat jeden Abend in irgend
einem cercle vor; (nachher doch gedruckt). Überhaupt jede
Gegenmaßregel mit Hohn umgangen. Grimm bei Anlaß eines
langweiligen Buches: Nous ne lirons pas Monsieur de Lille quoique son livre soit déjà défendu.
Diese Stelle wurde absichtlich im Text nicht übersetzt, um wenigstens einmal einen Eindruck von Burckhardts Handhabung
der französischen Zitate zu vermitteln.
Der Justizminister sagte: «Nun denn, mein Herr, ich verbiete
Ihnen, bestohlen worden zu sein.» Condé sagte: «Der Justizminister ist sehr kühn, er hat es gewagt, bei Diderot vorzuspre-
chen.»

«Es ist recht amüsant, vom Fuss der Alpen Geschosse in Richtung Paris abzufeuern, welche über den Schwachköpfen explodieren.»

Mit den Sarkasmen von Ferney sind Voltaires spöttische Äusserungen gemeint; Voltaire war der «Patriarch von Ferney». Friedrich der Grosse bezeichnete ihn so, beispielsweise in seinem Brief vom 24. Oktober 1773: «[…] ich hoffe, daß der Patriarch von Ferney den Philosophen von Sans-Souci nicht vergißt […].» Aus dem Briefwechsel, S. 491.

«Wir werden Monsieur Delille nicht lesen, auch wenn sein Buch bereits verboten worden ist.»

99 Vincenzo Monti feierte in seiner Ode «Al signor di Montgolfier» die Entdeckungen und Erfindungen seiner Zeit und schwärmte von einer künftigen Überwindung der Sterblichkeit.

100 Napoleon siegte 1796 bei Millesimo und Montenotte über die Österreicher und Sardinier.

101 Siege des österreichischen Feldmarschalls Joseph Wenzel Radetzky über König Karl Albert am 25. Juli 1848 bei Custozza und am 23. März 1849 bei Novara.

102 Das Cicisbeat war die Begleitung verheirateter Damen in der Öffentlichkeit durch einen ausgewählten Hausfreund.

103 Giuseppe Parini war Direktor der Brera in Mailand; er geisselte das Leben des lombardischen Adels im Gedicht «Il Giorno», erschienen in Teilen: «Il Mattino» (1763), «Il Mezzogiorno» (1765), «Il Vespro» und «La Notte» (1801), und schrieb Gedichte sowie Oden.

104 Kardinalstaatssekretär Gabriele Ferretti meinte sinngemäss: «Italien kann es!»

Vgl. dazu die «Vorrede» von 1865 in Franz Otto: Der Grosse König und sein Rekrut, Leipzig 1877 (Neue Jugend- und Hausbibliothek, 2. Serie, 7. und 8. Bd.), S. V: «Und wenn nicht Alles täuscht, ist Preußens Volk abermals bestimmt, die Entscheidung in einem demnächst entbrennenden Kampfe, im Kampfe um die endliche Einigung unseres Vaterlandes zu geben! Preußen kann es […]».

105 «Virginia», eine Tragödie von Alfieri von 1783, «Il Misogallo» eine politisch-literarische Textsammlung, die Alfieri zwischen 1790 und 1795 verfasste und 1796 veröffentlichte.

106 Das von Canova 1787 geschaffene Grabmal für Papst Clemens XIV. (Giovanni Antonio Ganganelli) in der Basilica dei Santi Apostoli in Rom.

107 Vincenzo Monti huldigte dem österreichischen Kaiserhofe in der «Cantate» «Il ritorno d'Astrea» von 1816 und schrieb 1785 die Tragödie «Aristodemo».

108 Mafra, Stadt im portugiesischen Distrikt Lissabon mit einer gewaltigen Klosteranlage mit einem dem Escorial nachgebildeten Palast und Marmorkirche, erbaut von 1717 bis 1731.

109 Pombal liess in Lissabon Galgen zur Abschreckung der Plünderer aufrichten und veranlasste zahlreiche Hinrichtungen.

110 Der Methuenvertrag war ein englisch-portugiesisches Handelsabkommen von 1703.

111 Der Engländer Nathaniel William Wraxall (1751–1831) verfasste Berichte über seine Reisen nach Portugal und Nordeuropa; er besuchte 1772 Portugal.

112 Edward Clarke (1730–1786) ging 1760 mit dem Earl of Bristol «as chaplain to the embassy at Madrid».
«… and during his two years' residence collected materials for a work, published on his return in February 1762, entitled ‹Letters concerning the State of Spain… written at Madrid during the years 1760 and 1761,› London, 1763, 4to, pp. 354. It is full of details and statistices.»
Dictionary of National Biography, ed. by Leslie Stephen, London 1887, Vol. X, p. 420.
Autos sacramentales waren geistliche Festspiele.

113 Der Docteur Sangrado war eine populäre Figur aus Alain Lesages Roman «Gil Blas» (erschienen in vier Teilen 1715–1735), die in satirischer Überzeichnung Unwissenheit und Arroganz der traditionellen Ärzteschaft verkörperte.

114 «Unsere Frau von Atocha», die Kirche Nuestra Señora de Atocha in Madrid mit ihrer Madonna aus dem frühen 15. Jahrhundert.

115 Laut Clarke fuhr Karl III. auf der Reise von Barcelona nach Madrid mit solcher Geschwindigkeit, «daß er unter den Pferden und Maulthieren in seinem Dienste eine gewaltige Verheerung anrichtete». Tödliche Verletzungen unter den Garden pflegten die spanischen Könige laut Clarke mit den Worten «Murió in su oficio» zu kommentieren.

116 La Carolina war eine 1767 vor allem von süddeutschen Kolonisten gegründete Stadt in der Sierra Morena, die dem König zu Ehren diesen Namen erhielt.

117 Die bourbonischen Gesandten drohten, im Fall einer missliebi-

gen Papstwahl Rom im Eklat zu verlassen und in Frascati neue Instruktionen abzuwarten.

118 Babet la bouquetière war der Beiname Bernis' im Zusammenhang mit seinen frühen galanten Dichtungen.
Casanova berichtet in seinen Memoiren von der Bekanntschaft mit Bernis im Frühjahr 1755 in Venedig und besonders von gemeinsamen Abendessen mit zwei Damen aus dem Kloster Santa Maria degli Angeli auf Murano.

119 Heinrich Benedikt, Herzog von York, erhielt 1747 die Kardinalswürde und legte sich hierauf den Königstitel bei. Dieser letzte männliche Nachkomme des königlichen Hauses Stuart lebte von einem Jahrgelde, das ihm der britische Hof gab. Er starb am 13. Juli 1807 in Frascati. Georg IV. liess ihm in der Peterskriche zu Rom durch Canova ein Denkmal errichten.

120 Saint-Priest: Histoire de la chute des jésuites, S. 101.

121 Die Gewissensfrage betraf das Versprechen der Aufhebung des Jesuitenordens.

122 Clemens XIV. verbat sich im Umgang mit Bernis, der die Nachfolge d'Aubeterres als französischer Gesandter angetreten hatte, jede Förmlichkeit und bot ihm im Verlauf einer Audienz zwanglos seine Tabakdose an.

123 «Ich habe es unter Zwang getan.»

124 Maria Theresia und Joseph II., Ihre Correspondenz sammt Briefen Joseph's an seinen Bruder Leopold, hg. von Alfred Ritter von Arneth, Wien 1867, zweiter Band, 1773–Juli 1778, S. 38–39.

125 Johann Wolfgang Goethe: Italienische Reise: Rom, den 3. November 1786: «Der Heilige Vater, die schönste würdigste Männergestalt […].» Rom, den 22. März 1788: «Der Augenblick, wenn der aller seiner Pracht entkleidete Papst vom Thron steigt, um das Kreuz anzubeten, und alles übrige an seiner Stelle bleibt, jedermann still ist, und das Chor anfängt: Populus meus, quid feci tibi? ist eine der schönsten unter allen merkwürdigen Funktionen.»

126 Friedrich schrieb am 27. April 1775 dem Rektor der Jesuiten in Wartenberg in Schlesien, er werde nicht müde, sich für die Erhaltung dessen Instituts in seinem Lande fernerhin bei dem neuen Papst Pius VI. zu verwenden und er werde den Weihbischof von Strachwitz schon in seinen Schranken zu halten wissen.
Friedrich der Grosse, hg. von Otto Bardong, S. 481.
Am 24. Oktober 1773 schrieb Friedrich an Voltaire: «Von dort

habe ich mich nach Schlesien begeben, um meine armen Ignatianer über das harte Vorgehen des römischen Gerichtshofs hinwegzutrösten, ihrem Orden aufzuhelfen, verschiedene Provinzen zu bestimmen, wo ich sie mir erhalten und dem Vaterland nützlich machen möchte, wenn sie dort Schulen zur Bildung der Jugend, der sie sich mit Leib und Seele verschreiben, unterhalten.»
Aus dem Briefwechsel, S. 490.

Und am 18. November 1777 schrieb Friedrich an Voltaire: «Ich habe diesen Orden [Jesuitenorden] wohl oder übel beibehalten, obwohl ich ein solcher Ketzer und noch schlimmerer Ungläubiger bin. Dies sind die Gründe: Man findet in unserem Lande keinen wissenschaftlich gebildeten Katholiken, außer unter den Jesuiten. Wir hatten niemand, der befähigt gewesen wäre, Schule zu halten, wir hatten weder Oratorianer noch Piaristen, die übrigen Mönche sind von einer krassen Unwissenheit. Man mußte also die Jesuiten behalten oder alle Schulen zugrunde gehen lassen. Der Orden mußte bestehen bleiben, für die Lehrerversorgung in dem Maße, wie es an solchen fehlte; und die Stiftung konnte die Kosten tragen.»
Friedrich der Grosse, hg. von Otto Bardong, S. 497.

127 Am 24. Mai 1770 schrieb Friedrich an Voltaire: «So sollen Sie denn wissen, daß mich die Philosophen friedfertig gestimmt haben mit ihren nicht enden wollenden Deklamationen gegen jene, die sie als gewinnsüchtige Briganten bezeichnen. […] Ich meinerseits, der ich die philosophischen Verdikte fürchte und der ich Angst habe, mich der Philosophenbeleidigung schuldig zu machen und die Enzyklopädistenexkommunikation auf mein Haupt zu ziehen, ich verhalte mich still. […] ich bin quitt mit diesen Erziehern des Menschengeschlechts, die sich anmaßen, Fürsten, Könige und Kaiser zu walken, wenn diese ihren Befehlen nicht gehorchen.»
Aus dem Briefwechsel, S. 446–447.

128 1772 kam Polotsk (Pólozk) an Russland und war von 1777 bis 1796 Hauptstadt eines Gouvernements Polotsk in Weissrussland. In der zweiten Hälfte des 18. Jahrhunderts war Polotsk der Mittelpunkt des aus Westeuropa vertriebenen Jesuitenordens.

129 Die Bulle «Unigenitus» von 1713 verurteilte wesentliche Glaubenssätze des französischen Jansenismus. Ihre Umsetzung blieb jahrzehntelang umstritten. Die seit dem 14. Jahrhundert verschiedentlich erneuerte und abgewandelte Bulle «In Coena Domini»

enthielt päpstliche Exkommunikationsurteile und -androhungen.

130 Laut Saint-Priest brachten Teile der Bevölkerung das Augenleiden Josephs II. mit seinem Unglauben in Verbindung und prophezeiten ihm für den Fall, dass er sich nicht mit dem Papst aussöhne, die völlige Erblindung.

131 Rudolph von Edling widersetzte sich als Erzbischof von Görz (Gorizia) verschiedenen Reformgesetzen Josephs II. und wurde nach längerem Konflikt 1784 abgesetzt. Während des Papstbesuches in Wien wurde er zu Gesprächen vorgeladen, an denen Pius VI. jedoch nicht beteiligt war.

132 Papst Pius IX. (1846–1878) floh bei einem Aufruhr in Rom am 24. November 1848 nach Gaeta.

133 Pia fraus, frommer Betrug, Zitat aus Ovids «Metamorphosen» IX, 711; angewandt zur Bezeichnung einer absichtlichen Unwahrheit, durch die ein guter Zweck erstrebt wird.

134 Ius vitae et necis, das Recht über Leben und Tod.

135 Die Bezeichnung der Parteien geht auf die Namen ihrer prominentesten Persönlichkeiten Hendrik van der Noot (1721–1827) und Jan Frans Vonck (1743–1792) zurück.

136 Am 13. August 1766 schrieb Friedrich an Voltaire: «Ich, der ich weder um Geld noch um Segen bitte, biete den Philosophen Asyl an, vorausgesetzt, sie bleiben so friedfertig, wie es der schöne Titel, mit dem sie sich schmücken, verheißt; denn alle Wahrheiten zusammen, die sie verkünden, wiegen nicht die Seelenruhe auf, das einzige Gut, dessen sich die Menschen auf dem Atom, das sie bewohnen, erfreuen können. Ich, der ich kein feuriger Raisonneur bin, würde mir wünschen, daß die Menschen vernünftig und vor allem ruhig wären.»
Aus dem Briefwechsel, S. 431.
Am 9. Oktober 1773 schrieb Friedrich an Voltaire: «Was mich persönlich angeht, so verzichte ich auf Krieg, aus Angst, die Exkommunikation der Philosophen auf mich zu ziehen.»
Aus dem Briefwechsel, S. 487.

137 1770 hatte Paul Heinrich Dietrich Baron von Holbach seine anonyme Schrift «Système de la nature, ou des lois du monde physique et du monde moral» erscheinen lassen. An dieser «Bibel des Materialismus» arbeiteten ausser Holbach noch mehrere Gelehrte aus dem Kreis der Enzyklopädisten mit. Dagegen wandte sich der König von Preussen mit zwei Aufsätzen, die

1788 in seinen hinterlassenen Werken erschienen: Kritische Untersuchung über das System der Natur.
Friedrich der Grosse, 1986, S. 299–300.
Am 18. Oktober 1770 schrieb Friedrich an d'Alembert: «Man kann verschiedener Meinung sein, ohne sich zu hassen und besonders ohne sich zu verfolgen. Ich habe den Verfasser des Systems der Natur widerlegt, weil mich seine Gründe nicht überzeugten. Wollte man ihn aber verbrennen, so würde ich Wasser zutragen, um seinen Scheiterhaufen zu löschen. So muß man denken, wenn man sich mit der Philosophie befassen will, oder man muß auf den Namen eines Philosophen verzichten.»
Friedrich der Grosse, hg. von Otto Bardong, S. 464.
Vgl. auch die Briefe Friedrichs an Voltaire vom 18. August 1770 und 30. Oktober 1770.
Aus dem Briefwechsel, S. 451–452, S. 455–457.

138 Hier – wie an vielen anderen Stellen – zitiert Burckhardt aus Saint-Priest, Alexis de: Histoire de la chute des jésuites, Paris 1844, S. 261: «Frédéric, dit-il, a ses préjugés qu'il faut lui pardonner; on n'est pas roi pour rien. Il faut prendre les rois et Dieu comme ils sont.› Ce n'est pas tout, le rôle bizarre qu'avait choisi le Salomon du Nord réjouissait l'imagination anarchique du vieux Voltaire. Rien ne lui semblait plus plaisant que de voir Frédéric général de jésuites; il espérait que cela *donnerait au pape l'idée de se faire mufti.*»
Friedrich hat, so meinte er, seine Vorurteile, die man ihm nachsehen muss, denn man ist nicht umsonst König. Gott und die Könige muss man so nehmen, wie sie sind. Dies ist aber noch nicht alles; die wunderliche Rolle, die der «Salomo des Nordens» gespielt hatte, belebte die anarchische Einbildungskraft des alten Voltaire. Nichts bereitete ihm so viel Vergnügen, als in Friedrich den Jesuitengeneral zu sehen; dies, so dachte er, könnte den Papst dazu bringen, sich als Mufti auszugeben.

139 Über «L'art de la guerre» von 1750 vgl. Friedrich der Grosse, hg. von Otto Bardong, S. 158–161, bzw. über «Die Kriegskunst» in: Werke, 6. Bd., S. 383–433.

140 Am 24. Mai 1770 schrieb Friedrich an Voltaire: «Wie sehr Sie sich doch darüber wundern, Herr Heiliger, daß es in Europa einen Krieg gibt, bei dem nicht ich mit von der Partie bin! Das ist nicht über die Maßen heilig. So sollen Sie denn wissen, daß mich die Philosophen friedfertig gestimmt haben mit ihren nicht

enden wollenden Deklamationen gegen jene, die sie als gewinnsüchtige Briganten bezeichnen. Die Kaiserin von Rußland mag ganz nach Gutdünken scharmützeln; von Diderot hat sie gegen Heller und Pfennig Dispens erhalten, die Russen und die Türken sich schlagen zu lassen. Ich meinerseits, der ich die philosophischen Verdikte fürchte und der ich Angst habe, mich der Philosophenbeleidigung schuldig zu machen und die Enzyklopädistenexkommunikation auf mein Haupt zu ziehen, ich verhalte mich still. Und weil kein einziges Buch wider die Hilfsgelder erschienen ist, habe ich gemeint, daß es mir nach dem Naturrecht gestattet sei, solche pflichtschuldig an meinen Bundesgenossen zu zahlen; und ich bin quitt mit diesen Erziehern des Menschengeschlechts, die sich anmaßen, Fürsten, Könige und Kaiser zu walken, wenn diese ihren Befehlen nicht gehorchen.»
Aus dem Briefwechsel, S. 446–447.

141 Am 8. Juni 1770 schrieb d'Alembert an Friedrich: «Ich bin in der That aller der Bücher und Büchelchen, die wider das geschrieben werden, was Voltaire *** nennt, so satt, daß ich seit langer Zeit nichts dergleichen mehr lese, und daß ich bisweilen in Versuchung gerathe, über den Titel Philosoph zu sagen, was Hans Roastbeef in dem Lustspiele: der Franzose in London, von dem Titel Monsieur sagt: ‹ich mag diesen Titel nicht; es giebt gar zu viel Schurken, die so heißen! ›»
Hinterlassene Werke Friedrichs II., Königs von Preussen, Kempten 1789, Eilfter Band: Briefe des Königs und d'Alembert's, S. 155.

142 «Berlin, d. 17. Aug. 1786: Friedrich Wilhelm regiert nun, und statt einer der grösten Charaktere, die den Tron iemals behauptet haben, ist er nun von einer der schönsten Formen eingenommen, die die Natur iemals hervorgebracht hat.»
Geheime Geschichte des Berliner Hofes oder Briefwechsel des Grafen von Mirabeau, Rotterdam 1789, S. 3.

143 Ziegler, S. 497–501.
Kaegi II, S. 62–66.
Berg, Gunter: Leopold von Ranke als akademischer Lehrer, Studien zu seinen Vorlesungen und seinem Geschichtsdenken, Göttingen 1968 (Schriftenreihe der Historischen Kommission bei der Bayerischen Akademie der Wissenschaften, Schrift 9), S. 78–83.

144 Kaegi II, S. 63.

145 Kaegi II, S. 461–462.

146 Kaegi II, S. 469–524.

147 Kaegi II, S. 516–518.

148 Vgl. Kaegi V, S. 145–149 und Briefe II, S. 189, S. 305.

149 Staatsarchiv Basel-Stadt, PA 207,141, Jacob Burckhardt-Archiv (Nachlass): Geschichte des XVII. und XVIII. Jahrhunderts, S. vJh 55r.

150 Briefe III, S. 15–38.

151 Kaegi III, S. 47–150.

152 Kaegi III, S. 53–54
Ich besitze die «Gedenkausgabe zum 150. Todestag des großen Königs» von 1936, «211.–235. Tausend der Volksausgabe».

153 Kaegi V, S. 233.

154 Kaegi III, S. 153, S. 187, S. 195.

155 Kaegi III, S. 287.

156 Vgl. dazu Kaegi III, S. 357–369.

157 Briefe V, S. 37.
Kaegi V, S. 150–151.

158 Briefe V, S. 44.
Kaegi V, S. 151.

159 Kaegi V, S. 143–242.

160 Kaegi V, S. 151–153.

161 Kaegi V, S. 227, S. 240–242.

162 Staatsarchiv Basel-Stadt, PA 207,141, Jacob Burckhardt-Archiv (Nachlass): Geschichte des XVII. und XVIII. Jahrhunderts.
Paginierungen:
   1. Vorlesungsperiode = rund 300 Seiten
      Grundstockpaginierung 1–124
   2. Hauptabschnitt
      Paginierung 125–194
   3. Hauptabschnitt
      Beginn einer neuen Paginierung
      ZLq = Zeitalter Louis quatorze
   4. Hauptabschnitt
      dritte und letzte Paginierungsreihe = 1–55

163 Kaegi V, S. 153.

164 Kaegi V, S. 233–242.

165 Kaegi V, S. 176.

166 Kaegi V, S. 241.

167 Über Onno Klopp und Burckhardt siehe Kaegi V, S. 236–237, S. 462–468.

240   168 Kaegi V, S. 241.

169 Ziegler, Ernst: Die Vorderseite des Teppichs, Bemerkungen zu
    den Nachschriften von Zuhörern Jacob Burckhardts, in: «Uner-
    schöpflichkeit der Quellen», Burckhardt neu ediert – Burckhardt
    neu entdeckt, Hg. Urs Breitenstein, Andreas Cesana, Martin
    Hug, Basel, München 2007 (Beiträge zu Jacob Burckhardt, hg.
    von der Jacob Burckhardt-Stiftung, Basel, Band 7), S. 318.

170 Kaegi, Werner: Jacob Burckhardt und sein Jahrhundert, Ge-
    denkrede zum 150. Geburtstag gehalten in der Universität Basel
    am 24. Mai 1968, Basel 1968 (Basler Universitätsreden 58. Heft),
    S. 3.

171 Jacob Burckhardt: Historische Fragmente, Aus dem Nachlass ge-
    sammelt von Emil Dürr, mit einem Vorwort von Werner Kaegi,
    Stuttgart 1957, S. 259–260.
    Staatsarchiv Basel-Stadt, PA 207,141, Jacob Burckhardt-Archiv
    (Nachlass): Geschichte des XVII. und XVIII. Jahrhunderts, S. zu
    vJh 26r und 26v.
    vJh = voriges Jahrhundert; vgl. Kaegi V, S. 153, S. 233.

172 Ranke I, S. 324–340; II, S. 26, S. 125–137; III, S. 474–475 usw.

173 Kaegi VI, S. 877.

174 JBW 28, S. 3.

175 Kaegi V, S. 243–444.

176 Ziegler, Ernst: Jacob Burckhardts Vorlesung über die Geschichte
    des Revolutionszeitalters in den Nachschriften seiner Zuhörer,
    Rekonstruktion des gesprochenen Wortlautes, Basel, Stuttgart
    1974.
    Jacob Burckhardt: Geschichte des Revolutionszeitalters, Aus
    dem Nachlaß hg. von Wolfgang Hardtwig, Simon Kießling,
    Bernd Klesmann, Philipp Müller, Ernst Ziegler, München, Basel
    2009 (Jacob Burckhardt Werke, Kritische Gesamtausgabe, Band
    28).

177 Meyer, Kurt: Jacob Burckhardt, Ein Portrait, München, Zürich
    2009, S. 212.

178 Die Französische Revolution, Berichte und Deutungen deut-
    scher Schriftsteller und Historiker, hg. von Horst Günther,
    Frankfurt am Main 1985 (Bibliothek der Geschichte und Politik,
    Band 12), S. 1495.

179 Kaegi IV, S. 97.

180 Kaegi IV, S. 95–148.

181 Kaegi IV, S. 126–127.

182 Staatsarchiv Basel-Stadt, JBA 208, Nr. 52, Bd. III, S. 280.
Kaegi IV, S. 143.

183 Kaegi IV, S. 128.

184 Briefe IV, S. 228–229.
Vgl. dazu Ziegler, Beiträge, S. 313.

185 Vgl. dazu Ziegler, S. 543–547.

186 Ziegler, Beiträge, S. 318.

187 Kaegi V, S. 435–437.

188 Kaegi V, S. 296.

189 Kaegi V, S. 249–251.
Ziegler, Beiträge, S. 317–318.

190 Burckhardt: Historische Fragmente, S. 17.
Vgl. dazu Siebert, Irmgard: Der «grösste Sterbliche»: zu Jacob Burckhardts Cäsarbild, in: Bibliotheca di Athenaeum, 12: Römische Geschichte und Zeitgeschichte in der deutschen und italienischen Altertumswissenschaft während des 19. und 20. Jahrhunderts, I: Caesar und Augustus, Como 1989, S. 89–106.

191 Jacob Burckhardt: Über das Studium der Geschichte, Der Text der «Weltgeschichtlichen Betrachtungen» auf Grund der Vorarbeiten von Ernst Ziegler nach den Handschriften hg. von Peter Ganz, München 1982, S. 397.
Kaegi V, S. 391.

192 Vgl. dazu Burckhardt: Historische Fragmente, S. 191–260, S. 259–260: «Friedrich der Große».

193 Staatsarchiv Basel-Stadt, PA 208,94, S. 72, S. 76.

194 Staatsarchiv Basel-Stadt, PA 300,8e.

195 Burckhardt: vJh 10 recto: Friedrich Wilhelm I. von Preussen, 1713–1740; vJh 10 verso, Randbemerkung.
Ranke I, S. 297–298.

196 Burckhardt: zu vJh 26r.

197 Ebenda.

198 Ebenda.
Vgl. Ranke III, S. 474–475.

199 Burckhardt: zu vJh 26r.

200 Burckhardt: vJh 26r.
Nach Schlosser II, S. 1–3.

201 Burckhardt: vJh 26r–26v.
Schlosser II, S. 4–6.

202 Burckhardt: zu vJh 26v.
Ranke II, S. 129–130.

«Indessen mußte der König doch auch andere zu Rathe ziehen.
Er berief zu diesem Zwecke den Feldmarschall Schwerin und
den Minister Podewils. Die beiden von ihm berufenen Männer
riethen dringend ab. Die Gründe ihres Abrathens sind, so viel
wir wissen, nicht bekannt geworden. Aber sie liegen ja an sich
nahe genug. Es können nur diejenigen des Rechts und der Ehre
gewesen sein.»

Klopp, Onno: Der König Friedrich II. von Preußen und seine
Politik, Zweite, neu gearbeitete Auflage, Schaffhausen 1867,
S. 127.

203 Burckhardt: zu vJh 26v.

Ranke II, S. 137, S. 141–142.

Aus dem Brief an Podewils: «Ich gedenke meinen Schlag am
8. Dezember auszuführen und damit die kühnste, schnellste und
größte Unternehmung zu beginnen, die jemals ein Fürst meines
Hauses unternommen hat.»

Friedrich der Grosse, hg. von Otto Bardong, S. 90.

204 Burckhardt: zu vJh 26v.

205 Burckhardt: zu vJh 26.

206 Ranke II, S. 45–99.

207 Otto Markwart: Staatsarchiv Basel-Stadt, Privat-Archive 300, 8e;
Jacob Burckhardt: Geschichte des 17. und 18. Jahrhunderts
(Schluss), S. 8–11.

208 Ebenda, S. 12–20.

209 Burckhardt: vJh 55r.

Schlosser II, S. 384.

Burckhardt hielt im Sommersemester 1883 seine letzte Vorlesung am Donnerstag, dem 26. Juli.

JBW 28, S. 39–40.

210 Dieses Dictum stammt aus Droysen: «Wir haben angedeutet,
welche Bedeutung der Gang der Ereignisse eben jetzt den mili-
tairischen Kräften Preußens gab. Indem es von der Entscheidung
des Berliner Cabinets abhing, entweder den Erfolgen Rußlands
Halt zu gebieten oder die Vernichtung Napoleons zu vollenden,
durfte es nach der einen wie anderen Seite hin die Bedingungen
vorschreiben, von denen es seine Entscheidung abhängig machen wolle. Die staunenswürdige Gunst des Augenblickes
drängte diesem Cabinet von Neuem die Rolle auf, die es seit dem
Reichenbacher Congreß [1790] und dem Baseler Frieden [1795]
für untergeordnete Vortheile aufgeopfert hatte, le rôle glorieux

d'arbitre de la destinée et de la balance de l'Europe, wie es der letzte Staatsmann aus Friedrich des Großen Schule, der letzte Vertreter des ancien système vigoureux de la maison de Brandenbourg genannt hat.»

Droysen, Johann Gustav: Das Leben des Feldmarschalls Grafen York von Wartenburg, Berlin 1851, 1. Bd., S. 438.

211 Vgl. Bogen 1 und 3.

212 Aus Ziegler, S. 21–29, vgl. dazu S. 516–539, S. 563–568.
Die wichtigste Nachschrift ist das Stenogramm des appenzellischen Sängervaters und Kulturhistorikers Alfred Tobler (1845–1923), vgl. S. 536–537.

213 Die Inschrift des Berliner Invalidenhauses vom Jahre 1748 «Dem verwundeten, doch unbesiegten Krieger» soll vom Marquis d'Argens herrühren.

214 Vgl. Klopp, Onno: Der König Friedrich II. von Preußen und seine Politik, Zweite, neu gearbeitete Auflage, Schaffhausen 1867.
Burckhardt, Jacob: Aus O. Klopp: Der König Friedrich II. von Preussen und seine Politik, 2te Aufl., Staatsarchiv Basel-Stadt, Privat-Archive 207,116.
Über Onno Klopp vgl. Kaegi V, S. 462–468.
Vgl. dazu den Brief Jacob Burckhardts an Jacob Oeri, Sohn, vom 1. Juli 1865: «Wenn ich nur auch einmal im Semester frei hätte um etwas wie Schäfers Quellenkunde hören zu können! Aber es steht nun einmal geschrieben, daß ich meinen Trott weiter traben und nur noch mich selber hören soll. Ich hätte bisweilen das größte Verlangen, mich für ein paar Jahre mit lauter Studien aus der alten Welt in einen Winkel zurückzuziehen und es darauf ankommen zu lassen, ob man mich nachher noch irgendwo würde brauchen wollen oder nicht. Wie man aber, wenn man nicht muß, neben solchen Dingen noch eine Geschichte Friedrichs d. Gr. arbeiten mag (ein Kuchen aus welchem längst alle Rosinen weggepickt sind), das geht über meinen Verstand.»
Arnold Dietrich Schäfer (1819–1883), von Greifswald berufen, las in seinem ersten Bonner Semester (Sommer 1865) u.a. eine vierstündige griechisch-römische Quellenkunde, deren erste Auflage als «Abriß der Quellenkunde» 1867 im Druck erschien. Schon in Greifswald mit preussischen Studien beschäftigt, veröffentlichte Schäfer 1867/1874 eine dreibändige Geschichte des Siebenjährigen Krieges.
Briefe IV, S. 191–194, S. 372.

215 Rekonstruktion aufgrund des Stenogramms von Pfarrer Ami Constant Pettermand (1855–1942) und der Nachschrift von Pfarrer Otto Hopf (1855–1927) aus dem Wintersemester 1873/74; vgl. Ziegler, S. 516, S. 523–525, S. 533–534.

216 Gemeint ist der britisch-französische Kolonialkrieg von 1754 bis 1763.

217 Brief Friedrichs an Voltaire vom 31. Oktober 1760.

218 Den ersten vollständigen Abdruck des Nibelungenliedes besorgte Christian Heinrich Myller (Müller) 1782–1785.
Vgl. dazu «Der König an den Gymnasialprofessor Myller zu Berlin, der eine ‹Sammlung deutscher Gedichte aus dem zwölften, dreizehnten und vierzehnten Jahrhundert› herausgegeben hatte.

«Potsdam, 22. Januar 1784

Hochgelahrter, lieber Getreuer, Ihr urteilet viel zu vorteilhaft von denen Gedichten aus dem zwölften, dreizehnten und vierzehnten Säculo, deren Druck Ihr befördert habt und zur Beförderung der deutschen Sprache so brauchbar haltet. Meiner Einsicht nach sind solche nicht Einen Schuß Pulver wert und verdienten nicht aus dem Staube der Vergessenheit gezogen zu werden. In Meiner Büchersammlung wenigstens würde Ich solches elendes Zeug nicht dulden, sondern herausschmeißen. Das Mir davon eingesandte Exemplar mag dahero sein Schicksal in der dortigen großen Bibliothek abwarten. Viel Nachfrage verspricht aber demselben nicht Euer sonst gnädiger König. Friderich»
Mendelssohn-Bartholdy, Gustav: Der König, Friedrich der Große in seinen Briefen und Erlassen sowie in zeitgenössischen Briefen, Berichten und Anekdoten, Mit biographischen Verbindungen, Bielefeld 1954, S. 513–514.

219 Jacob Burckhardt, Weltgeschichtliche Betrachtungen, Historische Fragmente aus dem Nachlaß, hg. Von Albert Oeri und Emil Dürr, Basel 1929 (Jacob Burckhardt-Gesamtausgabe, 7. Bd.), S. X.

220 Jacob Burckhardt, Über das Studium der Geschichte, Der Text der ‹Weltgeschichtlichen Betrachtungen› auf Grund der Vorarbeiten von Ernst Ziegler nach den Handschriften hg. von Peter Ganz, München 1982.
Helbling, Hanno: Vorstoss hinter die Lesbarkeit, Jacob Burckhardt: «Ueber das Studium der Geschichte», in: Neue Zürcher Zeitung, 5. April 1982, S. 17.

221 Günther, Horst: «Der Geist ist ein Wühler», Über Jacob Burckhardt, Frankfurt am Main 1997, S. 22.

222 Brief vom 29. März 2006, mit Beilage «Am Nullpunkt des Edierens, Vom Entwurf zurück zum Werk: Über eine sensationelle Entscheidung der neuen Burckhardt-Ausgabe und ihre Folgen» von Gustav Seibt.

Vgl. Seibt, Gustav: Literatur, gründlich desinfiziert, Zwei neue Klassikerausgaben, zwei Editionsweisen: Wie Nietzsche entschärft wird und Burckhardt an Lebendigkeit gewinnt, in: Die Zeit, 19. Oktober 2000, Nr. 43, S. 52.

223 Salis, Arnold von: Zum hundertsten Geburtstag Jakob Burckhardt's (Erinnerungen eines alten Schülers), in: Basler Jahrbuch 1918, Basel 1917, S. 292.

224 Vgl. dazu Jacob Burckhardt, Über das Studium der Geschichte, hg. Von Peter Ganz.

225 Ziegler, Ernst: Jacob Burckhardts Vorlesung über die Geschichte des Revolutionszeitalters in den Nachschriften seiner Zuhörer, Rekonstruktion des gesprochenen Wortlautes, Basel, Stuttgart 1974.

226 Kaegi III, S. 358.

227 Ziegler, S. 542.

228 Briefe III, S. 120, S. 179, S. 368.

Die Vorlesungen über die Zeit Friedrichs des Grossen waren ein schöner Erfolg; von ehrenvoller Äusserung, dem Wohlwollen der Behörde und der fortdauernden Teilnahme des Publikums war die Rede.

229 Ziegler, S. 544, S. 563–564.

230 Kaegi III, S. 357–358.

Seite 62 (16b) des Manuskripts steht: «Nächsten Dienstag [28. Dezember] aussetzen bis Dienstag 4. Januar.»

Im «Tagblatt der Stadt Basel» vom Montag, 14. Februar 1853, und Dienstag, 15. Februar 1853, No. 37 und 38, S. 292 und 303 steht: «Vorlesungen: Dienstag den 15. dieß findet keine Vorlesung statt. J. Burckhardt, Prof.» Dieser Vortrag war wegen der Fasnacht in Basel ausgefallen.

231 Vgl. dazu Kaegi III, S. 357–369: Vorträge über die Zeit Friedrichs des Großen.

232 Kaegi V, S. 404.

233 Günther: «Der Geist ist ein Wühler», S. 99.

234 Vgl. dazu Ziegler, S. 541–547.

235 Brief des Verlags Schwabe AG vom 29. September 2009.
Noch eine Bemerkung zu der «verzieglerten» Version des Textes
von Jacob Burckhardt. Wie erwähnt, habe ich vor über vierzig
Jahren geschrieben, die von Jakob Oeri herausgegebenen «Weltgeschichtlichen Betrachtungen» seien ein «Zwischen», nicht
mehr ganz Burckhardt, aber auch nicht Oeri. – Max Burckhardt
schrieb mir am 9. Juni 1989, unsere Briefe zum bekannten
Thema (Jacob Burckhardts «Vorlesungen über die Zeit Friedrichs des Grossen») würden allgemach «zu einer richtigen Ge-
lehrtenkorrespondenz und wir selber damit zu echten geistigen
Erben des ‹Zeitalters Friedrichs des Grossen›». Wichtiger als
dieser sarkastische Briefanfang war seine Feststellung, er vergleiche meine Aufgabe im Zusammenhang mit einer allfälligen
Edition von Burckhardts Vorlesungen «mit derjenigen Jacob
Oeris».
Für Max Burckhardt und mich waren seinerzeit weder die Alternative zwischen wortgetreuer oder modernisierter Orthographie
noch die zweckmässige Interpunktion ein schwieriges Problem,
wohl aber dasjenige der stilistischen Gestaltung. Wir haben 1989
festgestellt, dass Jacob Burckhardt neben voll ausgeformten
Sätzen andere Gedanken unter Weglassung des Verbums als
blosse Stichwörter notierte. Darunter leidet natürlich die mit
Genuss zu vollziehende Lektüre. Wir haben dann zusammen
Textpassagen entworfen, wo eine verbale Ergänzung wünschbar,
möglich oder sogar nötig ist. Die Sache schien leicht zu sein, war
es aber nicht, wenn man sich nicht auf die Verben sein und haben
beschränken wollte.
Die ersten Abschnitte des «Introitus» mögen einen Einblick in
meine Bearbeitung des Textes geben (vgl. Abbildung S. 6).
Unterstreichungen hat Burckhardt vermutlich während des Me-
morierens bei wichtigen Stellen angebracht.
Vgl. als weiteres Beispiel S. 81 bis 82 und S. 231 die Anmer-
kung 98.

feste Aufgaben: die Gründung des Gegensatzes
Friedrich II. geb. 1712, † 1786; „deine Gut" im
eigentsch. Sinne ausser das XVIII. Jh., mögen
keine Kinde sein können. — Auch d. Zeiträume
1740–86 eignen sich zu eignem für / Lies. — Man

Ja man darf fragen: Kann man den
[...] Deutschland Jahrhunderts übersetzt nach ihren
Strömung, wie nämor nach Louis XIV., nach
der franz. Revolution ? Aus 2 Gründen
stimmung halten Zettel: 1) entsprechen grossen
polit. Übermacht, d. Frankreichs, 2) grossen
Schwünge nach dem geistig Gebiet, Jh. der
mediä. Zentralen, der der Reformation. —
Aber es trifft gegen beides zusammen.

In eigenem Sinne giebt es kein Zeitalter Jh. [...]
Jh. hat Europa, wieder politisch noch geistig
umgestaltet. — Aber nur ist die grössten
Forschung d. darauf [...] Wannensgrund sein.
Geist nicht der [...] über den grossen [...]
auch ennten zu [...] der Carl[...] zu in der[...]
Kürstenst. Meinen Willkür der Ernennung,
allein ich konnte kein Programm geben.
[...] den eigentl. Inhalt: die 3
letzt Decennien von der Revolution — , 1763–86.
[...] Gegen / Überblick über die europ. Zustände

Erste Aufgabe:
die Grenzen des Gegenstands

Friedrich II. geboren 1712, gestorben 1786; «seine Zeit» im weitesten Sinn wäre das XVIII. Jahrhundert, wovon keine Rede sein kann. – Auch seine Regierungszeit 1740–86 wäre viel zu viel für einen Curs. – Noch enger. Ja man darf fragen: Kann man die betreffenden Jahrzehnde überhaupt nach ihm benennen, wie etwa nach Louis XIV, nach der französischen Revolution etc.? Aus zwei Gründen stammen solche Titel: 1) entweder große politische Übermacht und Veränderungen, 2) große Wirkungen auf dem geistigen Gebiet, zB: das mediceische Zeitalter, das der Reformation. – Oder es trifft sogar beides zusammen. In diesem Sinn giebt es kein Zeitalter Friedrichs II. Er hat Europa weder politisch noch geistig umgestaltet. – Aber er ist die größte Erscheinung und darf deßhalb Namengebend sein. Er ist nicht der Schöpfer aber der größte Sohn seiner Zeit. Auch wenn er nur ein Sechstel, ein Achtel des Curses einnimmt.

Näheres. Meine Willkür der Benennung; allein ich konnte kein Programm geben. Der eigentliche Inhalt: die drei letzten Decennien vor der Revolution, 1763-86 und zwar ein Überblick über die europäischen Zustände.

Wortgetreue Transkription und Konstitution des Textes von Bernd Klesmann und Philipp Müller.

Unsere erste Aufgabe ist, die Grenzen des Gegenstands festzulegen: Friedrich II., geboren 1712, gestorben 1786, und «seine Zeit», die im weitesten Sinn das 18. Jahrhundert wäre – wovon keine Rede sein kann. Auch seine Regierungszeit von 1740 bis 1786 wäre viel zu viel für einen Kurs, der noch enger gefasst werden muss. Ja, man darf fragen, ob man die betreffenden Jahrzehnte überhaupt nach ihm benennen kann, wie etwa jene nach Louis XIV, nach der Französischen Revolution etc. Aus zwei Gründen kommt es zu solchen Titeln, entweder wegen grosser politischer Übermacht und Veränderungen oder wegen grosser Wirkungen auf dem geistigen Gebiet, wie zum Beispiel das mediceische Zeitalter oder das der Reformation, oder es trifft sogar beides zusammen. In diesem Sinn gibt es kein Zeitalter Friedrichs II. Er hat Europa weder politisch noch geistig umgestaltet. Aber er ist die grösste Erscheinung und darf deshalb namengebend sein. Er ist nicht der Schöpfer, aber der grösste Sohn seiner Zeit (1740–1786), auch wenn er nur einen Sechstel oder Achtel des Kurses einnimmt.

Des Nähern ist meine Willkür der Benennung anzuführen; allein *ich* konnte kein Programm geben. Den eigentlichen Inhalt der Vorträge bilden die drei letzten Dezennien vor der Revolution (1763–1786) und zwar ein Überblick über die europäischen Zustände.

Bearbeitete, «verzieglerte» Fassung von Ernst Ziegler.

Abgekürzt zitierte Werke

AUS DEM BRIEFWECHSEL
Aus dem Briefwechsel, Voltaire – Friedrich der Grosse, hg., vorgestellt und übersetzt von Hans Pleschinski, Darmstadt 1992.

BRIEFE
Burckhardt, Jacob: Briefe, Vollständige und kritisch bearbeitete Ausgabe mit Benützung des handschriftlichen Nachlasses hergestellt von Max Burckhardt, 11 Bde., Basel 1949–1994.

BURCKHARDT
Staatsarchiv Basel-Stadt, Privat-Archive 207, 141, Jacob Burckhardt-Archiv (Nachlass): Geschichte des XVII. und XVIII. Jahrhunderts.

FRIEDRICH DER GROSSE, HG. VON OTTO BARDONG
Friedrich der Grosse, hg. von Otto Bardong, Darmstadt 1982 (Ausgewählte Quellen zur Deutschen Geschichte der Neuzeit, Freiherr vom Stein-Gedächtnisausgabe, Band XXII).

FRIEDRICH DER GROSSE, 1986
Benninghoven, Friedrich; Börsch-Supan, Helmut; Gundermann, Iselin: Friedrich der Grosse, Ausstellung des Geheimen Staatsarchivs Preußischer Kulturbesitz anläßlich des 200. Todestages König Friedrichs II. von Preußen, Berlin 1986.

HILFSMITTEL
Brockhaus' Konversations-Lexikon, Vierzehnte vollständig neubearbeitete Auflage, 17 Bde., Leipzig, Berlin und Wien 1896–1897.
dtv-Brockhaus-Lexikon in 20 Bänden, Wiesbaden und München 1982, 1986 (Deutscher Taschenbuch Verlag).

Jacob Burckhardt: Geschichte des Revolutionszeitalters, Aus dem Nachlaß herausgegeben von Wolfgang Hardtwig, Simon Kießling, Bernd Klesmann, Philipp Müller und Ernst Ziegler, München, Basel 2009 (Jacob Burckhardt Werke, Kritische Gesamtausgabe, Bd. 28).

KAEGI

Kaegi, Werner: Jacob Burckhardt, Eine Biographie, 7 Bde., Basel, Stuttgart 1947–1982.

LEUSCHNER: FRIEDRICH DER GROSSE

Leuschner, Hans: Friedrich der Grosse, Zeit – Person – Wirkung, Mit einem Essay von Karl Erich Born, Gütersloh 1986.

MEMOIREN

Voltaire über den König von Preussen, Memoiren, hg. und übersetzt von Anneliese Botond, Frankfurt am Main 1967.

RANKE

Ranke, Leopold: Neun Bücher Preußischer Geschichte, Erster bis Dritter Band, Berlin 1847–1848.

SCHLOSSER

Schlosser, Friedrich Christoph: Geschichte des achtzehnten Jahrhunderts und des neunzehnten bis zum Sturz des französischen Kaiserreichs, Mit besonderer Rücksicht auf den Gang der Literatur, Zweiter Band: Bis zum allgemeinen Frieden um 1763, Heidelberg 1853.

WERKE

Die Werke Friedrichs des Großen, In deutscher Übersetzung, Zehn Bände, Mit Illustrationen von Adolph v. Menzel, Berlin 1913–1914, Braunschweig 2006.

ZIEGLER

Ziegler, Ernst: Jacob Burckhardts Vorlesung über die Geschichte des Revolutionszeitalters in den Nachschriften seiner Zuhörer, Rekonstruktion des gesprochenen Wortlautes, Basel, Stuttgart 1974.

Ziegler, Ernst: Die Vorderseite des Teppichs, Bemerkungen zu den Nachschriften von Zuhörern Jacob Burckhardts, in: «Unerschöpflichkeit der Quellen», Burckhardt neu ediert – Burckhardt neu entdeckt, Beiträge zu Jacob Burckhardt, Bd. 7, Basel, München 2007, S. 313–329.

Zum Inhalt der Vorträge vgl. JBW 28, S. 3–197; Angaben zu den Personennamen (Name, Vornamen, Daten, Amt, Beruf) vgl. das Personenregister in JBW 28, S. 1599–1674.

Inhalt
der Vorlesungen

| *Jacob Burckhardt* (1818–1897) gehört zu den wichtigsten Historikern der Neuzeit. Bei C.H. Beck erscheint die «Kritische Gesamtausgabe» seiner Werke in 28 Bänden. |

| *Ernst Ziegler* ist Historiker und war bis 2003 Archivar in St. Gallen. Er hat als Herausgeber an der Kritischen Gesamtausgabe der Werke Jacob Burckhardts mitgewirkt und bei C.H. Beck mehrere Bände mit Texten von Arthur Schopenhauer ediert. |

| *Hans Pleschinski* hat eine Reihe von Romanen vorgelegt, darunter «Leichtes Licht» (2005) und «Ludwigshöhe» (2008). Seine Übersetzung des Briefwechsels zwischen Friedrich dem Großen und Voltaire liegt in zahlreichen Auflagen vor. Zuletzt erschien bei C.H. Beck von ihm herausgegeben und übersetzt «Nie war es herrlicher zu leben. Das geheime Tagebuch des Herzogs von Croy» (3/2011). |

| © Verlag C.H. Beck oHG, München 2012 | Gesetzt aus der Janson Text bei Fotosatz Amann, Aichstetten | Druck und Bindung: CPI – Ebner & Spiegel, Ulm | Einband und Schubergestaltung: www.kunst-oder-reklame.de | Einbandabbildung: Anonymes Gemälde, Friedrich der Große auf seinem Schimmel, Johanniter-Orden, Berlin © Jürgen Liepe / bpk | Gedruckt auf säurefreiem, alterungsbeständigem Papier (hergestellt aus chlorfrei gebleichtem Zellstoff) | Printed in Germany | ISBN 978 3 406 63178 8 | *www.beck.de*